深港澳金融科技师一级考试专用教材

区块链通识

主　编　林　熹　　张开翔　　黄宇翔
副主编　彭　珂
参　编　吴德林　　黄　成　　谈　建　　陈倬琼

机 械 工 业 出 版 社

本书作为金融科技师了解区块链技术领域知识的通识教材，涵盖了区块链底层技术介绍、应用性要求及应用领域，并结合大量实际案例介绍了区块链技术在银行业、保险业、证券业、供应链金融和其他金融相关场景中的应用，以及区块链的最新发展、金融对区块链的需求及展望。书中系统地介绍了区块链技术的基本概念及原理、发展阶段和通用技术，如分布式账本、加密和授权技术、共识机制和智能合约等。本书内容全面，结构清晰明了，案例丰富且具有一定的前瞻性。

本书可作为深港澳金融科技师一级考试的复习指导用书，也可供从事或有志于从事金融科技的人员、金融机构相关业务部门工作者以及希望了解金融科技相关理论知识及实际应用的读者学习参考使用。

图书在版编目（CIP）数据

区块链通识/林熹，张开翔，黄宇翔主编. —北京：机械工业出版社，2020.6（2024.7重印）

深港澳金融科技师一级考试专用教材

ISBN 978-7-111-65855-9

Ⅰ.①区… Ⅱ.①林…②张…③黄… Ⅲ.①电子商 务-支付方式-资格考试-自学参考资料 Ⅳ.①F713.361.3

中国版本图书馆 CIP 数据核字（2020）第 100506 号

机械工业出版社（北京市百万庄大街22号　邮政编码100037）
策划编辑：裴　泱　责任编辑：裴　泱
责任校对：赵　燕　封面设计：鞠　杨
责任印制：邓　敏
北京富资园科技发展有限公司印刷
2024年7月第1版第5次印刷
169mm×239mm · 14.75 印张 · 287 千字
标准书号：ISBN 978-7-111-65855-9
定价：49.00元

电话服务　　　　　　　　网络服务
客服电话：010-88361066　机 工 官 网：www.cmpbook.com
　　　　　010-88379833　机 工 官 博：weibo.com/cmp1952
　　　　　010-68326294　金　书　网：www.golden-book.com
封底无防伪标均为盗版　机工教育服务网：www.cmpedu.com

编写说明

2019年2月，中共中央、国务院印发的《粤港澳大湾区发展规划纲要》明确提出，以香港、澳门、广州、深圳作为区域发展的核心引擎；支持深圳推进深港金融市场互联互通和深澳特色金融合作，开展科技金融试点，加强金融科技载体建设。金融科技是粤港澳大湾区跻身世界级湾区的引擎推动力，人才是推动金融创新的第一载体和核心要素。为响应国家发展大湾区金融科技战略部署，紧扣科技革命与金融市场发展的时代脉搏，持续增进大湾区金融科技领域的交流协作，助力大湾区建成具有国际影响力的金融科技"高地"，深圳市地方金融监督管理局经与香港金融管理局、澳门金融管理局充分协商，在借鉴特许金融分析师（CFA）和注册会计师（CPA）资格考试体系的基础上，依托行业协会、高等院校和科研院所，在三地推行"深港澳金融科技师"专才计划（以下简称专才计划），建立"考试、培训、认定"为一体的金融科技人才培养机制，并确定了政府支持，市场主导；国际化标准，复合型培养；海纳百川，开放共享；考培分离，与时俱进四项原则。

为了使专才计划更具科学性和现实性，由深圳市地方金融监督管理局牵头，深圳市金融科技协会、资本市场学院等相关单位参与，成立了金融科技师综合统筹工作小组。2019年4月，工作小组走访了平安集团、腾讯集团、招商银行、微众银行、金证科技等金融科技龙头企业，就金融科技的应用现状、岗位设置、人才招聘现状和培养需求等进行了深入的调研。调研结果显示：目前企业对金融科技人才的需求呈现爆炸式增长趋势，企业招聘到的金融科技有关人员不能满足岗位对人才的需求，人才供需矛盾非常突出。由于金融科技是一个新兴的交叉领域，对知识复合性的要求较高，而目前高等院校的金融科技人才培养又跟不上市场需求的增长，相关专业毕业生不熟悉国内金融科技的发展现状，不了解金融产品与技术的发展趋势，加入企业第一年基本无法进入角色，因此，各家企业十分注重内部培训，企业与高校合作成立研究院并共同开发培训课程，自主培养金融科技人才逐渐成为常态。但是，企业培养金融科技人才的成本高、周期长，已经成为制约行业发展的瓶颈。

工作小组本着解决实际问题的精神，在总结调研成果的基础上，组织专家对项目可行性和实施方案进行反复论证，最终达成以下共识。

专才计划分为金融科技师培训项目（简称培训项目）和金融科技师考试项目（简称考试项目）两个子项目。其中，培训项目根据当下金融场景需求和技术发展前沿设计课程和教材，不定期开展线下培训，并有计划地开展长期线上培训。考试项目则是培训项目的进一步延伸，目的是建立一套科学的人才选拔认定机制。考试共分为三级，考核难度和综合程度逐级加大：一级考试为通识性考核，区分单项考试科目，以掌握基本概念和理解简单场景应用为目标，大致为本科课程难度；二级考试为专业性考核，按技术类型和业务类型区分考试科目，重点考查金融科技技术原理、技术瓶颈和技术缺陷、金融业务逻辑、业务痛点、监管合规等专业问题，以达到本科或硕士学历且具备一定金融科技工作经验的水平为通过原则；三级考试为综合性考核，不区分考试科目，考查在全场景中综合应用金融科技的能力，考核标准对标资深金融科技产品经理或项目经理。考试项目重点体现权威性、稀缺性、实践性、综合性和持续性特点：①权威性。三地政府相关部门及行业协会定期或不定期组织权威专家进行培训指导。②稀缺性。控制每一级考试的通过率，使三级考试总通过率在10%以下，以确保培养人才的质量。③实践性。专才计划为二级考生提供相应场景和数据，以考查考生的实践操作能力。④综合性。作为职业考试，考查的不仅仅是知识学习，更侧重考查考生的自主学习能力、团队协作能力、职业操守与伦理道德、风险防控意识等综合素质。⑤持续性。专才计划将通过行业协会为学员提供终身学习的机会。

基于以上共识，工作小组成立了教材编写委员会（简称编委会）和考试命题委员会，分别开展教材编写工作和考试组织工作。编委会根据一级考试的要求，规划了这套"深港澳金融科技师一级考试专用教材"。在教材编写启动时，编委会组织专家、学者对本套教材的内容定位、编写思想、突出特色进行了深入研讨，力求本套教材在确保较高编写水平的基础上，适应深港澳金融科技师一级考试的要求，做到针对性强，适应面广，专业内容丰富。编委会组织了来自北京大学、哈尔滨工业大学（深圳）、南方科技大学、武汉大学、山东大学、中国信息通信研究院、全国金融标准化技术委员会、深圳市前海创新研究院、上海交通大学上海高级金融学院、深圳国家高技术产业创新中心等高校、行业组织和科研院所的二十几位专家带领的上百人的团队，进行教材的编撰工作。此外,平安集团、微众银行、微众税银、基石资本、招商金科等企业为本套教材的编写提供了资金支持和大量实践案例,深圳市地方金融监督管理局工作人员为编委会联系专家、汇总资料、协调场地等,承担了大部分组织协调工作。在此衷心地感谢以上单位、组织和个人为本套教材编写及专才计划顺利实施做出的贡献。

2019年8月18日,正值本套教材初稿完成之时,传来了中共中央、国务院发布《关于支持深圳建设中国特色社会主义先行示范区的意见》这一令人振奋的消息。该意见中明确指出"支持在深圳开展数字货币研究与移动支付等创新应用",这为金融科技在深圳未来的发展指明了战略方向。

"长风破浪会有时,直挂云帆济沧海。"在此,我们衷心希望本套教材能够为粤港澳大湾区乃至全国有志于从事金融科技事业的人员提供帮助。

编委会

本书特邀指导专家

陈心颖　中国平安保险（集团）股份有限公司常务副总经理兼副首席执行官
马智涛　微众银行副行长兼首席信息官
徐晓红　深圳市得分科技有限公司执行董事

序 一

新一轮科技革命和产业变革席卷全球，人工智能、区块链、大数据、云计算等新技术不断涌现，并深刻地改变着人们的生产和生活方式，成为引领经济发展的新动能。自2008年区块链概念被首次提出之后，便在全世界范围内掀起了影响深远的变革。麦肯锡曾在研报中称"区块链是继蒸汽机、电力、信息和互联网科技之后，目前最有潜力触发第五轮颠覆性革命的核心技术"。如果说蒸汽机释放了生产力，电力解决了基本的生活需求，互联网改变了信息传递的方式，那么，区块链作为构造信任的核心科技，将可能彻底改变人类社会价值传递的方式。区块链作为数字文明的基石，其核心价值在于塑造数字信任，将对现有的商业模式产生深远的影响。

第一次数字革命带来的信息互联网催生出新兴的互联网金融体系，这个新体系拓宽了资金的流通渠道，实现了信息的数字化传递。而区块链基于其去中心化、不可篡改、公开透明、保护隐私等特性构建起价值数字化传递的价值互联网，将引领第二次数字革命，翻开互联网金融的新篇章。区块链作为分布式数据存储、点对点传输、共识机制、加密算法等技术的集成应用，是战略性、前瞻性的新兴技术，将为数字时代的经济社会发展带来深刻的变革。根据IDC（互联网数据中心）研究，到2022年区块链市场的支出规模将达到16.7亿美元，复合增长率将超过80%。随着全球区块链行业的迅猛发展，区块链正呈现出场景深化、技术提升、隐私安全、监管标准的趋势。近几年，区块链应用案例不断增多，涵盖了银行、证券、信托、保险等众多金融领域，成为金融机构向数字化、网络化、智能化转型的重要利器，通过区块链技术实现去中心化，再通过去中心化模式实现商业生态。

区块链虽然已经流传很多年，但由于缺乏底层技术的突破（性能、效率、隐私保护等）、行业公认标准、应用场景，一直没有形成大规模的实际生产应用。中国平安保险（集团）股份有限公司（下文简称"平安"）作为国内最早践行区块链技术的领跑者，专注区块链技术的突破及应用场景的实践。在底层技术方面，经过多年耕耘，平安的区块链技术已达到国际领先水平，具有高安全性（企业级的安全管理）、高隐私性（3D零知识验证）、性能优越（高吞吐量、高性能国密支持）及快速部署（完整的节点监控、管理功能）四大技术优势，能够实现资产流、资金流、信息流全景追踪及交易全流程追溯。

在应用场景方面，平安金融壹账通拥有丰富的区块链项目落地实践经验。平安金融壹账通成立中小银行互联网金融（深圳）联盟（Internet Finance Association of Small and Medium-sized Bank，IFAB），通过为联盟建设IFAB区块链智慧贸易融资网络，实现信息流、资金流、物流的突破，链接银行与广大中小企业，打通贸易融资信息渠道，打破信息孤岛，对信息进行多方验证，保证信息真实可靠，大幅提升贸易融资效率。此外，平安金融壹账通已为香港金融管理局构建区块链国际贸易融资网络，建成了全球首个由监管部门主导的区块链贸易融资平台——贸易联动，目前已有12家国际性银行参与。该平台利用区块链技术链接各个参与方，增强国际贸易与贸易融资的透明度、便捷度，并有效防范贸易欺诈和重复融资，赋能粤港澳大湾区建设，服务"一带一路"。平安金融壹账通提供区块链技术支持的天津海关跨境贸易平台也正式落地，该项目打造区块链跨境贸易服务网络，建立可信绿色贸易生态；通过源头数据上链、节点部署、交叉验证、智能通关、事后稽查构建通关全流程区块链网络；打造专属区块链报关通道，实现全流程一键式报关，大幅提高通关效率。

研发满足金融级需求的底层技术、应用于实际场景、向整个市场开放，是平安区块链金融生态发展的三部曲。目前，平安正从第二步迈向第三步。平安在从"应用"走向"生态"的道路上，运用区块链服务整个金融生态圈，打造开放的区块链网络，为政府监管部门与广大金融机构赋能，共同提升区块链技术的应用水平，努力营造透明高效的应用环境。区块链为新型金融生态的形成注入了新动力，平安的区块链技术正在金融、房产、汽车、医疗和智慧城市五大生态圈中深耕，仅金融相关场景就有支付、清结算、贸易融资、保险、资产交易、贷款、供应链金融等诸多应用。平安希望通过资金流、信息流、物流真正打通生态圈，区块链将成为连接生态圈最好的方式之一。平安未来在区块链技术方面的探究，将会沿着现有方向继续深化、完善，并继续向外拓展。

本书旨在帮助广大读者了解区块链的基础知识及其在金融领域的应用，推进金融科技复合型人才培育。通过学习本书，将有助于读者了解区块链的基础知识，熟知区块链的具体应用，理解区块链技术在赋能行业发展和革新等方面的重要作用。希望读者能把握区块链发展的规律和趋势，投身金融科技的研究和应用落地，加速我国区块链技术发展及其在金融领域的实践应用。

中国平安保险（集团）股份有限公司
常务副总经理兼副首席执行官
陈心颖

序 二

近几年来，区块链技术在全世界的发展如火如荼，中国的区块链技术也正处于深化发展中：越来越多的企业、机构加大投入，区块链在金融、政务、供应链等领域的各类应用逐渐成熟；各级监管部门和各级政府部门纷纷加大了关注和支持力度；中国的区块链相关技术专利数量全球领先；区块链生态呈现出百花齐放的发展势头。

然而，面对这样一项极富潜力的新兴技术，各方对它的认识可能还存在一些误区：由于对其技术原理和应用场景缺乏了解，或是误以为区块链就等同于比特币，或是误解区块链是可以替代原先所有系统的屠龙之术。纵观业内现有的区块链知识介绍，往往缺乏系统性、完整性和严谨性，天马行空预言未来者居多，脚踏实地描述现状者偏少，对该技术的普及和推广帮助较为有限。因此，我们需要一部可信赖的教科书，向人们客观详尽地解释区块链技术的原理和应用，为其推广奠定一定的社会认知基础。

由哈尔滨工业大学（深圳）牵头主编的本书将发挥这个作用。本书条分缕析，详细剖析了区块链技术的概念原理、基础架构、核心技术、主要特性，介绍了它在政府监管、经济民生、商业贸易等生产生活领域内的应用。随后，本书着重展现了区块链技术融合于银行、证券、保险等多个金融细分行业时所发挥的能量，实事求是地评估了金融区块链应用的风险、机遇和监管需求。

本书提出，区块链技术凭借其分布式、可靠加密、数据不可篡改、全流程追溯、智能合约等性质被广泛应用于多个行业，解决了传统技术方案下难以克服的诸多痛点，充分展现了它点对点传递数据和价值、协调多方、完成交易活动的独特能力。随着区块链交易性能等技术的提升，这种能力将被推广到更大范围、更多行业的群体交易中，服务于更广大的公众。而在实际落地时，成熟的应用案例都采用了联盟链方案，聚合了多方参与主体，充分显示出联盟链是区块链解决现实世界问题的基本技术路线。

以上的观点与启示，也与我所在的微众银行对区块链的看法不谋而合。我们认为，未来区块链应用发展的重要路径在于助力多个商业机构之间（甚至可以跨国界）组成商业联盟，共同为普通民众提供服务。这个路径可概括为"公众联盟链"即单个或多个联盟链所建构的区块链商业应用生态圈。其中，系统中各个不同的链条通过跨链通信来沟通；公众作为"链"的服务对象，可通过公开网络访问联盟链提供的服务；在"联盟治理、多链并行、建构生态、触达公众"的理念指导下，不同行业、不同区域、不同性质的机构按照各自需求和特点融入生态圈，联合提供服务，提升机构间的协同效率和公众体验、降低成本和风险，最终实现打破垄断和集中，让中小微企业真正成为商业价值链的主角，走向更平等的商业模式——"分布式商业"。在我们看来，分布式商业是未来商业和经济发展的重要模式，其显著特点是"多方参与、松散耦合、共享资源、智能协同、模式透明、跨越国界"。

当然，要构建完善的公众联盟链基础设施，实现分布式商业的理想，还需要在技术上和业务上努力突破诸多难点。技术上，良好的区块链技术平台必须具备多链条、跨链条、承载海量交易的能力，必须具备能够快速和低成本组链的能力，还应该有自主可控、开源开放的技术框架以赋予联盟坚实的信任基础；业务上，各类机构宜保持开放乐观的心态，增进互信交流，合法合规地分享技术、数据等资源，平等互利地展开业务合作。

归根结底，以上愿景的实现需要各个行业有志于此的从业者都能深入认识和理解区块链技术的价值，谨此希望本书能有助于斯，成为建构区块链理想世界的一本指南手册。

微众银行
副行长兼首席信息官
马智涛

前　言

为了加强深港澳三地之间的人才交流与合作，促进粤港澳大湾区的共同繁荣与发展，"深港澳金融科技师"专才计划（以下简称专才计划）应运而生。专才计划将推动金融科技师国际标准的制定，将填补金融科技人才认证的国际空白，为深港澳三地支持大湾区建设，打造更具国际竞争力的现代服务体系提供坚实的人才保障和智力支撑。

本书是为"深港澳金融科技师"一级考试而编写的。本书内容聚焦区块链领域的基本概念和基本原理等知识要点，通过大量区块链应用，让考生深入理解区块链技术在银行业、保险业、证券业、供应链金融和其他金融相关场景中的创新应用，促进金融科技复合型人才的培养。特别值得一提的是，本书介绍了大量国内外有关区块链金融科技应用的实际案例，能够使读者在学习区块链技术基本原理、概念的同时，把握区块链技术在金融领域发展应用的前沿动态，体会区块链技术给人类社会带来的变革。

本书的第一部分包括第一~三章，主要介绍区块链的基本知识：第一章主要介绍了区块链技术的基本概念，并对相关原理进行了解释说明；第二章重点介绍了区块链的基础技术，承接第一章使读者能够全面系统地了解区块链技术；第三章详细描绘了区块链技术的应用领域，包括政府、经济、民生、商业贸易等领域。本书的第二部分包括第四~八章，重点介绍了区块链在各金融场景中的应用发展：第四章主要介绍了区块链技术在银行业的应用；第五章主要介绍了区块链技术在保险业的应用；第六章主要介绍了区块链技术在证券业的应用；第七章主要介绍了区块链技术在供应链金融的应用；第八章主要介绍了区块链技术在其他金融相关场景中的应用。在第二部分中提供了大量的国内外实际应用案例来帮助读者更好地理解与窥探区块链技术将如何影响银行业、保险业、证券业、供应链金融和其他金融场景商业模式，与现实生活具有更强的联系。本书的第三部分是本书的第九章，这里首先介绍了区块链在金融领域的技术前沿及面临的风险,其次描绘了区块链在金融应用中的监管机遇,以培养读者对区块链技术未来发展方向的敏锐洞察力。

作为金融科技师了解区块链领域知识的通识教材,本书系统介绍了区块链技术的基础知识和基本原理,以及区块链技术在金融领域应用与发展的最新成果。本书内容全面,结构清晰明了,应用案例丰富,且具有一定的前瞻性。

本书编写人员的分工如下:林熹、黄宇翔、张开翔任主编,提出编写设想、编写要求和编写大纲,对初稿进行总纂;彭珂任副主编;第一、二、七、九章由林熹执笔;第三章由黄成执笔;第四章由彭珂执笔;第五章由吴德林执笔;第六章由陈倬琼执笔;第八章由谈建执笔。白燕飞、王心宇、翟冬雪、李珏、鄢一睿、夏之穹、胡康宁、焦韩涛等博士生、硕士生在文献整理方面也做了诸多工作。中国平安保险(集团)股份有限公司常务副总经理兼副首席执行官陈心颖、微众银行副行长兼首席信息官马智涛、深圳市得分科技有限公司执行董事徐晓红担任审稿人,他们对本书的编写设想、要求和大纲提供了宝贵意见和大力支持。向三位专家表示由衷的感谢。特别感谢深圳市地方金融监督管理局、深圳市金融科技协会、资本市场学院、香港银行学会等单位对本书编写所提供的大力支持和帮助。

本书在编写过程中,也参考了大量文献,在此对文献作者表示最诚挚的感谢。由于编写人员知识和经验有限,书中难免有不足之处,欢迎读者指正。

编 者

学习大纲

学习目的

学习本课程的目的在于掌握区块链的相关概念与应用,包括区块链的入门、区块链的通用技术、区块链的应用性要求、区块链的应用领域、区块链在银行业的应用、区块链在保险业的应用、区块链在证券业的应用、区块链在供应链金融的应用以及区块链在其他金融相关场景的应用。学习区块链的相关核心概念、组织架构、发展阶段,分布式账本的基本特点与分类,同时掌握非对称加密与对称性加密的区别,数字签名的基本原理,智能合约的基本概念,无钥签名区块链的基本技术与加密方法,数字孪生的基本概念,并学习区块链技术在国民经济各方面的应用。培养掌握区块链技术的基本能力,提高对区块链技术在未来应用的认识水平。

学习内容及学习目标

学习内容		学习目标
第一章 区块链入门	第一节 区块链的基本概念	1. 熟悉比特币挖矿原理 2. 了解区块链的基本概念
	第二节 区块链的基本原理与分类	1. 掌握区块链的工作流程、分类、发展阶段 2. 掌握区块、链、时间戳、共识的概念 3. 熟悉区块链的分类
	第三节 区块链的层级结构	1. 熟悉区块链的发展历程 2. 掌握区块链的层级结构
	第四节 区块链的发展阶段	1. 了解区块链发展阶段划分 2. 掌握区块链各发展阶段的特征

（续）

学习内容		学习要点
第二章 区块链的基础技术	第一节 分布式账本	1. 了解区块链的基础技术 2. 掌握分布式账本的定义及基本特点 3. 了解以太坊、Hyperledger Fabric、R3 Corda、FISCO BCOS 四种开源平台的区别
	第二节 加密技术	1. 掌握区块链的加密方式 2. 掌握对称性加密和非对称加密的区别 3. 了解哈希函数的基本特点
	第三节 共识机制	1. 掌握共识机制的基本特点及分类 2. 了解常用共识算法的性能差别
	第四节 智能合约	1. 了解智能合约与区块链的关系 2. 掌握智能合约的运行原理
第三章 区块链技术的应用领域	第一节 政府与监管	1. 了解区块链的应用价值和应用场景 2. 熟悉区块链技术运用到政府与监管场景中如何改善目前政务面临的问题
	第二节 经济与民生	1. 熟悉区块链技术运用到经济场景中如何改善目前经济民生存在的问题
	第三节 商业与贸易	1. 熟悉区块链技术运用到商业贸易场景中如何改善目前商业贸易中面临的问题
第四章 区块链技术在银行业的应用	第一节 形成新的混合型数字货币体系	1. 了解区块链技术催生出的新的混合型数字货币的分类 2. 熟悉比特币与莱特币不同的挖矿规则
	第二节 支付结算方式的变革	1. 了解区块链技术引起银行支付结算方式哪几方面的变革
	第三节 票据清算重构	1. 了解数字票据的优点 2. 熟悉区块链技术如何简化票据流转流程 3. 掌握区块链技术如何防范票据造假
	第四节 形成新的信用机制	1. 了解区块链技术如何强化信用信息可靠性 2. 熟悉区块链技术如何完善信用建立方式
	第五节 风险管理升级	1. 掌握区块链技术可以在哪些方面实现银行风险管理升级 2. 了解区块链技术如何防范商业银行国际化经营风险 3. 了解区块链技术如何防范商业银行内部经营风险 4. 掌握区块链技术如何防范商业银行业务风险

(续)

学习内容		学习要点
第五章 区块链技术在保险业的应用	第一节 促进保险行业改革	1. 了解当下保险行业经营存在的问题 2. 掌握区块链与保险行业的"基因"相似性 3. 熟悉区块链技术运用到保险业务各场景中如何改善保险行业面临的问题
	第二节 升级信用基础设施	1. 熟悉保险行业由于信任问题带来的业务痛点 2. 掌握区块链技术如何重塑保险行业信任体系 3. 掌握区块链技术如何预防保险欺诈
	第三节 商业模式的创新	1. 掌握区块链技术创新保险行业商业模式的分类 2. 了解区块链技术如何创新互联网保险商业模式 3. 了解区块链技术如何创新互助保险商业模式
	第四节 智能合约的运用	1. 掌握保险行业智能合约包含的要素 2. 掌握智能合约在保险购买阶段流程图 3. 掌握智能合约在保险合同执行阶段流程图 4. 了解智能合约在保险行业应用场景
第六章 区块链技术在证券业的应用	第一节 降低证券登记业务成本	1. 熟悉证券登记业务的发展历程 2. 掌握我国证券登记结算公司登记服务种类 3. 熟悉区块链技术如何变革证券登记业务
	第二节 简化证券结算流程	1. 熟悉现行证券结算流程 2. 了解当下证券结算流程的弊端 3. 熟悉区块链技术运用在证券结算流程的优势与局限
	第三节 化解结算风险	1. 了解证券结算风险 2. 掌握区块链技术如何化解证券结算风险
第七章 区块链技术在供应链金融的应用	第一节 供应链金融的发展介绍	1. 熟悉供应链金融的发展历史 2. 了解供应链金融的产业规模 3. 熟悉供应链金融发展的制约瓶颈
	第二节 创新供应链金融业务场景	1. 掌握区块链技术如何完善供应链金融的不足 2. 熟悉区块链技术在供应链金融中的应用场景 3. 了解区块链技术和供应链金融 ABS 的结合方式
	第三节 赋能供应链金融平台	1. 掌握区块链技术赋能供应链金融平台的具体结构 2. 了解"债转"平台的运行流程 3. 熟悉"债转"平台解决的问题
第八章 区块链技术在其他金融相关场景的应用	第一节 开创会计审计新模式	1. 了解区块链如何完善会计模式 2. 熟悉传统审计与实时审计存在的问题 3. 掌握区块链如何完善审计模式
	第二节 创新风控征信新模式	1. 熟悉我国征信行业发展存在的问题 2. 掌握区块链技术如何解决征信行业存在的问题
	第三节 推动资产管理的转型	1. 熟悉区块链技术在银行资产管理业务的前景 2. 熟悉区块链技术在保险资产管理业务的前景 3. 熟悉区块链技术在信托行业资产管理业务的前景

(续)

学习内容		学习要点
第九章 金融区块链发展需求及展望	第一节 区块链技术前沿、应用前景及挑战	1. 了解区块链技术的前沿 2. 了解区块链在金融应用中的发展机遇 3. 了解区块链技术应用面临的挑战
	第二节 金融区块链监管经验与思路	1. 了解代币的分类 2. 熟悉金融区块链国际监管经验 3. 了解我国现有区块链监管现状

目 录

编写说明
序　一
序　二
前　言
学习大纲

第一章　区块链入门 ·· 1

　　第一节　区块链的基本概念 ·· 2
　　第二节　区块链的基本原理与分类 ·· 11
　　第三节　区块链的层级结构 ·· 14
　　第四节　区块链的发展阶段 ·· 17

第二章　区块链的基础技术 ·· 25

　　第一节　分布式账本 ·· 26
　　第二节　加密技术 ·· 33
　　第三节　共识机制 ·· 40
　　第四节　智能合约 ·· 48

第三章　区块链技术的应用领域 ··· 52

　　第一节　政府与监管 ·· 53
　　第二节　经济与民生 ·· 59

　　　　第三节　商业与贸易 …………………………………… 69

第四章　区块链技术在银行业的应用 ……………………………… 80

　　　　第一节　形成新的混合型数字货币体系 ……………… 81
　　　　第二节　支付结算方式的变革 ………………………… 85
　　　　第三节　票据清算重构 ………………………………… 90
　　　　第四节　形成新的信用机制 …………………………… 94
　　　　第五节　风险管理升级 ………………………………… 97

第五章　区块链技术在保险业的应用 ……………………………… 105

　　　　第一节　促进保险行业改革 …………………………… 106
　　　　第二节　升级信用基础设施 …………………………… 110
　　　　第三节　商业模式的创新 ……………………………… 115
　　　　第四节　智能合约的运用 ……………………………… 120

第六章　区块链技术在证券业的应用 ……………………………… 126

　　　　第一节　降低证券登记业务成本 ……………………… 127
　　　　第二节　简化证券结算流程 …………………………… 132
　　　　第三节　化解结算风险 ………………………………… 139

第七章　区块链技术在供应链金融的应用 ………………………… 147

　　　　第一节　供应链金融的发展介绍 ……………………… 148
　　　　第二节　创新供应链金融业务场景 …………………… 155
　　　　第三节　赋能供应链金融平台 ………………………… 163

第八章　区块链技术在其他金融相关场景的应用 ………………… 173

　　　　第一节　开创会计审计新模式 ………………………… 174
　　　　第二节　创新风控征信新模式 ………………………… 181
　　　　第三节　推动资产管理的转型 ………………………… 187

第九章　金融区块链发展需求及展望 …………………………… 196

  第一节　区块链技术前沿、应用前景及挑战 ………………… 197

  第二节　金融区块链监管经验与思路 …………………………… 203

参考文献 ……………………………………………………………… 211

第一章
区块链入门

【学习目标】

1. 熟悉比特币挖矿原理；
2. 了解区块链的基本概念；
3. 掌握区块链的工作流程、分类、发展阶段；
4. 掌握区块、链、时间戳、共识的概念；
5. 熟悉区块链的分类；
6. 熟悉区块链的发展历程；
7. 掌握区块链的层级结构；
8. 了解区块链发展阶段划分；
9. 掌握区块链各发展阶段的特征。

【导入案例】

两个比萨的故事

2010年4月，身为软件设计师的 Laszlo Hanyecz 从朋友那里听说了比特币，对其产生了浓厚的兴趣，并对比特币研究了一番。Laszlo 发现比特币网络最大的软肋在于比特币的产生过程，也就是"挖矿"，即所有运行比特币软件的电脑通过算力比拼为比特币系统"打工记账"，赢的一方可以获得一定数量的比特币作为报酬。

比特币在当时几乎一文不值，没有人愿意投入太多的设备算力来挖矿。Laszlo 出于好奇还是决定测试一下。于是，他使用了比 CPU 更加有效的 GPU 进行挖矿，极大提高了挖矿效率，很快积累了一批比特币。

2010年的5月18号，Laszlo Hanyecz 在比特币论坛 BitcoinTalk 上发帖声称：

"我可以付一万比特币来购买几个比萨，大概两个就够了，这样我可以吃一个然后留一个明天吃。你可以自己做比萨也可以在外面订外卖然后送到我的住址。"他甚至对自己的口味偏好做了要求："我喜欢洋葱、胡椒、香肠、蘑菇等，不需要奇怪的鱼肉比萨。"

帖子在论坛发出之后，陆续有一些回复。经过几天之后，在5月22号Laszlo发出了交易成功的炫耀帖，表示已经和一个叫Jercos的小哥完成了交易，还附上了比萨的图片。

在2017年的比特币交易高点，这批比特币价值约1.6亿美金。当年Laszlo等于花费了1.6亿美元来购买比萨，这两块比萨也因此被称为"史上最贵的比萨"。即使现在，比特币价格也稳定在10000美元/个左右，短短几年的时间，比特币的价格翻了200多万倍。用"当年你对人家爱答不理，现在人家让你高攀不起"这句曾经风靡网络的流行语来形容大家对比特币的"爱情"显得尤为贴切。

问题：没有任何金融机构、商业企业担保的比特币为什么能够像货币一样购买商品并取得如此巨大的成功？

第一节 区块链的基本概念

一、区块链的思想萌芽

（一）从实体货币到数字货币

货币的使用是人类文明发展过程中的一个重大进步。货币长期承担着价值尺度、流通手段、贮藏手段等基本职能，保证了人类社会经济、金融体系正常运转。从货币形态的发展来看，实物（商品）货币是人类社会商品交换发展过程中产生的最初货币形式。有形铸币（金属铸币）的普及标志着进入信用货币形态的初级阶段。中央银行发行的国家主权背书的法定纸币普及标志着进入信用货币形态的高级阶段。随着社会发展，人们对货币不断提出新的要求，无形的数字货币越来越成为货币的发展趋势。货币自身的价值依托也不断发生演化，从最早的实物价值、发行方信用价值，逐渐转向对科学技术和信息系统（包括算法、数学、密码学、软件等）的信任价值。而区块链最初的思想萌芽就诞生于实体货币向数字货币转化的探讨和设计中。

概括来看，货币形态主要经历了从实物货币到铸币、再到法定纸币的演变，并逐渐向电子化、数字化演变。目前流通中使用最广泛的货币形式是以现金为代表的实体货币和以信用卡为代表的电子货币。信用卡的流通大大提高了交易的便捷性、提高了工作效率,其价值得到大众认可。但无论是法定纸币还是信用卡、银行卡都需要额外的机构(例如银行)来完成生产、分发、管理等操作。中心化的结构便于管理,但也带来了额外成本和安全风险。随着技术日渐进步和普及,其弊端也不断凸显,诸如伪造、信用卡诈骗、盗刷、转账骗局等安全事件屡见不鲜。于是,多年来人们不断尝试探讨新型的数字货币方案,以期解决现有交易中的问题。在数字货币前后几代的演进中,比较典型的成果包括DigiCASH、e-Cash、HashCash、B-money 等。但这些数字货币有的只限于纸面设计,有的实施后也以失败告终,并且都或多或少地依赖于一个传统的第三方信用担保系统。表1-1 对比了纸币和数字货币的特性。

表1-1 纸币与数字货币的特性对比

属性	纸　　币	数　字　货　币
防伪	依靠纸张、油墨、暗纹、夹层等工艺设计达到防伪目的	依靠密码技术和共识算法实现加密和不可篡改等功能
交易	纸币的拥有者通过纸币自身的物理转移即可完成	数字货币依靠互联网传递,转移成本低,转移时由链上记账者参与记账验证
发行	纸币通常由国家中央银行发行,合法性通过国家机器背书	数字货币通过分布式算法完成发行,合法性通过共识机制达到
监管	纸币发行回收往往通过法定统一机构完成,易于监督管理	当前数字货币的监管缺乏技术和法规的有效支撑

我们对数字货币和纸币在防伪、交易、发行和监管四个方面进行对比,不难发现,虽然数字货币带来的预期优势明显,但要设计和实现一套能经得住实践考验的数字货币并非易事。由于数字内容易被复制泄露,还有数字货币持有人可以匿名,持有人可以将同一份货币发给多个接收者,容易出现双重支付问题⊖。另外,实体币种之间通过数字货币为中介还可能存在非法交易问题等。

(二)比特币与区块链

2008 年,中本聪(Satoshi Nakamoto)在一个隐秘的密码学讨论组上发表了一篇名为《比特币:一种点对点的电子现金系统》(Bitcoin:A Peer-to-Peer Electronic Cash System)的论文,阐述了基于 P2P 和数据加密等技术的比特币系统,通过分布式节点群的网络共识机制,实现一个无须共同信任第三方机构介入的 P2P 电子交易系统。2009 年 1 月 3 日第一个序号为 0 的创世区块诞生。1 月 9 日产生了

⊖ 双重支付问题又称为"双花"(Double Spending),即利用数字货币的数字化特性,使用同一笔钱完成两次或多次支付。

序号为 1 的区块,与 0 创世区块相连成链,正式标志着比特币区块链的诞生。2016 年,比特币的市值已达到 100 多亿美元,可以说是迄今为止最成功的数字货币。

比特币是一种不依赖特定中心机构的由分布式网络系统生成的数字货币,通过网络节点共同参与共识过程的工作量证明(Proof of Work PoW)来完成比特币的交易和记录。防伪安全则主要依靠密码学和共识算法保障,每一次比特币交易都会经过哈希算法处理和矿工的一致验证后记入区块链,同时可以附带具有一定灵活性的脚本代码以实现可编程的自动化货币流通。区块链通过数字加密技术和分布式共识算法,实现了在无须信任单个节点的情况下,构建去中心化的可信任的交易系统。在比特币闭环中,比特币可以看作钞票的序列号,如果知道了某张钞票上的序列号,就拥有了这张钞票。为了防止通货膨胀,中本聪把整个比特币矿场储量设置为 2100 万,而挖矿①的过程就像通过庞大的计算量不断地去求解一个不可逆方程。

比特币和其他大多数加密货币的技术组成和交易操作可以分解为两个主要组成部分:①共识管理,包含与共识机制相关的所有内容,例如共识算法和交易机制;②数字资产管理,是指所有基于数字资产商定状态并以其为基础行为的应用程序,例如密钥和交易管理。为进一步了解比特币和区块链,需要介绍几种数据结构解释比特币的内部工作原理。

地址、交易和区块是比特币使用的三种基本数据结构。目前见到的所有基于比特币底层区块链技术的加密货币,都是以上数据结构的变体。比特币最基本的数据结构是区块,区块通过与前一区块的加密哈希链接在一起形成链表,由链表中的区块顺序确定比特币的当前状态,这些链表代表所有已执行交易的分类账本;比特币地址本质上是公钥的加密哈希值,每个地址包含公共部分和私有部分,地址可以由任何人生成,交易主体可以通过发布地址来接收比特币;交易则用于将货币单位从一个地址转移到另一个地址,由拥有货币单位的任何实体创建,通过地址(哈希)、区块的交叉验证实现货币单位有效传递。依靠精巧的交易设计、比特币脚本、打包区块、激励机制、比特币网络共同实现数字货币的运作,本书将分别从这几个方面来简要介绍比特币的运行原理,以帮助读者更好地理解区块链。首先,一个比特币交易可以分成三部分:元数据、一系列的输入和一系列的输出。

---

① 只有先解密上一个哈希值才能获得再次记录的权利。同时有很多人争夺对数据的记录权,只有第一个解密的人才能进行记录。这个解密的过程被称作"挖矿",使用的电子设备被称作"矿机"。

元数据。包含这笔交易的规模、输入的数量、输出的数量，还有此笔交易的哈希值，也是这个交易唯一的 ID。值得注意的是，元数据中有一个"锁定时间"（Lock_Time）的参数，如果比特币交易终止，可以在交易正式向网络宣布之前，通过设立"锁定时间"（Lock_Time）参数的退款协议收回自己的比特币，为处理交易问题预留了空间。

输入。所有经哈希运算产生的输入序列可以说明之前一笔交易的某个输出，它包括之前那笔交易的哈希值，使其成为指向那个特定交易的哈希指针。这个输入部分同时包括之前交易输出的索引和一个签名，来证明节点有资格去支配这笔比特币。这部分数据是实现交易者余额查询和溯源的基础。

输出。所有输出以固定的格式排成一个新数列，交易者对新交易形成的数字摘要进行加密形成一串密文，最后通过全网广播可供交易对象接收及解密。

如图 1-1 所示，元数据是交易包含的各种数据信息，通过搜索元数据数字摘要，可完成快速溯源。输入和输出是对哈希摘要不断加密和解密的过程，此过程可实现交易信息实时更新并纳入元数据中。依靠不断生成元数据、输入、输出等部分交易程序段，每一位所有者通过获取前一位拥有者和下一位拥有者的公钥（Public Key），签署一个随机散列的数字签名，并将这个签名附加在这枚电子货币的末尾，就可以获得该电子货币或者将电子货币发送给下一位所有者。收款人可以通过对签名进行检验，验证该货币单位的所有者。

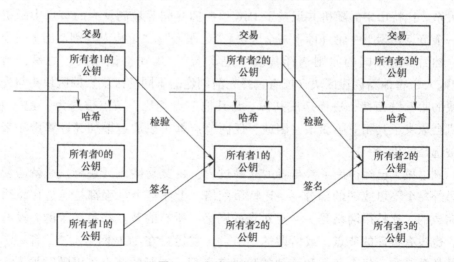

图 1-1　比特币的交易流程

常见的比特币交易是通过原比特币持有者的签名，去获取他在前一笔交易中的输出资金，这笔交易包含这样的一个信息"凭借地址 A 的所有者的签名，可以获得这笔资金"。地址是公钥的哈希值,所以仅仅说地址 A,却并没有把地址告诉我们,没有告诉我们公钥在哪里也没有给我们一个检查签名的方法。而比特币脚本就是为了提供这些交易必备环节的技术支撑。比特币的脚本包含在交易输入和输出里。为了确认一笔交易正确地获取了上一笔交易所输出的资金,交易的输入脚本和上一笔交易的输出脚本可以串联起来,这个串联脚本必须被成功地执行后才可以获取资金。输出脚本指定了一个公钥(或是公钥哈希值的地址),输入脚本指定了一个对应公钥的签名,输出脚本和输入脚本验证匹配后才会被执行,这也是区块链智能合约的雏形。

比特币区块链把两个基于哈希值的数据结构结合起来,其内部包含两个数据。第一个数据是区块的哈希链,每一个区块都有一个区块头,里面有一个哈希指针指向上一个区块。第二个数据是梅克尔树,即以树状结构把区块内所有交易的哈希值进行排列存储。为了证明某个交易在某个区块内,可以通过树内路径来进行搜索,而树的长度就是区块内所包含的交易数目的对数。具体介绍参见第二章。

为了激励人们提供计算资源并运行比特币节点,矿工会为每个区块及其相关交易提供有效的 PoW,并且获得货币奖励(即比特币)。比特币成功的重要原因在于其聪明的激励机制和共识管理系统。可以通过共识管理中的区块有效性、顺序,以及交易顺序的协议来确定某个交易是否有效,确保参与节点之间的信任关系。比特币中的随机共识基于 PoW,在拥有同等最高算力的节点中随机选择一个节点作为下一轮(即下一个区块)"记账人"。"记账人"创造出下一个区块,然后根据相同的原则选择其余"记账人"。找到"记账人"之后,当前"记账人"将他新创建区块(或者选择先前创建的不同的区块)的区块头与先前区块的哈希链衔接,进而达成共识。与其他节点相比,节点被选为"记账人"的机会取决于其相对哈希值。因此,任何节点都可以通过增加其计算份额来增加被选择的机会。

到这里,已经讨论了参与者的交易过程,将交易纳入区块链,这就需要了解另外一个不可或缺的部分——比特币网络,上述整个过程都是通过比特币网络完成的。比特币网络是一个点对点的网络,所有的节点都是平等的。没有等级,也没有特殊的节点,或所谓的主节点。它运行在 TCP 网络上⊖,有一个随意的拓扑结构,每个节点和其他的随机节点相连。新的节点可以随时加入。假

⊖ 传输控制协议(Transmission Control Protocol,TCP)是一种面向连接的、可靠的、基于字节流的传输层通信协议。

如你现在把自己的个人电脑注册为一个节点，这个节点的权限和比特币网络里所有其他节点都是一样的。随时有新的节点进入，有旧的节点离开，不强制规定节点何时明确地离开网络，只要一个节点有 3 个小时没有音讯，就会慢慢地被其他节点忘记，所以比特币网络一直在变化。比特币的交易以区块的形式组合在一起，通过地址、交易和区块，再加上 PoW 共识和比特币网络共同构成了比特币的交易生态。

比特币交易中，双重支付和拜占庭将军问题可以十分容易地得到解决。假设甲想把同一个比特币支付给乙与丙，相当于甲同时发出两笔交易。有些节点先听到甲→乙交易，有些则先听到甲→丙交易。当一个节点接收到了这两个交易当中任何一个，它就会把接收到的交易放入交易池中。而打包区块的矿工们会确认这个交易，他们会确定哪个交易会最终打包进这个区块，并链接到全网的区块链上，直到包含这个交易的区块生成（达成共识），这个交易才最终完成并得到承认，也就是说，如果先进入区块，那些听到甲→丙的节点会优先接受甲→乙的交易，然后经过节点的记账、共识，记录到主链上，甲→丙交易会逐渐从交易池里剔除，并且不会有包含此交易记录的区块诞生，避免双重支付；因为是全网广播，也就不存在分歧和共识难的问题了。

以区块链技术为基础的比特币解决了长期困扰数字加密货币领域两个重要问题，即双重支付问题和拜占庭将军问题⊖。大多数的数字货币设计尝试中，普遍需要独立的第三方核心机构（如中央银行）来保证数字货币的真实交易内容和交易顺次。区块链技术的贡献是在没有独立第三方机构的情况下，通过分布式节点的交叉验证和共识机制解决了去中心化系统的双重支付问题，在信息传输的过程同时完成了比特币的价值转移，避免了中间第三方核心机构的审批环节，从而提高了效率。拜占庭将军问题是分布式系统交互过程普遍面临的难题，即在缺少可信任的中央节点，却同时存在恶意攻击节点的情况下，全体分布式节点系统如何达成共识和建立互信。区块链的难能可贵之处，正是通过数字加密技术和分布式共识算法，实现了在无须信任单个节点的情况下，构建出一个

⊖ 拜占庭帝国想要进攻一个强大的敌人，为此派出了 10 支军队去包围这个敌人。这个敌人虽不比拜占庭帝国，但也足以抵御 5 支常规拜占庭军队的同时袭击。这 10 支军队在分开的包围状态下同时攻击。他们任一支军队单独进攻都毫无胜算，除非有至少 6 支军队（一半以上）同时袭击才能攻下敌国。他们分散在敌国的四周，依靠通信兵骑马相互通信来协商进攻意向及进攻时间。困扰这些将军的问题是，他们不确定他们中是否有叛徒，叛徒可能擅自变更进攻意向或者进攻时间。如果把十支部队想象成互联网上十个独立平等的节点，想达成共识即拜占庭将军问题。

多方参与的、去中心化的、可信任的系统。

比特币凭借区块链技术应用的先发优势，目前已经形成体系完备的生态圈与产业链，涵盖发行、流通和金融衍生市场，这也是其长期占据数字加密货币市场绝大多数份额的主要原因。而从比特币核心设计中剥离出来的区块链技术，具有更加强大的通适性，是未来信息和大数据产业发展的关键技术，并已经受到越来越多个人和主流机构的广泛关注。联合国社会发展部在2016年发布了题为《加密货币以及区块链技术在建立稳定金融体系中的作用》的报告，提出了关于利用区块链技术构建一个更加稳固的金融体系的想法，指出区块链技术在改善国际汇兑、国际结算、国际经济合作等领域有着很大的应用发展空间。国际货币基金组织也针对各国关注的数字货币问题发表了题为《关于加密货币的探讨》的专业分析报告，对基于区块链技术的加密货币的未来发展进行了分析和阐述。美国多个监管机构从各自的监管领域表明了对区块链技术发展的支持态度；美国证券交易所已经批准在区块链上进行公司股票交易；美国国土安全部也开始着手研究区块链在国土安全分析和身份管理中的应用。英国政府在2016年发布了一份关于分布式账本技术的研究报告，第一次从国家层面对区块链技术的未来发展应用进行了全面分析并给出了研究建议。俄罗斯互联网发展研究所于2015年年底向总统普京提交了一份包含区块链技术发展路线图的报告，对该技术发展的未来法律框架进行了规划。欧洲中央银行也在探索如何将区块链技术应用于该地区的证券和支付结算系统。中国在2019年8月发布的《关于支持深圳建设中国特色社会主义先行示范区的意见》中，第一次明确支持在深圳开展数字货币研究与移动支付等创新应用，在推进人民币国际化上先行先试，探索创新跨境金融监管。

二、区块链的核心内涵

区块链技术是指通过去中心化和去信任的方式集体维护一个可靠数据库的技术方案。原理上看，根据中本聪（Satoshi Nakamoto）的叙述来理解，即首先对区块中的数据项，如交易内容，加上时间戳⊖进行哈希，通过哈希算法生成唯一的哈希值对时间进行"标记"⊜，以供识别和证伪。同时把这一哈希值广泛地传播给各网络节点，下一个时间点的交易除了写入新的哈希值时间戳，还需证明在过去的某个时刻加上时间戳的数据必然存在。每个时间戳包含了先前的时

⊖ 时间戳服务器把当前数据块加上时间标记，用于标识数据和时间的关系，类似邮戳。
⊜ 第二章会详细介绍。

间戳，这样就形成了一条链，并且后面的时间戳都对前一个时间戳进行了增强。如此不断延续下去，数据项的证伪即通过验证之前所有的哈希值完成。

目前学术界尚未形成区块链统一的概念定义。国际上对区块链的定义基本上可以分为两类：第一类定义是一种独立于基础共识算法的广义定义，它适用于各种不同类型的区块链，此类定义以普林斯顿定义为代表，在这个定义中"区块链被定义为链表数据结构，使用其元素哈希值的和作为各个元素的指针"。第二类定义更加正式，它们是对这种系统进行正式建模的各种方法的表述，并不一定直接定义区块链这一术语。如 Kiayias 等人使用"交易分类账本"作为区块链的定义；Pass 等人使用专业术语来抽象地分析区块链的运行细节。上述两类概念都存在一定的理解难度，本书给出了一个相对普适的概念定义。一般认为，区块链是由一串使用密码学方法产生的数据区块组成的，每一个区块都包含了上一个区块的哈希值，从创世区块开始连接到当前区块而形成的一组数据，即区块链。每一个区块都确保按照时间顺序在上一个区块之后产生，否则前一个区块的哈希值是未知的。狭义来讲，区块链是一种按照时间顺序将数据区块以链条的方式组合成特定数据结构，并以密码学方式保证的不可篡改和不可伪造的去中心化共享总账（Decentralized Shared Ledger），能够安全存储简单的、有先后关系的、能在系统内验证的数据。广义的区块链技术则是利用加密链式区块结构来验证与存储数据、利用分布式节点共识算法来生成和更新数据、利用自动化脚本代码（智能合约）来编程和操作数据的一种全新的去中心化基础架构与分布式计算范式。

以上的定义和解释可能不太容易理解。我们尝试通过一个小故事，来引导大家对区块链的运作机制有一个感性的认识。

有一个依山傍水的小乌托村，村民使用的货币是"石头币"。在老村长的主持和村民的监督下，石匠将石头打磨成两种大小并具有特殊纹理的石头币：一种是大的记为 1 个，一种是小的记为 0.5 个，后者重量相当于前者的一半。

村民的日常交易场景是这样的：

李铁匠：张屠户，牛肉多少钱 1 斤？

张屠户：2.5 个石头币。

李铁匠：好的，我买 2 斤。

张屠户：成交。

李铁匠给了张屠户 5 个石头币，买了两斤牛肉。

石头币虽然是石头，但在使用过程中也会有损耗，需要不断以旧换新。村里只有一户石匠，手艺是祖传的，现在石匠年事已高，膝下的孩子不愿意做这项单调乏味的工作。于是，乌托村遇到一个难题，石匠手艺的后继无人导致石头币没法正常使用了。如果更换其他物品作为货币，不但难于携带，而且更容易损耗。虽说民风淳朴，但也没有到每个人都是道德完人的地步，所以，在没有技术防伪的情况下，用纸币替代也不太可行。

老村长苦思冥想，头发都全白了，却一直无计可施，村民也没有良策。一日有位自称"中本村"的老者，给了老村长一个解决方案：

1. 废除石头币，为每个村民发一个账本，用直接记账的方式代替石头币购买物品，采用一定的机制保证账本的安全和有效。

2. 考虑到记账也需要一个单位，就虚拟地提出了"乌托币"，乌托币没有任何物质载体。

3. 将村民每个人的现有财产，按照1个石头币等于一个乌托币记录在每个人的账本上。每个村民的账本上都记载了所有村民现有的财产额度。

4. 每个人保管自己的账本。

5. 在村中心最大的大树上安装一个大喇叭，每家每户发一个小喇叭。

以后村民交易的场景变成了如下这样：

李铁匠：张屠户，来1斤牛肉，多少钱？

张屠户：2.5个乌托币。

李铁匠：好的，我准备买2斤。

（两人跑到了村中心最大的大树旁）

李铁匠用大喇叭向全村广播："我准备买张屠户牛肉，花费5个乌托币。"

接着张屠户用大喇叭向全村广播："李铁匠买了我的牛肉，我收到5个乌托币。"

接着，张三、李四、王五、周六等村民都听到了这个交易，于是在自己的账本记上了："某年某月某日李铁匠和张屠户有交易"，同时将李铁匠的账户减少5个乌托币，将张屠户的账户增加5个乌托币。

所有村民记载后，都拿出小喇叭，向李铁匠和张屠户反馈"收到，已记载，确认。"

到此为止，李铁匠和张屠户的这次交易完成了，村民的账户上关于两人的乌托币金额都有了变化。如果此次交易后，李铁匠已经没有乌托币了，那么下一次，李铁匠就无法购买物品了，因为所有村民的账户上关于他的金额为0，如果想要作弊，就得设法修改所有村民的账本，成本是相当高的。

"中本村"的解决方案其实就是一个区块链系统的运作，以直接记账的方式代替石头币购买物品，实际就是区块链实现传递价值的过程，通过记账以及喇叭广播的方式把分布在村里的各个村民财产数据同步在记账本中，这样使得每个人的记账都包含了其他记账人的信息，反映在区块链系统上就构成了一个个区块，而村民的全部交易记录依次串成的时间链条构成了区块链。

以区块链技术为支撑的数字货币系统，有着显著的去中心化特点，每一位村民都实时记录并共同维护货币交易账本的全部信息，而且相互监督着整个交易进程。明显地，如果村民们的每次交易，绝大多数是必要的且具广泛性，那么分布式记账显然极具优势。

但是，如果有些游手好闲的村民故意捣乱，经常性发布各类无实际意义（并非假冒）的交易，那么分布式记账的效率必将大打折扣。怎样以技术的方法提高效率？如何在互联网的情景下实现共识？第二章中对区块链四大核心技术原理的解释，会帮助同学们更好地理解区块链技术，解答这些问题。

第二节 区块链的基本原理与分类

一、区块链基本原理

区块链的工作原理与比特币基本相同。区块链中，每录入一个数据，都会记录在一个区块。一个个彼此嵌合的区块，最终构成了区块链。区块类似上文小故事中每个村民手中记账本的一页，通过区块与区块之间的彼此嵌套，构成了一个区块链系统。

1. 交易

一次对账本的操作，导致账本状态的变更，如添加一条转账记录，如张屠户买牛肉，花费 5 个乌托币，村民在自己账本上做了个记录。在互联网中可以理解为比特币交易系统中比特币在不同地址间的转移，并被记录在区块中。

2. 区块

记录一段时间内发生的所有交易和状态结果，是对当前账本的一次共识。与哈希值是一一对应的，并且哈希值可以当作区块的唯一标识。乌托村中，村民每个人账本记录的交易状况相同。在实际区块链系统中，每个区块相当于一个账本，这些数据通过区块文件永久地记录在数字货币上。区块又分为区块头和区块体，区块头存储着区块的头信息，包含上一个区块的哈希值（PreHash），本区块的哈希值（Hash），以及时间戳（TimeStamp）等，记录实际录入的数据叫区块体，存储这个区块的详细数据（Data），该数据包含若干行记录，可以是交易信息，也可以是其他某种信息。

3. 链

由区块按照发生顺序串联而成，是整个账本状态变化的日志记录，实现方式类似于比特币脚本。通过时间戳机制，保证区块按时间顺序链接成链。如李铁匠和张屠户按照交易顺序借助乌托村中的"喇叭"传递信息。

4. 时间戳

时间戳服务器把当前数据块加上时间标记，用于标识数据和时间的关系，类似邮戳。时间戳服务器把当前数据块的哈希值打上时间戳后，发布到网络中，这就证明了在标记时间刻度下，这个数据是存在的。每一个时间戳对应的数据块中，包括了前一个数据块的时间戳哈希值，串联形成数据链。如"某年某月某日李铁匠和张屠户有交易"中记载的某年某月某日就是"时间戳"。

5. 共识

所有节点对区块链或公共账本的同步。

如果把区块链作为一个状态机，则每次交易就是试图改变一次状态，而每次共识生成的区块，就是参与者对于区块中交易导致状态改变的结果进行了确认。以数学集合来类比区块链的话，我们可以将分布式网络、共识机制、去中心化、加密算法、智能合约、权限许可、价值和资产等要素理解为集合的子集。这些子集的有机组合形成了区块链有别于传统技术的一些新的技术特征。

二、区块链分类

按照区块链应用、部署机制、对接等方面的差异，可以将区块链分为不同的类别。

（一）根据应用范围

1. 公有链

公有链的任何节点都是向任何人开放的，每个人都可以参与到区块链中的计算，而且任何人都可以下载获得完整的区块链数据，即全部账本。公有链一般通过发行代币（Token）来鼓励参与者竞争记账（即挖矿），确保数据的共识性和安全更新。

2. 联盟链

联盟链参与者追求公平和透明的协作模式，且各节点在不需要完全互信的情况下可实现数据的可信交换，联盟链的各个节点通常由与之对应的实体机构组织，通过授权后才能加入或退出网络。联盟链的数据只允许系统内不同的机构进行读写和交易，联盟链是一种公司与公司、组织与组织之间达成联盟的模式。

3. 私有链

在某些区块链的应用场景下，开发者并不希望任何人都参与这个系统，因此建立了一种不对外公开、只有被许可的节点才可以参与并且查看所有数据的私有区块链，私有链一般适用于特定机构的内部数据管理与审计。

（二）根据部署机制

1. 主链和主网

通常区块链尤其是公有链都有主网和测试网。主网是区块链社区公认的可信区块链网络，其交易信息被全体成员所认可。有效的区块在经过区块链网络的共识后会被追加到主网的区块账本中。主链是主网节点共同维护的区块链。

2. 测试链和测试网

测试网对应主网具有相似功能，主要用于测试。由于测试链是为了在不破坏主链的情况下尝试新想法而建立的，只作为测试用途，因此测试链上的测试币在主网中不具备交易价值。比如，比特币的测试链已经历多次重置，以阻止将测试币用作交易、投机的行为。

（三）根据对接类型

1. 侧链

侧链是主链外的另一个区块链，锚定主链中的某一个节点，通过主链上的计算力来维护侧链的真实性，实现公共区块链上的数据或数字资产与其他账簿上的数据或数字资产在多个区块链间的转移。最具代表性的实现有Blockstream，这种主链和侧链协同的区块链架构中的主链有时也被称为母链（Parentchain）。

2. 互联链

针对特定领域的应用可能会形成各自垂直领域的区块链，互联链就是一种通过跨链技术连接不同区块链的基础设施，包括数据结构和通信协议。其本身通常也是区块链。各种不同的区块链通过互联链互联互通并形成更大的区块链生态。与互联网一样，互联链的建立将形成区块链的全球网络。

第三节　区块链的层级结构

区块链一般可分为三个层级，数据层、网络层、共识层。这是构成一个完整区块链必备的层级结构。在三个基础层级下又可构建相应的应用层，应用层是区块链具体的应用实现。共识层又可以进一步丰富，激励层、合约层可嵌套在共识层中实现对区块链的完善和改进。如图 1-2 所示。

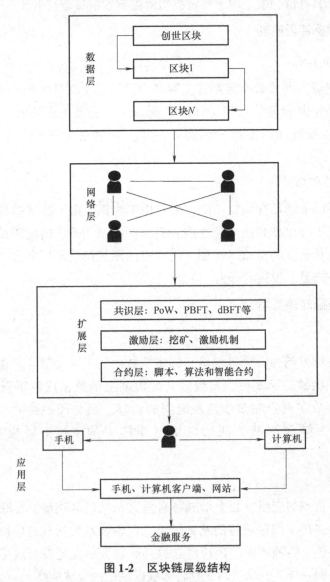

图 1-2　区块链层级结构

一、数据层

数据层主要描述区块链的物理形式，是区块链上从创世区块起始的链式结构，包含了区块链的区块数据、链式结构以及区块上的随机数、时间戳、公私钥数据等，是整个区块链技术中最底层的数据结构。该层级凭借相关的数据加密和时间戳等技术，封装底层区块数据结构。区块链作为共享的链式账本，其中存储的数据向参与节点公开，每个分布式节点都可以通过特定的哈希算法和 Merkle 树数据结构，将一段时间内接收到的交易数据和代码封装到一个带有时间戳的数据区块中，并链接到当前最长的主区块链上，形成最新的区块。该过程涉及区块、链式结构、哈希算法、Merkle 树和时间戳等技术要素。

二、网络层

网络层主要通过 P2P 技术实现分布式网络的机制，网络层包括 P2P 组网机制、数据传播机制和数据验证机制，具备自动组网的机制。节点之间通过维护一个共同的区块链协议来保持通信。网络层用于封装区块链系统的组网方式、消息传播协议和数据验证机制等要素。通过设计特定的传播协议和数据验证机制，可使得区块链系统中每一个节点都能参与区块数据的校验和记账过程，仅当区块数据通过全网大部分节点验证后，才能记入区块链。

三、共识层

共识层主要包含共识算法（共识机制），能让高度分散的节点在去中心化的区块链网络中高效地针对区块数据的有效性达成共识，是区块链的核心技术之一，也是区块链社群的治理机制。目前至少有数十种共识机制算法，包含工作量证明、权益证明、权益授权证明、燃烧证明、重要性证明等。主要封装网络节点的各类共识算法是区块链或分布式账本技术应用的一种无须依赖中央机构来鉴定和验证某一数值或交易的机制。共识机制是所有区块链和分布式账本应用的基础。区块链技术的核心优势之一就是能够在决策权高度分散的去中心化系统中，使得各节点高效地针对区块数据的有效性达成共识。

数据层、网络层、共识层是构建区块链技术的必要元素，缺少任何一层都不能称之为真正意义上的区块链技术。

四、激励层

激励层主要包括经济激励的发行制度和分配制度，其功能是提供一定的激励措施，鼓励节点参与区块链中的安全验证工作，并将经济因素纳入区块链技术体系中，激励遵守规则参与记账的节点，并惩罚不遵守规则的节点，如比特币系统的挖矿机制。区块链共识过程通过汇聚大规模共识节点的算力资源来实现共享区块链账本的数据验证和记账工作，可以视为一种共识节点间的任务众包过程。去中心化系统中的共识节点本身是自利的，最大化自身收益是其参与数据验证和记账的根本目标。因此，必须设计激励相容的合理众包机制，使得共识节点最大化自身收益的个体理性行为与保障去中心化区块链系统的安全和有效性的整体目标相吻合。

五、合约层

合约层主要包括各种脚本、代码、算法机制及智能合约，是区块链可编程的基础。将代码嵌入区块链或是令牌中，实现可以自定义的智能合约，并在达到某个确定的约束条件的情况下，无须经由第三方就能够自动执行，是区块链去信任的基础。主要封装各类脚本、算法和智能合约，是区块链可编程特性的基础；合约层封装区块链系统的各类脚本代码、算法以及由此生成的更为复杂的智能合约。如果说数据、网络和共识三个层次作为区块链底层"虚拟机"分别承担数据表示、数据传播和数据验证功能的话，合约层则是建立在区块链虚拟机之上的商业逻辑和算法，是实现区块链系统灵活编程和操作数据的基础。包括比特币在内的数字加密货币大多采用非图灵完备的简单脚本代码来编程控制交易过程，这也是智能合约的雏形。随着技术发展，新型区块链平台如以太坊，采用图灵完备的智能合约语言，可实现更为复杂和灵活的功能。

六、应用层

区块链的应用层封装了各种应用场景和案例，类似于计算机操作系统上的应用程序、互联网浏览器上的门户网站、搜寻引擎、电子商城或是手机端上的APP，区块链应用部署在多种区块链平台上，并在现实生活场景中落地。未来的可编程金融和可编程社会在应用层上呈现多种多样的形态。该模型中，基于时间戳的链式区块结构、分布式节点的共识机制、基于共识算力的经济激励和灵活可编程的智能合约是区块链技术最具代表性的创新点。可编程金融意味着代码能充分表达这些业务合约的逻辑。智能合约使区块链的功能不再局限于发送、接收和存储财产。依托区块链应用，资产所有者无须通过各种中介机构就能直接发起交易。

激励层、合约层和应用层不是每个区块链应用的必要因素，一些区块链应用并不完整包含此三层结构。

第四节　区块链的发展阶段

一、区块链1.0：数字货币

区块链1.0是以比特币为代表的虚拟货币时代，代表了虚拟货币的应用，包括其支付和流通等虚拟货币的职能。主要具备的是去中心化的数字货币交易支付功能，目标是实现货币的去中心化与支付手段。

比特币是区块链1.0最典型的代表，区块链的发展得到了欧美等国家市场的接受，同时也催生了大量的数字货币交易平台。实现了货币的部分职能，能够实现货品交易。比特币勾勒了一个宏大的蓝图，未来的货币不再依赖于各国央行的发行，而是进行全球化的货币统一。

区块链1.0只满足虚拟货币的需要，虽然区块链1.0的蓝图很庞大，但是无法普及到其他行业。区块链1.0时代也是虚拟货币的时代，涌现出了大量的山寨币等。图1-3展示了区块链1.0时代的主要架构。

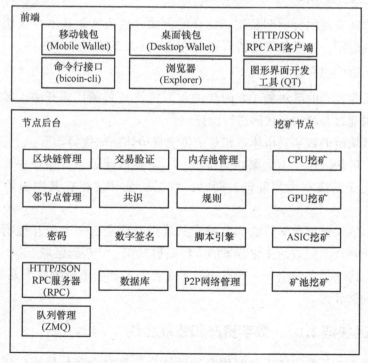

图1-3　区块链1.0基本架构

区块链1.0时代的特征主要有四个方面。

（一）数据结构： 以区块为单位的链状数据结构

首先把系统中的数据块通过加盖时间戳的方式按照时间顺序排序，并且通过密码学的技术手段进行有序的链接。当系统中的节点生成新的区块时，需要将当前时间戳、区块中的所有有效交易、前一个区块的哈希值以及 Merkle 树根哈希值等内容全部打包上传，并且向全网广播。

因此，区块链中的每一个区块信息都与前一个区块信息相联系，随着区块长度的加长，如果想要改变某一个区块的信息，那么该区块之前所有的信息都需要改变，很明显，在分布式记账模式下，这是几乎不可能发生的事情。因此，保证了账本的安全性和难以篡改性。

（二）账本信息的真实性： 全网共享账本

记录交易历史的区块链条被传递给了区块链网络中的每一个节点，因此每一个节点都拥有一个完整且信息一致的总账。这样，就算某个节点的账本数据遭到了篡改，也不会影响到总账的安全。区块链网络的节点都是通过点对点连接起来的，不存在中心化的服务器，从而不可能有单一的攻击入口。

（三）非对称加密

非对称加密使用公钥和私钥相结合的方式，成为密码技术在区块链领域的一个重要的应用，它搭建了比特币使用的安全防御系统。

（四）源代码开源

比特币为代表的区块链1.0时代的重要特征是其源代码开源，区块链的共识机制可以通过开源的源代码进行验证。

基于区块链的数字货币体系相对于传统货币体系的优势如下：

第一，区块链体系由大家共同维护，不需要依赖第三方信任中介，其去中心化结构使交易成本大幅降低，同时，数据的公开使得在其中做假账几乎不可能。

第二，区块链以数学算法为背书，其规则是建立在一个公开透明的数学算法之上，能够让不同政治文化背景的人群获得共识，实现跨区域互信。

第三，区块链系统中任一节点的损坏或者失去都不会影响整个系统的运作，具有极好的健壮性。

二、区块链2.0： 数字资产和智能合约

区块链2.0是数字货币与智能合约的结合，是对金融领域更广泛的场景和

流程进行优化的具体应用。最大的升级之处在于有了智能合约。

智能合约是 20 世纪 90 年代由尼克萨博提出的理念，几乎与互联网同龄。由于缺少可信的执行环境，智能合约并没有应用到实际产业中，自比特币诞生后，人们认识到比特币的底层技术——区块链可以为智能合约提供可信的执行环境。

所谓智能合约，是指以数字化形式定义的一系列承诺，包括合约参与方可以在上面执行这些承诺的协议。智能合约一旦设立指定后，能够无须中介的参与自动执行，并且没有人可以阻止它的运行。可以这样通俗的说，通过智能合约建立起来的合约同时具备两个功能：一是现实产生的合同；一个是不需要第三方的、去中心化的公正、超强行动力的执行者。

区块链 2.0 的代表是"以太坊"。以太坊是一个平台，它提供了各种模块让用户搭建应用。平台之上的应用，本质上是一种合约。以太坊提供了一个强大的合约编程环境，通过合约的开发，以太坊实现了各种商业与非商业环境下的复杂逻辑，如众筹系统、合同管理、金融支付、票据管理、多重签名的安全账户等。以太坊的核心与比特币系统本身没有本质的区别。而以太坊的本质是智能合约的全面实现，支持了合约编程。让区块链技术的应用不仅停留在发币，而且为更多的商业和非商业的应用场景提供便利，即以太坊 = 区块链 + 智能合约。

区块链 2.0 下另一个有影响力的代表应用是 Libra。Libra 是 Facebook 推出的虚拟加密货币，是一种不追求对美元汇率稳定，而追求实际购买力相对稳定的加密数字货币。由美元、英镑、欧元和日元这四种法币计价的一篮子低波动性资产作为抵押物。2019 年 6 月 18 日，Facebook 发布 Libra 白皮书，并计划在 2020 年推出 Libra 稳定币。Libra 货币建立在"Libra 区块链"的基础上，能够在三个方面满足全球的日常金融需求：它能够扩展到数十亿账户，具有极高的交易吞吐量和低延迟等特点，并拥有一个高效且高容量的存储系统；高度安全可靠，可保障资金和金融数据的安全；足够灵活，可支持 Libra 生态系统的管理以及未来金融服务领域的创新。Libra 区块链设计和使用靠 Move 编程语言进行开发，其嵌入的共识机制是相对成熟的拜占庭容错（BFT），并采用可迭代改善的区块链数据结构，可长期记录交易历史和状态。管理机构 Libra 协会将负责监督 Libra 区块链协议和网络的演变，并将继续评估可增强区块链隐私保护的新技术，同时考虑它们的实用性、可扩展性和监管影响。Libra 的推出在世界范围内产生了较大的影响，一方面 Libra 是顺应历史潮流、迎合生产力需要的产物，能够打破传统的金融边界、主权边界以及商业边界的限制。另一方面 Libra 的"超主权"的特征会冲击主权国家的商业生态，甚至某种程度上会挤出国家的主权货币，其发行和推广仍需解决众多的困难。

图 1-4 展示了区块链 2.0 的主要架构。

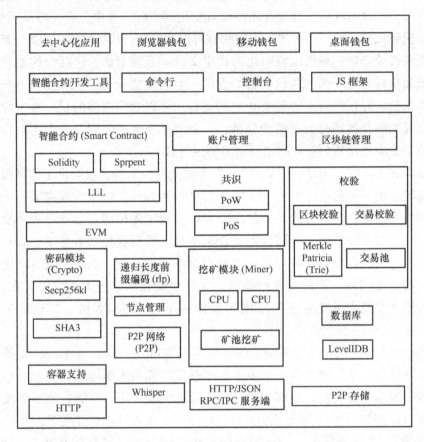

图 1-4 区块链 2.0 基本架构

除了以太坊，区块链 2.0 还涉及多个应用场景，如以下四种。

（1）金融服务。区块链的一个重要方向是利用数字货币与传统银行和金融市场对接。Ripple Labs 正在使用区块链技术来重塑银行业生态系统，使用 Ripple 支付网络可以让多国银行直接进行转账和外汇交易，而不需要第三方中介。

（2）智能资产⊖。区块链可以用于任何资产注册、存储和交易，包括金融、

⊖ 智能资产是指所有以区块链为基础的可交易的资产类型，包括有形和无形资产。智能资产通过区块链控制所有权，并通过合约来遵循现有法律，例如，预先建立的智能合约能够当某人已经偿还全部贷款后，自动将车辆所有权从财务公司转让到个人名下，这个过程是全自动的。智能资产有可能让我们构建无须信任的去中心化资产管理系统。

经济和货币的各个领域,可以涵盖有形资产、无形资产多种交易。区块链开辟了不同类型各个层次的行业运用功能,涉及货币、市场和金融交易。2.0 应用场景中,使用区块链编码的资产通过智能合约可成为智能资产。

(3)众筹。基于区块链的众筹平台支持初创企业通过创建自己的数字货币来筹集资金,分发自己的"数字股权"给早期支持者,这些数字货币作为支持初创公司应获股份的凭证。

(4)无须信任的借贷。区块链的去信任机制网络是智能资产和智能合约发展的重要推动因素。这让不认识的人在互联网上把钱借给你,而你可以将你的智能资产作为抵押,这必然大幅降低借贷成本让借贷更具竞争力。非人为干预的机制也让纠纷率大大降低。

相对于区块链 1.0,区块链 2.0 有如下优势。

(1)支持智能合约。区块链 2.0 定位于应用平台,在这个平台上可以发布各种智能合约,并能与其他外部 IT 系统进行数据交互和处理,从而实现各种行业应用。

(2)适应大部分应用场景的交易速度。通过采用 PBFT、PoS、DPoS 等新的共识算法,区块链 2.0 的交易速度有了很大的提高,峰值速度已经超过了 3000TPS①,远远高于比特币的 7TPS,已经能够满足大部分的金融应用场景。

(3)支持信息加密。区块链 2.0 因为支持完整的程序运行,可以通过智能合约对发送和接收的信息进行自定义加密和解密,从而达到保护企业和用户隐私的目的,同时零知识证明等先进密码学技术的应用进一步推动了其隐私性的发展。

(4)无资源消耗。为了维护网络共识,比特币使用的算力超 122029TH/s,相当于 5000 台天河 2 号 A 的运算速度,每天耗电超过 2000MWh,约合几十万人民币(估测数据)。区块链 2.0 采用 PBFT、DPoS、PoS 等新的共识算法,不再需要通过消耗大量算力达成共识,从而实现对资源的低消耗,使其能绿色安全地部署于企业信息中心。

三、区块链 3.0: 分布式应用

区块链 2.0 时代主要有以下特征:主要集中于特定对象(比如合同的双

---

① TPS: Transactions Per Second(每秒传输的事务处理个数),即服务器每秒处理的事务数。TPS 包括一条消息入和一条消息出,加上一次用户数据库访问。TPS 是软件测试结果的测量单位。一个事务是指一个客户机向服务器发送请求然后服务器做出反应的过程。客户机在发送请求时开始计时,收到服务器响应后结束计时,以此来计算使用的时间和完成的事务个数。

方）；交易主要以特定资产为标的（比如房产、知识产权、汽车等的所有权或其他权益）；交易范围还比较局限、低频次、窄领域。区块链3.0主要是解决2.0时代应用领域局限性的问题。

从技术角度上看，以太坊的出现视作区块链1.0和2.0的分界线，是因为以太坊的TPS较之比特币有了很大的提升，从每秒7个的交易处理能力，提高到了每秒15个左右。但以太坊的TPS依然难以满足区块链技术真正落地应用的需求，TPS低容易造成网络拥堵，在当前的信息社会中基本不具备广泛实用价值。因此，引领区块链进入3.0时代的项目一定是在性能上较之以太坊有大幅度提升。

区块链3.0是指区块链在金融行业之外的各行业的应用，能够满足更加复杂的商业逻辑。区块链3.0被称为互联网技术之后的新一代技术创新，足以推动更大的产业改革。

区块链3.0是价值互联网的内核。区块链能够对互联网中代表价值的信息和字节进行产权确认、计量和存储，从而实现资产在区块链上可被追踪、控制和交易。价值互联网的核心是由区块链构造一个全球性的分布式记账系统，它不仅仅能够记录金融业的交易，而且几乎可以记录任何有价值的能以代码形式进行表达的事物：对共享汽车的使用权、信号灯的状态、出生和死亡证明、结婚证、教育程度、财务账目、医疗过程、保险理赔、投票、能源。随着区块链技术的发展，其应用能够扩展到任何有需求的领域，包括审计公证、医疗、投票、物流等领域，进而到整个社会。

区块链3.0可以实现自动化采购、智能化物联网应用、虚拟资产的兑换和转移、信息存证等应用，可以在艺术、法律、研发、房地产、医院、人力资源等各行各业发挥它的作用。它将不再局限于经济领域，可用于实现全球范围内物理资源和人力资源的自动化分配，促进科学、健康、教育等领域的大规模协作。区块链技术理论上可以消除所有造成中间成本的私有信用机构，让价值交换双方直接挂钩，它将改变整个社会业态。图1-5展示了区块链3.0的基本架构。

这一阶段，区块链会超越金融领域，进入社会公证、智能化领域。区块链3.0主要应用在社会治理领域，包括了身份认证、公证、仲裁、审计、域名、物流、医疗、邮件、签证、投票等领域，应用范围扩大到整个社会，区块链技术有可能成为"万物互联"的一种最底层的协议。

区块链技术不仅可以成功应用于数字加密货币领域，同时在经济、金融和社会系统中也存在广泛的应用场景。根据区块链技术可能的应用场景，将区块

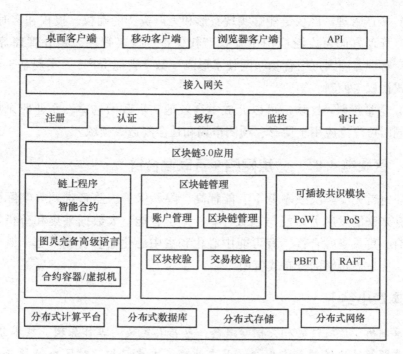

图 1-5　区块链 3.0 基本架构

链的主要应用笼统地归纳为数字货币、数据存储、数据鉴证、金融交易、资产管理和选举投票共六个场景。

（1）数字货币。以比特币为代表，本质上是由分布式网络系统生成的数字货币，其发行过程不依赖特定的中心化机构。

（2）数据存储。区块链的高冗余存储、去中心化、高安全性和隐私保护等特点使其特别适合存储和保护重要隐私数据，以避免因中心化机构遭受攻击或权限管理不当而造成的大规模数据丢失或泄露。

（3）数据鉴证。区块链数据带有时间戳、由共识节点共同验证和记录、不可篡改和伪造，这些特点使得区块链可广泛应用于各类数据公证和审计场景。例如，区块链可以永久地安全存储由政府机构核发的各类许可证、登记表、执照、证明、认证和记录等。

（4）金融交易。区块链技术与金融市场应用有非常高的契合度。区块链可以在去中心化系统中自发地产生信用，能够建立无国别差异的区块链市场及无区域布局中心机构信用背书的金融市场，从而在很大程度上实现"金融脱媒"；同时利用区块链自动化智能合约和可编程的特点，能够极大地降低成本和提高效率。

（5）资产管理。区块链能够实现有形和无形资产的确权、授权和实时监控。无形资产管理方面可广泛应用于知识产权保护、域名管理、积分管理等领域；有形资产管理方面则可结合物联网技术形成"数字智能资产"，实现基于区块链的分布式授权与控制。

（6）选举投票。区块链可以低成本高效地实现政治选举、企业股东投票等应用，同时可广泛应用于博彩、预测市场和社会制造等领域。

四、区块链4.0：分层网络+互联混合链

区块链首先要解决效率低下、能耗高、隐私保护、监管难题等实际面临的问题，在未来的发展上可能与超级计算、人工智能、大数据采集和分析等领域深度结合，更具备融合性，有可能中心化和去中心化会融合到一起，既方便监管监控又能发展足够的分布式应用。

【本章小结】

本章剖析了区块链的相关核心概念，包括其定义、工作原理、技术分类等，重点是要理解区块链的基本概念、基本原理、主要架构，对区块链的分类及应用发展过程有较清晰的认识。

【关键词】

区块链；区块链的层级结构；区块链发展的阶段

【思考题】

1. 区块链的概念定义是什么？
2. 区块链的层级结构分别实现了哪些方面的需求？
3. 如何理解区块链的发展历程？

第二章
区块链的基础技术

【学习目标】

1. 了解区块链的基础技术;
2. 掌握分布式账本的定义及基本特点;
3. 了解以太坊、Hyperledger Fabric、R3 Corda、FISCO BCOS 四种开源平台的区别;
4. 掌握区块链的加密方式;
5. 掌握对称性加密和非对称加密的区别;
6. 了解哈希函数的基本特点;
7. 掌握共识机制的基本特点及分类;
8. 了解常用共识算法的性能差别;
9. 了解智能合约与区块链的关系;
10. 掌握智能合约的运行原理。

【导入案例】

交 易 系 统

拥有了乌托币系统的乌托村村民,采用记账的方式代替石头币进行交易,但是在记账的过程中会遇到许多问题,每个人的手中都有自己的账本,不可避免地会出现私自更改账本的现象,因此村长通过广播告知全体村民手中的资产,这样每个人手中有多少资产都是公开的,进行交易的过程中,资产产生变动也需要通过广播告知全体村民,使得全体村民都掌握其资产变动的信息和交易的时间,并在账本上记录,将已经记录的消息传递回交易双方。这样就可以防止有村民私自改动自己的资产,其剩余资产信息为全体村民共知。这种交易行为体现了区块链的工作机制，作为一种能够解决实际交易中信任等诸多问题的交易系统，其基本技术备受关注。

问题：这样一个系统究竟需要哪些技术来支撑呢？

第一节 分布式账本

随着最前沿的科技成果应用，分布式账本技术崭露头角，并在许多领域中得到推广。从最简单账本到复式账本，再到数字化账本，以及目前正在探索的分布式账本，账本科技的每次突破都会引起不同领域里程碑式的发展，同时也对我们生活的各个方面不断进行改变。举个简单例子：数学常识"1+1=2"，将"1+1=2"比喻成"记账内容"，每个人都认可"1+1=2"这个数学共识，那所有人类中的每个人就是"分布式账本"。在已知的数学逻辑下，如果有人想要指鹿为马说"1+1=3"，那就需要更改全人类的记忆才行，难度相当大。

一、基本介绍

分布式账本（Distributed Ledger）的数据库分布于对等网络的节点（设备）上，当中每个节点都复制及存储与账本完全相同的副本并独立更新。分布式账本的主要优点是不存在中央权威。通常情况下，当一个账本出现更新时，每个节点都将执行一笔新交易，然后所有节点以共识机制投票决定哪一个副本是正确的。一旦达成共识，所有其他节点都会按照正确副本的数据进行更新。在区块链系统中，将数据区块按照时间顺序相连组成逻辑上的链，有着持续增长并且排列整齐的记录。每个区块都包含一个时间戳和一个与前一区块的链接，因此可以将区块链看作一个不断增长的账本。账本可以完全公开，例如比特币系统和以太坊系统，也可以在联盟内公开，例如Hyperledger Fabric、corda及FISCO BCOS等。

二、基本特点与分类

1. 去中心化

去中心化意味着不依赖于中央处理节点，没有中心化的应用和管理部分。数据库中的数据可以通过多个站点、不同地理位置或者多个机构组成的网络进行分享。在一个网络里的网络成员都可以获得一个唯一、真实的账本副本。账本里的任何改动都会在所有的副本中被反映出来，反应时间会在几分钟甚至是几秒内。在这个账本里存储的资产可以是金融、法律定义上的、实体的或是电子的资产。

2. 共识机制

根据网络中达成共识的规则,账本中的记录可以由一个、一些或者是所有参与者共同进行维护。网络中的参与者根据共识原则来制约和协商对账本中的记录的维护。没有中心化的第三方仲裁机构的参与。

3. 信息不可更改

分布式账本中的每条记录都有唯一的时间戳和唯一的数字签名,这使得账本成为网络中所有交易的可审查记录。如果有任何的人员想要修改数据,一般需要根据共识机制与其余人员达成一致才能够完成,不然是无法进行修改的。

对于比特币来说,比特币采用点对点网络,是一种最接近去中心化的体系,任意节点都可以运行比特币节点,仅从这一点上来说,比特币系统涉及了去中心化。在比特币网络中,各节点都在进行广播,需对进行广播的交易进行筛选和排序,形成一个唯一的总账。但是总会有一些已经发生,但是还未写入区块的交易,对于这些交易的处理办法就是每隔一段时间,将这些交易放在已达成共识区块后,并采用共识机制对其进行验证,一旦通过验证即可写入下一区块中,如果这些节点是恶意的,未通过共识机制的验证,将不会写入下一区块中。但在技术上,比特币需面对两大障碍:一是网络系统自身的缺陷,存在一定的信息延迟或计算机死机现象;二是存在一些恶意节点,但比特币引入奖励机制,各节点为了自身奖励降低了恶意节点数量,同时,比特币的共识算法很大程度上依赖随机性,其共识通过一段时间而达成,在实际系统中大约需要1个小时左右。比特币的这些创新虽然没有真正解决分布式共识问题,但已在特定的比特币系统下解决了这些难题。

随着科技的不断进步与发展,分布式账本的需求日益提高。自从计算机问世以来,数字化账本就因其高效便捷的特点成为主要应用的记账方式。数字化账本不但可以提高大规模记账的效率,而且可以避免人工书写的错误,使得账本的规模、记账处理的速度、账本的复杂度,都有了本质上的提升。数字化账本虽然不容易出错,但其仍是中心化的形式。这就意味着账本掌握在个体手中,一旦出现数据丢失则无法找回,在同时涉及多个交易方的情况下,需要分别维护各自的账本,容易出现不一致、对账困难的情况。由此可以很自然地想到,可以借助分布式系统的思想来实现分布式账本,即由交易多方一起来共同维护同一个分布式账本,打通交易在各个阶段的来龙去脉,凭借分布式技术进一步提高记账的安全和可靠性。

根据区块链系统的构建目标，账本会呈现出不同的形态，从账本的所有权（包括查看权与写入权）来看，在比特币等公有链系统中，所有用户对账本都具有查看权，在符合共识算法的前提下，特定的节点对其具有写入权。而在 Fabric 等系统中，符合共识机制的条件下，仅有某些通道中的特定节点对该通道的账本具有所有权。

根据分布式账本的定义，可以简单地设计出一个分布式账本，如图 2-1 所示，其中 A、B、C、D、E…代表参与方，其对应的账本分别为 a、b、c、d、e…。从图 2-1 中可以看出，所有的参与方都可以对其进行更改与维护。如果所有的参与方均可以按照其共同约定进行账本信息的更改与上传，则该账本具有可信性，各参与方也可以正常进行工作，但如果有参与方违反约定协议，进行恶意操作，随意更改数据，账本将不具有可信性。

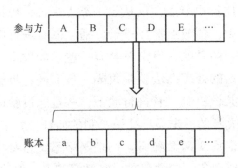

图 2-1　简单分布式账本示意图
A、B、C、D、E…代表参与方，a、b、c、d、e…代表账本

为了防止上述情况发生，需要将图 2-1 简单分布式账本进行更改，加入验证机制，对发生过的交易进行校验，引入数字摘要，形成一种不可随意篡改的分布式账本，如图 2-2 所示。当新的交易信息被添加到账本上时，参与者可根据历史账本信息对新加入的信息进行验证，一旦新写入的信息不符合验证，各方参与者便可以发现，同时可以确定信息位置。虽然此分布式账本解决了交易信息被随意篡改的问题，但是不可扩展的缺陷仍是一个不可避免的严重问题。由于每次验证都需要对所有的信息进行计算，随着账本中信息数量的增加，进行验证的成本将不断增加，因此，这种账本对于数据量大的账本并不适用。

为了解决大数据量账本的问题，对图 2-2 的账本进行进一步改进，得到新的账本模型，如图 2-3 所示。每次验证数据的准确性时，保证从头开始到验证开始位置数据的准确性。因此，每次加入新的交易信息时，只需要对部分历史交易信息进行验证即可，这样既解决了信息篡改的问题，同时也解决了数据的扩展问题,能够对大数据量的账本进行操作。这种分布式账本结构即为区块链结构。

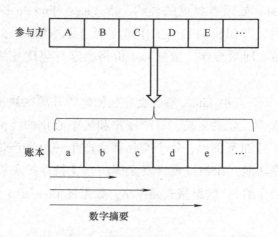

图 2-2　防篡改分布式账本示意图

A、B、C、D、E…代表参与方,a、b、c、d、e…代表账本　——代表数字摘要验证区间。

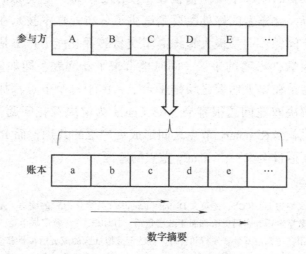

图 2-3　区块链分布式账本示意图

A、B、C、D、E…代表参与方,a、b、c、d、e…代表账本　——代表数字摘要验证区间。

目前常见的三种分布式账本技术包括 Hyperledger Fabric、R3 Corda 和以太坊。国内具有代表性的开源社区是由中国区块链技术和产业发展论坛发起建立的分布式应用账本(DAppLedger)。BCOS 是其中重点孵化的开源项目之一。接下来将对以上四种典型开源底层平台进行简要介绍与对比。

以太坊(Ethereum):开源的有智能合约(将在 2.5 节进行详细介绍)功能

的公共区块链平台，数字货币①是以太币（Ether），提供分散化的 Ethereum Virtual Machine（EVM）处理点对点的合约，由 Vitalik Buterin 提出，使用 Solidity 语言开发智能合约，共识机制采用工作量证明（账本级），交易执行需要消耗 Gas②。Gas 用完后会回滚操作，依据 Gas 价格决定打包优先级，价格越高越早被打包进区块中。

Hyperledger Fabric：由 Linux 基金会发起创建的开源区块链分布式账本，可用于全球供应链管理、金融交易、资产账户和去中心化的社交网络等场景，但无意以此来构建一种加密货币，每个交易都会产生一组资产键值对，可重用公司自带的身份管理功能，HSM（硬件安全模块）支持保护和管理数字密钥（将在 2.3 节进行详细介绍），数据格式是 json，数据库 CouchDB 支持富格式③和富数据④查询。

R3 Corda：由分布式账本创业公司 R3CEV 开发，应用于商用 DLT 平台，使用 Kotlin、Java 语言，能够进行并行交易。R3 Corda 舍弃了每一个节点都要验证和记录每一笔交易的账本全网广播模式，仅仅要求每一笔交易的参与方对交易进行验证和记录。这样做的好处主要是解决了分布式账本技术在商业化应用中非常敏感的两个问题：一是极大地提高了交易的吞吐能力；二是避开了共享账本能否保证交易数据私密的争议。同时也带来了新问题，即如何避免"双花"的问题。在比特币和以太坊等区块链平台上，由于每个节点都拥有整个账本的复制，所以要解决双花问题很容易。R3 Corda 为解决双花问题，引入了 notary 机制，简单来说就是在 notary 节点之间形成更广泛的共识，而 R3 Corda 上的每一笔交易都需要通过至少一个 notary 节点的验证。

---

① 数字货币简称为 DIGICCY，是英文 Digital Currency（数字货币）的缩写，是电子货币形式的替代货币。数字金币和密码货币都属于数字货币（DIGICCY）。数字货币是一种不受管制的、数字化的货币，通常由开发者发行和管理，被特定虚拟社区的成员所接受和使用。欧洲银行业管理局将虚拟货币定义为：价值的数字化表示，不由央行或当局发行，也不与法币挂钩，但由于被公众所接受，所以可作为支付手段，也可以电子形式转移、存储或交易。

② 具体来说，在以太坊网络上的交易而产生的每一次计算都会产生费用——这个费用是以称之为 Gas 的单位来支付的。

③ 以纯文本描述内容，能够保存各种格式信息，可以用写字板、Word 等创建，也称富文本格式（Rich Text Format，RTF）是由微软公司开发的跨平台文档格式。大多数的文字处理软件都能读取和保存 RTF 文档。

④ 对于每类特定的产品，都会有一些属于这一类产品特有的产品属性，这一类属性的数据，我们将其称为富数据。例如，对于相机来说，变焦范围、分辨率等这一类属性，都属于富数据类属性。

BCOS：由微众银行、万向区块链、矩阵元联合开发建设，金融区块链合作联盟（以下简称金链盟）开源工作组在此基础上聚焦金融行业需求，进一步深度定制发展为 FISCO BCOS。BCOS 和 FISCO BCOS 皆已开源并互通有无，截至 2018 年 6 月，BCOS/FISCO BCOS 开源社区实名用户已有 1100 余人，有 70 家企业在预研或开发阶段，10 家已经实现应用上线。表 2-1 对典型开源底层平台进行了对比。

表 2-1 典型开源底层平台对比

项 目	以太坊	Hyperledger Fabric	R3 Corda	FISCO BCOS
平台类型	公有链	联盟链	商用 DLT 平台	联盟链
治理	基金会	基金会	R3CEV 公司	微众银行、万向区块链、矩阵元、金链盟开源工作组等
权限管理	非授权	授权	授权	授权
共识算法	工作量证明（账本级）	0.6 版本支持实用拜占庭容错算法（交易级），1.0 版本后支持 Solo（单节点共识）、Kafka（分布式队列）和 SBFT（简单拜占庭容错）	公证人（交易级）	PBFT/RAFT
智能合约开发语言	Solidity	Go、Java	Kotlin、Java	Solidity
可扩展性	正在开发 Sharding 分片模型	支持通道设计，区分不同的业务	可并行交易，采用多公证人提升性能	多群组架构，多链平行扩展，支持跨链调用
隐私保护	暂无	用通道隔离不同的业务，1.0 版本后引入了私有状态和零知识证明	采用 Merkle 树结构隐藏交易细节	数据脱敏，分级隔离，并实现了零知识证明、群签名、环签名、同态加密等

在过去几年中，开源社区发展迅速，参与人数不断增加，同时产品的特性也不断发展。

截至 2018 年 8 月，Hyperledger 开源社区成员由初创时的 30 多名，增长到超过 250 名。fabric1.0 版本公开的数据表示，共 27 个组织，159 名开发者参与了代码贡献；BCOS 平台于 2017 年开源，初始成员为微众银行、万向区块链和矩阵元。其金融分支 FISCO BCOS 依托金融区块链合作联盟（简称金链盟）开源工作组共 9 家机构共同建设，金链盟目前的成员超过了百家机构；Corda 所在的

R3联盟初创成员为42家，目前超过200家成员；以太坊社区由全球开发者合做贡献代码，据资料介绍核心开发组织包含400多名开发者，密码学者等。随着企业级市场对区块链的诉求，以太坊企业联盟（EEA）于2017年应运而生，初创成员为30家，目前已经有超过500家机构加入。

在数量的大幅增长之外，参与者的角色也在丰富，除了开发者之外，社区里出现了基于平台产品进行各种商业应用场景落地的参与者，这些参与者包括投资人、集成商、应用开发者、第三方安全审计公司等，包括DAPP在内的应用生态逐步繁荣。从各开源软件平台的版本发布特性分析，各开发社区重点投入的产品方向包括易用性、隐私保护、可扩展性、安全防护，以及进行整体性的架构优化等。

在易用性方面，随着开发者和社区用户的增加，对开源软件的部署、配置、应用开发、运营维护等方面都提出了更多的要求，各平台分别在开发工具、部署工具、数据查询和统计分析，系统运维工具等做了大量的建设，以降低使用者的门槛，加速开发效率。

在隐私保护方面，因为商业场景对商业数据、机构和人员等信息的隐私保护有很高的要求，各平台会通过架构优化或密码学等方式实现不同力度的隐私保护，如fabric在1.0版本加入了私有数据特性，在1.3版本实现了使用零知识证明来保持客户身份匿名和不可追踪等。BCOS/FISCO BCOS提供了可监管的零知识证明、环签名、群签名、同态加密等算法实现以保护用户隐私。隐私保护的理论复杂性和工程难度都比较高，目前属于起步和探索阶段，还会持续演进，以追求保护的全面性和性能效率方面的突破。

在可扩展性方面，各平台分别根据自己的架构，提出不同的可扩展性方案，如fabric基于通道的设计，允许机构根据业务类型接入不同的节点，使不同的业务分布在不同的通道上。BCOS/FISCO BCOS采用平行多链架构支持更多的业务量并发，实现了同构链之间的跨链通信。以太坊目前正在开发类DPoS的公式算法，以及推动侧链、Sharding分片等可扩展方案，预期实现还需要较长时间。随着应用场景数量、链的使用者、使用频度的增加，各平台需要在可扩展性方面持续演进，包括跨链、侧链、分片等技术都会在各社区里逐渐引入和实现，以应对更大规模的网络，以及满足更丰富的互联互通场景需求。

在安全防护方面，许可链社区通常比较认可基于PKI体系的身份认证、权限控制等措施，持续丰富和细化证书的运用，以及在身份、网络、数据、交易规则等不同层面加入严密的保护。公有链的安全问题主要体现在网络攻击、智能合约漏洞、恶意分叉等，也促使以太坊社区持续对合约引擎、代码漏洞进行多方查验和修复,以及通过社区治理的方式决定如何应对安全漏洞等问题导致的资产损失。

在整体的架构上,各社区均推崇插件化的可扩展设计,通过插件化体系,使得平台产品可灵活地支持不同的共识算法、密码算法、存储引擎,兼容多个版本的网络协议等,使得产品的演进具备更高的速度和更好的灵活性。如 Fabric 支持 Solo(单节点共识)、Kafka(分布式队列)和 SBFT(简单拜占庭容错),BCOS/FISCO BCOS 支持 PBFT 和 Raft 共识算法,Fabric 状态数据库可采用 Level DB 或者 Couch DB,或其他的 key-value 数据库 bcos/fisco bcos 可支持 LevelDB,以及分布式的关系型数据库,此外,在我国的商业场景中需要实现的国密算法,也可以通过插件化进行支持。

三、分布式账本的未来

一般认为,分布式账本的技术发展路线可以分为四个阶段:市场需求分析和平台技术体系研究阶段、分布式账本关键技术方案选型和平台具体建设阶段、分布式账本技术开源与平台运行优化阶段、技术实践应用试点与技术推广阶段。中国的分布式账本技术研究应当遵循国际研发规律,加速分布式账本技术的落地。

分布式账本技术可以有效地改善当前基础设施中出现的效率极低却成本高昂的问题。导致当前市场基础设施成本高的原因有三个:交易费用、维护费用和风险控制费用。在某些情况下,特别是在有高水平的监管和成熟市场基础设施的地方,分布式账本技术更有可能会形成一个新的架构,而不是完全代替当前的架构。

分布式账本技术有潜力帮助政府征税、发放福利、发行护照、登记土地所有权、保证货物供应链的运行,并从整体上确保政府记录和服务的正确性。在英国国民健康保险制度(NHS)里,这项技术通过改善和验证服务的送达以及根据精确的规则安全地分享记录,有潜力改善医疗保健系统。对这些服务的消费者来说,这项技术根据不同的情况,有潜力让消费者们去控制个人记录的访问权并知悉其他机构对其记录的访问情况。分布式账本已经在金融领域取得众多成果,将使金融行业产生新的活力与机遇。

第二节　加密技术

若某一公司开发了一款软件,该公司可以在该软件流入市场时设定软件只能单机单用户使用,并设定诸多的使用权限,而只有当用户条件全部符合使用权限时,该软件的用户才能使用该软件产品,换言之即使用户下载并安装了该软件，但若他没有被分配授权或授权无效，那他也不能使用软件产品的功能，这意味着如果该公司的授权被其他第三方破解后，软件可以无须经过该公司允许被随意地复制和使用，甚至可能被不法第三方冠名以另一产品的名称，并以远远低于原产品市场售价的形式流通于市面，对于投资巨额开发该产品的软件开发公司造成了不可估量的经济和利益损失。授权加密的重要性可见一斑。

一、基本介绍

为了保证账本的完整性、公开性、隐私保护、不可篡改、可校验等一系列特性，区块链技术高度依赖加密技术。

加密技术是电子商务采取的主要安全保密措施，是最常用的安全保密手段，利用技术手段把重要的数据变为乱码（加密）传送，到达目的地后再用相同或不同的手段还原（解密）。加密技术的应用是多方面的，在电子商务、VPN、通信和存储领域都有广泛的应用，深受广大用户的喜爱。

二、基本特点与分类

加密技术包括两个元素：算法和密钥。算法是将普通的文本（或者可以理解的信息）与一串数字（密钥）的结合，产生不可理解的密文的步骤。密钥是一种参数，它是在明文转换为密文或将密文转换为明文的算法中输入的参数。在安全保密中，可通过适当的密钥加密技术和管理机制来保证网络的信息通信安全。密钥加密技术的密码体制分为对称密钥体制和非对称密钥体制两种。相应地，对数据加密的技术也分为两类，即对称加密和非对称加密。对称加密以数据加密标准算法（Data Encryption Standard，DES）[1]为典型代表，非对称加密通常以 RSA（Rivest Shamir Adleman）[2]算法为代表。对称加密的加密密钥和解密密钥相同，而非对称加密的加密密钥和解密密钥不同。

对称加密采用了对称密码编码技术，它的特点是文件加密和解密使用相同的密钥，即加密密钥也可以用作解密，这种方法在密码学中叫作对称加密算法。

---

[1] 数据加密标准算法（Data Encryption Standard，DES）是一种对称加密算法，很可能是使用最广泛的密钥系统，特别是在保护金融数据的安全中，最初开发的 DES 是嵌入硬件中的。通常，自动取款机（Automated Teller Machine，ATM）都使用 DES。

[2] RSA 加密算法是一种非对称加密算法。在公开密钥加密和电子商务中 RSA 被广泛使用。RSA 是 1977 年由罗纳德·李维斯特（Ron Rivest）、阿迪·萨莫尔（Adi Shamir）和伦纳德·阿德曼（Leonard Adleman）一起提出的。当时他们三个人都在麻省理工学院工作，RSA 就是由他们三人姓氏开头字母拼在一起组成的。

对称加密算法使用起来简单快捷,密钥较短,且破译困难,除了数据加密标准(DES),另一个对称密钥加密系统是国际数据加密算法(IDEA),它比 DES 的加密性好,而且对计算机功能要求也没有那么高。IDEA 加密标准由 PGP(Pretty Good Privacy)系统使用。

1976 年,美国学者 Dime 和 Henman 为解决信息公开传送和密钥管理问题,提出一种新的密钥交换协议,允许在不安全的信道上的通信双方交换信息,安全地达成一致的密钥,这就是"公开密钥系统"。相对于"对称加密算法",这种方法也叫作"非对称加密算法"。与对称加密算法不同,非对称加密算法需要两个密钥:公开密钥(Publickey)和私有密钥(Privatekey)。公开密钥与私有密钥是一对,如果用公开密钥对数据进行加密,只有用对应的私有密钥才能解密;如果用私有密钥对数据进行加密,那么只有用对应的公开密钥才能解密。因为加密和解密使用的是两个不同的密钥,所以这种算法叫作非对称加密算法。在现实世界上可作比拟的例子是,一个传统保管箱,开门和关门都是使用同一条钥匙,这是对称加密;而一个公开的邮箱,投递口是任何人都可以寄信进去的,这可视为公钥;而只有信箱主人拥有钥匙可以打开信箱,这就视为私钥。

非对称加密技术工作流程如图 2-4 所示。A 想要给 B 发信息,首先对信息用公钥进行加密处理,形成密文,进行传输,接收者通过私钥对密文进行解密,得到明文信息输出。加密技术在生活中有广泛的应用,例如在网络银行或购物网站上,因为客户需要输入敏感消息,浏览器连接时使用网站服务器提供的公钥加密并上传数据,可保证只有信任的网站服务器才能解密得知消息,不必担心敏感个人信息因为在网络上传送而被窃取。

图 2-4 非对称加密技术

利用非对称加密可通过签名和验签完成权属证明问题。在加解密过程中发送者用私钥加密,即签名;接收者用公钥解密,即验签。

三、哈希函数

(一)基本介绍

区块链账本数据主要通过父区块哈希值组成链式结构保证其不可篡改性。

哈希（Hash）即一般翻译为散列、杂凑，或音译为哈希，是把任意长度的输入（又叫作预映射 pre-image）通过散列算法变换成固定长度的输出，该输出就是散列值。这种转换是一种压缩映射，也就是说，散列值的空间通常远小于输入的空间，不同的输入可能会散列成相同的输出，所以不可能从散列值来确定唯一的输入值。简单地说就是一种将任意长度的消息压缩到某一固定长度的消息摘要的函数。以比特币为例，使用的是 SHA256 算法（是安全散列算法 2（SHA-2）下细分的一种算法），其哈希值长度是 256 个二进制的字符串，以十六进制数字表示时字符串的长度为 64 位，比如"区块链"的 SHA256 信息摘要为：6E3110B33188C7A3056CB91E4C35EFE609E8E565DD560300502403EBDE626196

公式表示形式为

$$h = H(m) \tag{2-1}$$

式中 m——任意长度消息（不同算法实现，长度限制不同，有的哈希函数（SHA-3）不限制消息长度，有的限制（SHA-2），但即使有限制其长度也非常大，可以认为是任意长度消息）；

H——哈希函数；

h——固定长度的哈希值。

（二）基本特点

一个优秀的哈希算法应具备正向快速、逆向困难、输入敏感、强抗碰撞性等特征。

1. 正向快速

正向快速是指对于给定的数据，能够在极短的时间内计算出哈希值。

2. 逆向困难

逆向困难是指无法在短时间内根据哈希值计算出原始数据。这一特性是哈希算法的安全性基础。

3. 输入敏感

输入敏感是指在输入信息发生非常微小变化的情况下，经过计算得出的哈希值会与原数据计算得出的哈希值产生巨大的区别。因此，无法根据变更数据前后的哈希值推测出原始数据发生了什么样的变化，同时也是检验两组原始数据是否相同的方法之一。

4. 强抗碰撞性

对不同的输入得到同一哈希值，即 key1 ≠ key2，而 $H(key1) = H(key2)$，这

种现象称为碰撞。不同的输入很难输出相同的哈希值。当然，由于哈希算法的输出位数是有限的，但输入是无限的，所以不存在永远不发生碰撞的哈希算法。但只要保证哈希算法发生碰撞的概率足够小，哈希算法仍可被使用。哈希算法只要保证找到碰撞的输入信息所耗费的代价远大于收益即可。

哈希算法的以上特性，保证了区块链的不可篡改性。对于一个区块链的所有数据通过哈希算法得到一个哈希值，但是通过哈希值无法反推出原区块数据，区块链上的哈希值可以唯一、准确地表示一个区块，任何节点通过简单快速地对区块数据内容进行哈希计算都可以得到哈希值，流程图如图2-5所示。

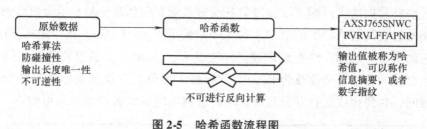

图 2-5　哈希函数流程图

（三）防篡改

区块头包含了上一个区块数据的哈希值，这些哈希值层层嵌套，最终将所有区块串联起来，形成区块链。区块链里包含了自诞生以来的所有交易，因此要篡改一笔交易就要将其后所有区块的父区块的哈希值全部篡改，运算量非常大。如果要进行数据的篡改，必须要伪造交易链，保证连续伪造多个交易，同时使得伪造的区块在正确的区块产生之前出现。只要网络中的节点足够多，连续伪造的区块运算速度超过其他节点几乎是不可能实现的。另一种伪造区块链的方式为某一方控制全网超过50%的算力。因为区块链的特点为少数服从多数，一旦某一方控制全网超过50%的算力，即可篡改历史交易。但是，在区块链中，只要参与的节点足够多，控制全网超过50%的算力几乎是不可能做到的。即使某一方真的拥有全网超过50%的算力，那么这一方即是获得利益最多的一方，必定会维护区块链的真实性。

（四）快速检测

在区块链中，哈希函数除了具有防篡改的特性，基于哈希函数构建的Merkle树，可以实现对内容改变的快速检测，也在区块链中发挥着重要的作用。Merkle树是由 Ralph Merkle 提出的一种用于验证数据完整性的数据结构。

Merkle 树的本质就是一种哈希树。在区块链中 Merkle 树就是当前区块所有交易信息的一个哈希值。其构建示意图如图2-6所示。Merkle 树通常包含区块体的底层（交易）数据库、区块头的根哈希值（即 Merkle 根）以及所有沿底层区块数据到根哈希的分支。Merkle 树运算过程一般是将区块体的数据进行分组哈希，并将生成的新哈希值插入到 Merkle 树中，如此递归直到只剩最后一个根哈希值并记为区块头的 Merkle 根。最常见的 Merkle 树是比特币采用的二叉 Merkle 树，其每个哈希节点总是包含两个相邻的数据块或其哈希值，其他变种则包括以太坊的 MPT 树（Merkle Patricia Tree）等。Merkle 树有诸多优点，例如 Merkle 树可支持"简化支付验证"协议，即在不运行完整区块链网络节点的情况下，也能够对（交易）数据进行检验。例如，为验证图 2-6 中交易 6，一个没有下载完整区块链数据的客户端可以通过向其他节点索要包括从交易 6 哈希值沿 Merkle 树上溯至区块头根哈希处的哈希序列（即哈希节点 6、5、56、78、5678、1234）来快速确认交易的存在性和正确性。一般说来，在 N 个交易组成的区块体中确认任意交易的算法复杂度仅为 $\log_2 N$。这将极大地降低区块链运行所需的带宽和验证时间，并使得仅保存部分相关区块链数据的轻量级客户端成为可能。

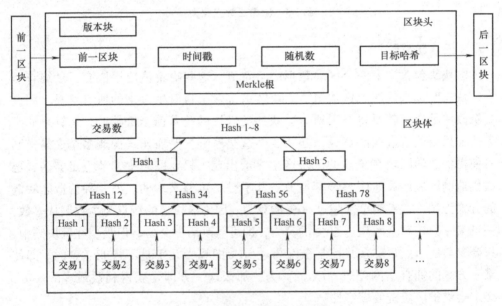

图 2-6　Merkle 树结构示意图

Merkle 树的叶子节点的值是数据集合的单元数据或者单元数据哈希。由 Merkle 树的构造可知，如果要查看两个文件是否相同，只需要比较两个文件的根哈希即可，如果想进一步找出两个文件的不同处，则可以根据树节点哈希值从树的根哈希开始，比较左右两个子树的根哈希，左子树根哈希不同的话就比较左子树的数据，右子树根哈希不同就比较右子树的数据。然后以此类推，不断加大比较的深度,直到找到不同的数据块,最终可以准确识别被篡改的交易信息。

在实际应用中,采用这种 Merkle 树找不同的数据块,可以不完全下载全部的数据。在数据访问带宽较低的场景中,例如 P2P 网络下载中,可以较快地比较数据的缺失部分,降低重复下载的数据量。因此,在一些网络传输速率不高的场景中,Merkle 树的应用能有效提高系统的数据交互效率。

四、数字签名

数字签名(又称公钥数字签名)是一种类似写在纸上的普通的物理签名,但是使用了公钥加密领域的技术实现,用于鉴别数字信息的方法。一套数字签名通常定义两种互补的运算,一个用于签名,另一个用于验证。数字签名,就是只有信息的发送者才能产生的别人无法伪造的一段数字串,这段数字串同时也是对信息的发送者发送信息真实性的一个有效证明。

数字签名是非对称密钥加密技术与数字摘要技术的应用,即每个节点需要一对私钥、公钥密钥对。私钥为发送者所拥有的密钥,签名时需要使用私钥。不同私钥对同一段数据的签名是完全不同的。数字签名一般作为额外附加信息附加在消息中,以验证信息发送者的身份。公钥即所有人都可以获取的密钥,验签时需要使用公钥。

数字签名的具体流程如下:①发送者对原始数据通过哈希算法计算数字摘要,并且发送者使用非对称性密钥中的私钥对数字摘要进行加密,形成数字签名;②发送者将数字签名和原始数据一同发送给验证签名的接收者。

验证数字签名的具体流程如下:①接收者首先要具有发送者的非对称性密钥的公钥;②在接收到数字签名与发送者的原始数据后,先使用公钥,对数字签名进行解密处理,得到原始的摘要值;③接收者对发送者的原始数据进行同样的哈希算法计算摘要,将其与解密处理后得到的摘要值进行对比,如果二者相同,则签名验证通过,从而保证了原始数据在传输过程中未经过篡改。签名及验证过程的示意图如图 2-7、图 2-8 所示。

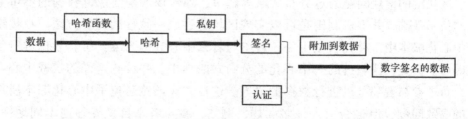

图 2-7 签名过程示意图

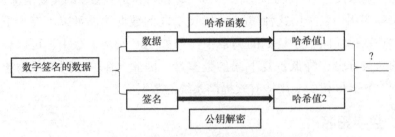

若哈希值1=哈希值2，则此数字签名验证通过。

图 2-8 验证过程示意图

五、多重签名

在数字签名应用中，有时需要多个用户对同一个文件进行签名和认证。在一个多重签名体制中，所有参与签名的相对独立而又按一定规则关联的实体的集合，我们称为一个签名系统。签名子系统就是所有签名者的一个子集合。签名系统中的任何一个子系统的各成员按照特定的承接关系对某个文件进行签名，这个承接关系就称为这个签名系统的一个签名结构。

按照签名结构的不同，多重数字签名分为两类：有序多重签名，即签名者之间的签名次序是一种串行的顺序；广播多重签名，即签名者之间的签名次序是一种并行的顺序。后来，提出了具有更一般化签名结构的签名方案，即结构化多重签名。在结构化签名方案中，各成员按照事先指定的签名结构进行签名。每种方案都有三个过程：系统初始化、产生签名和验证签名。每种方案都包含三个对象：消息发送者、消息签名者和签名验证者。广播多重数字签名方案中还包含签名收集者。

第三节 共识机制

区块链的信任问题通过分布式账本解决，加密技术是区块链数据的不可篡改的技术基础，共识机制则是可以实现区块链达成一致性的重要方法。在传统的中心化账本中，存在权威中心，各参与者以中心数据为准，对其数据进行复制即可。但是在区块链的去中心化的分布式账本中，并没有这样的权威中心存在，每个参与者都可以进行数据的输入。这种方式虽然避免了中心化账本所产生的腐败问题，但也会引入许多问题，例如，参与者来自世界各地不同地区，彼此之间相互不熟悉，甚至互不相识，参与者有可能会上传虚假或恶意数据，以使其从中获利，那么如何保证他添加的账本数据是正确的、可信的，为了解决这些关键问题，共识机制由此而生。

一、基本介绍

由于加密货币多数采用去中心化的区块链设计，节点是各处分散且平行的，所以必须设计一套制度，来维护系统的运作顺序与公平性，统一区块链数据的版本，并奖励提供资源维护区块链的使用者，以及惩罚恶意的危害者。这样的制度，必须依赖某种方式来证明，是由谁取得了一个区块链的打包权（或称记账权），并且可以获取打包这一个区块的奖励；又或者是谁意图进行危害，就会获得一定的惩罚，这就是共识机制。

简单来说共识机制就是面对一个原本并不认识的人，通过一个机制对其进行检测，如果这个人通过了检测认定，那么你就基本可以认为这个人是可信任的。

二、基本特点

区块链中可以支持不同的共识机制，但是不同的共识机制需要具有以下两个性质，即一致性与有效性。

1. 一致性

所有诚实节点保存的区块链的前缀部分完全相同。

2. 有效性

由诚实节点发布的消息最终将被所有其他诚实节点记录到自己的区块链中。

三、评价标准

除了满足一致性与有效性这两个基本特点外，不同的共识机制在区块链上应用时，还会对整个区块链产生其余影响，所以可以从以下四个标准评价共识机制。

1. 资源消耗

资源消耗是指共识机制在运行的过程中所消耗的资源。例如，共识机制需要利用计算机来达成共识的目的，在分布式账本的各方参与者达成共识的这个过程中，系统在计算时会对资源产生一定量的消耗，比如内存与CPU等计算资源的消耗。举例来说，在采用工作量证明机制的比特币系统中，需要消耗大量的计算资源进行挖矿，提供信任证明完成共识。

2. 性能效率

在区块链上进行的交易,其性能效率是指从交易达成到交易数据信息被上传到分布式账本上并通过认证的时间。与通过第三方平台交易相比,区块链通过共识机制达成一致,其完成交易的性能效率问题一直备受关注,是当前区块链研究的重中之重。以比特币系统为例,目前每秒最多只能够处理 7 笔交易数据,这一数量远远不能满足现今区块链的需求,所以提高共识机制交易的性能效率是区块链当前亟须解决的问题之一。

3. 扩展性

在区块链中,扩展性也是在设计的过程中需要重点考虑的问题之一。扩展性是指网络节点的扩展。区块链中的扩展性主要针对两个部分数量的增加,一部分是参与者数量,另一部分是指交易数量。区块链的扩展性需要考虑参与者和交易数量在增加的过程中,系统能否承载大量的数据量的增加,同时还要考虑在传输大量数据时,网络、设备、端口等其他设施能否保持高效传输,这种能力通常以网络吞吐量来衡量。因此,扩展性也是共识机制优劣的评价标准之一。

4. 安全性

安全性的优劣是指区块链是否具有良好容错能力。例如,能否有效防止双重支付、自私挖矿等恶意攻击。双重支付与自私挖矿是区块链中存在的两种最大的安全问题。自私挖矿是一种针对比特币工作量证明机制区块链的挖矿策略,简单说就是挖到区块先不公布,而是继续挖矿,然后根据策略择机公布。而这种策略,根据研究者们的探讨,实际上会降低网络验证区块的速度,同时会削弱诚实矿工的盈利能力,而在难度调整之前,这也会对自私矿工本身带来不利影响。除此之外,区块链中还存在其余的安全性问题,例如,对交易对象的网络进行攻击,形成网络分区,对交易信息产生阻隔作用。或者通过产生大量的无意义节点,影响系统的安全性。

四、基本分类

目前,区块链的共识机制主要可以分为四类:工作量证明机制、权益证明机制、股份授权证明机制、拜占庭容错类机制。

(一)工作量证明机制(Proof of Work,PoW)

工作量证明机制是分配一段时间内交易信息的打包记账权,从而达成系统共识的机制。最早工作量证明机制的提出是为了防止垃圾邮件。这种证明机制应用于比特币系统中，其核心就是通过节点的算力选取打包节点。节点通过计算随机哈希散列的数值争夺上传数据的权利。比特币系统中，这种共识机制能够保证所有节点对一个待确认的交易达成一致。只有完成工作量证明的节点才能够提出这一阶段的待定区块，其余网络节点在此之上将继续完成工作量的证明，以产生新的区块。工作量证明机制的基本工作步骤为：

（1）节点对所有的数据进行检测，将通过验证的数据记录并暂存。

（2）计算节点通过尝试不同的随机数进行哈希运算，直至找到形成符合指定条件的随机数，该过程需要消耗节点自身的算力。

（3）找到合理的随机数后，生成新区块，输入区块头信息后记录其余数据信息。

（4）将新生成的区块对外公布，使得其他节点验证数据信息，经过验证后，将这些数据信息添加至区块链中，这些节点继续进行工作量的证明并继续生成新的区块链。

以比特币区块链为例，验证节点通过对随机数进行运算，争夺比特币的记账权，进行运算的过程中需要消耗算力等资源，因此验证节点也被称为"矿工"。尝试不同随机数，找寻合适随机数的过程称为"挖矿"。如果说，两个节点在同一时间找到区块，那么网络将根据后续节点和区块的生成情况决定以哪个区块为最终的区块。工作量主要体现在，要找到合理的随机数需要进行大量的尝试性计算，找到合理的随机数是一个概率事件，表明在找到合理的随机数之前进行了大量的工作。

工作量证明机制对于计算问题的选取需要满足以下几点性质。

1. 伪随机性

保证节点在工作量证明时，找到合适的随机数仅依赖于自身算力，保证相对公平。

2. 难度可控

要根据实际情况，选择难度合适的问题进行计算，如果选择难度过高的问题计算，会导致计算时间过长，影响效率。如果选择难度过低的问题计算，会产生分叉，影响系统的一致性。

3. 可公开验证

由于区块链是去中心化的，要求计算结果可以通过简洁的操作进行公开验证。

工作量证明机制具有完全去中心化的优点，在以工作量证明机制为共识的区块链中，节点可以自由进出。但同时这种共识机制存在的缺陷也是十分明显的。

4. 效率低

产生每个新区块需要耗费时间，同时新产生的区块需要经过后续区块的认证才能保证有效，这将花费更长的时间，严重影响到系统的效率。

5. 消耗与浪费

在这种工作量证明机制中，实际工作以寻找合适的随机数为主，并不是记录账本数据，这也就导致了用于计算随机数的资源与能量消耗巨大，该过程的计算过程都是无意义的，是一种浪费现象，同时，达成共识的周期较长。

6. 算力集中化凸显

由工作量机制的运行原理可知，"挖矿"过程本质上就是比拼计算能力，自然也就导致了算力集中的问题。目前，普通的个体或者几十台规模的矿机由于算力不足，很难挖到矿，这导致了各方联合起来进行挖矿，这些算力集中的地方称为矿池。以比特币的 Ghash 矿池为代表，其算力已经接近比特币算力的一半，这使得其余用户很难获得同样规模的算力来维持自身的安全。

（二）权益证明机制（Proof of Stake，PoS）

权益证明机制最早应用在2012年，化名 Sunny King 的神秘黑客推出了 Peercoin，该加密电子货币采用工作量证明机制发行新币，采用权益证明机制维护网络安全，这是权益证明机制在加密电子货币中的首次应用。权益证明机制同样是一种挖矿游戏，但是通过节点拥有加密数字货币的数量和时间来降低寻找随机数的时间。权益证明机制由系统中具有最高权益的节点获得记账的权力，而不是算力最高的节点。简单来说，权益证明机制就是一个根据持有数字货币的数量与时间，进行利息发放和区块产生的机制。在这种机制下，产生了一个新的名词——币龄，币龄的值为持有数字货币的数量与持币时间的乘积，在产生新的区块时，币龄就会被清零，同时也可以从区块中获得一定的利息。这样就可以保证区块链的有效性是由具有经济效益的节点来保障，拥有更多币龄的节点将会有更大的概率决定下一区块。

权益证明机制虽然在一定程度上解决了工作量证明机制浪费资源的问题，同时缩短了区块产生的时间，提高了系统效率。但是，这种共识机制本质上仍需要网络中的节点进行挖矿，并没有从根本上解决工作量证明机制的问题。同时，在网络同步性较差的情况下，权益证明机制产生的多个区块容易产生分叉现象，影响系统的一致性。如果有恶意的节点获得了记账的权力，那么就可以通过控制网络通信，形成网络分区，向各网络分区发送不同的区块，就会造成网络分叉，从而进行双重支付，使系统的安全性受到严重威胁。

（三）股份授权证明机制（Delegated Proof of Stake，DPoS）

权益证明机制是使用一个确定的算法随机选择持币节点产生新的区块，节点的币龄越大，去产生新的区块的概率就越大。但是这种机制并没有解决区块链的安全性与公平性，持有币龄多的少数节点会决定新区块的产生，同时，如何快速高效达成共识也是一个严峻的考验。为了解决这些问题，产生了一种新的保障网络安全的共识机制——股份授权证明机制。股份授权证明机制与董事会投票机制相似，机制内部存在一个投票系统，股东们进行投票选举董事会，董事会决定公司决策。在股份授权证明机制下，每个持币节点可以进行投票选举，选出一定数量的节点作为代表，由这些代表代替全体节点进行投票等操作，维持区块链的运行，一旦产生交易，这些代表们会获得一定的报酬。同时，如果代表节点的工作存在危害区块链的行为，所有节点可以同时通过投票取消其代表资格，然后所有节点重新投票，选取新的代表。

在股份授权证明机制中，首先是成为代表，这需要在网上注册公钥，然后分配到一个一个特有的标识符。该标识符被每笔交易数据的头部引用。接下来是投票选择代表，各节点可以选择多个代表，同时可以实时查询所选代表的操作，如果发现代表的表现过差，错过许多区块，那么，可以再次进行投票选择新的代表。最佳区块链是最长的有效区块链，如果错过了产生新区块的机会，就会意味着你已经落后于竞争对手，因为你的区块链会短于竞争对手。

该机制可以及时发现网络分叉的问题。如果交易被写入区块后有51%以上被生产出来，则可以认为是在主区块链上，如果错过了50%以上，则有可能是在支链上，一旦写入支链，应该停止交易，解决分叉问题。

虽然股份授权证明机制解决了工作量证明机制和权益证明机制的问题，减少了参与记录数据节点的数量，节省了时间，提高了效率，可以达到秒级的共识验证。但是，这种共识机制一般还无法脱离代币运行，而实际商业应用并不需要代币。因此，股份授权证明机制也不能完全解决区块链在商业中的应用问题。

（四）拜占庭容错类机制（Byzantine Fault Tolerance BFT）

前几种证明机制都是将其余所有节点都视为对手，每个节点都需要进行计算或提供凭证以获取利益。但是拜占庭容错类机制（Byzantine Fault Tolerance，BFT）是希望所有节点共同合作，以协商的方式产生被所有节点都认可的区块。

拜占庭容错类问题最早于1982年被莱斯利·兰伯特（Lselie Lamport）等人在 The Byzantine Generals Problem 一文中提出，主要讲述的是分布式网络节点通讯的容错问题。针对此问题所提出的诸多解决办法都被统称为拜占庭容错类机制。

在拜占庭容错类机制中，当失效节点不超过总节点的1/3时，拜占庭将军问题㊀才能得到解决。实用拜占庭容错机制（Practical Byzantine Fault Tolerance, PBFT）是最经典的一种拜占庭容错类机制。在保证安全的前提下，在有（3n+1）个节点的区块链中，失效节点不超过 n，也就是说可以提供 n 个容错性。

在实用拜占庭容错机制中可以实现区块链的一致性，同时避免多余的计算量，节省资源，极大地缩短了达成共识的时间，可以达到秒级共识，提高效率，并且系统可以脱离代币进行运转，基本可以达到商业应用的要求。此外，只有主节点可以产生并发送新区块的信息，其余节点只起到验证信息准确性的作用，避免分叉。

但是，拜占庭容错机制在安全性与扩展性方面还存在不可避免地问题。其安全性主要依赖于失效节点数量的限制，当有1/3及以上节点失效时，系统将无法正常工作。当系统中存在或超过1/3的节点联合起来发布恶意信息时，会使系统的安全性和一致性遭到破坏。同时拜占庭容错机制依赖参与节点的数量，因此该机制不适用于节点数量过于庞大的区块链，扩展性差。若主节点为了自身利益，散布虚假信息，提出无效区块链，则不会产生新的区块，造成时间的浪费，影响效率。

除了以上四种验证机制之外，Pool 验证池也很重要，Pool 验证池基于传统的分布式一致性技术建立，并辅之以数据验证机制，是区块链中曾经广泛使用的一种共识机制。但随着私有链的减少，这种机制被使用的次数也逐渐减少。

Pool 验证池不需要依赖代币就可以工作，在成熟的分布式一致性算法（Pasox、Raft）基础之上，可以实现秒级共识验证，更适合有多方参与的多中心商业模式。同时，相较于其余验证机制，Pool 验证池的去中心化程度不如工作量证明机制等。

对工作量证明机制、权益证明机制、股份授权证明机制和实用拜占庭容错机制的各个方面进行对比，得到结果如表2-2所示。

㊀ 拜占庭将军问题（Byzantine Failures），是由莱斯利·兰伯特提出的点对点通信中的基本问题。含义是在存在消息丢失的不可靠信道上试图通过消息传递的方式达到一致性是不可能的。因此对一致性的研究一般假设信道是可靠的，或不存在本问题。

表 2-2 常用共识算法性能对比

共识机制	性能效率	资源消耗	容错率（%）	去中心化程度	扩展性	一致性
PoW	低	高	50	高	差	差
PoS	较高	低	50	高	良好	差
DPoS	高	低	50	低	良好	良好
PBFT	高	低	33	低	差	良好

五、混合机制

现今对于区块链而言，还没有一种共识机制可以使其各个方面都做到完美无缺，各种机制或多或少都存在一些缺陷，在"不可能三角"⊖评价体系中，任何共识机制都不能在各个方面同时达到最佳状态。因此需要根据该区块链系统要实现的目标，对比各种共识机制，根据实际需求，进行权衡，选择最符合的共识机制。工作量证明机制在去中心化和容错率方面较好，但可用性较低；权益证明机制在节能方面较优，但不够灵活；股份授权证明机制可用性与容错率较高，但去中心化程度较低；实用拜占庭容错机制在去中心化和容错率方面较好，但扩展性差。

为了更好应对共识机制实际应用将要面对的困难与挑战，采用两种或多种机制相互结合的混合机制，也是解决单种共识机制在某些方面不能够达到完美的有效手段之一。比如，工作量证明机制和权益证明机制结合、权益证明机制和实用拜占庭容错机制结合。

1. 工作量证明机制和权益证明机制结合

2012 年诞生的 Peercoin，采用工作量证明机制发行新币，采用权益证明机制维护网络安全，这是工作量证明机制和权益证明机制结合的典型案例。利用权益证明机制可以减少系统的资源消耗，提高公平性与安全性。简单来说在该机制中，节点尝试完成工作量证明，提出新的区块，随后由完成权益证明的节点对新区块进行验证。具体来讲区块持有节点通过消耗币龄获得利息，同时具有生成新区块和用权益证明机制造币的优先权。此外，第一个输入信息的权益核心需要符合某一协议，具有一定的随机性，但与工作量证明机制的区别在于这一过程是在有限空间内完成而不是像工作量证明机制是在无限区域内随机寻找。

⊖ 不可能三角（Impossible Trinity）是指经济社会和财政金融政策目标选择面临诸多困境，难以同时获得三个方面的目标。在金融政策方面，资本自由流动、汇率稳定和货币政策独立性三者不可能兼得。

这种机制的安全性也会得到提高，可以更好地防止分叉问题，每个区块的交易信息都会将消耗的币龄提供给自身，消耗的币龄高的区块将在主链上，因此，对于恶意攻击者来说，必须要控制大量的币龄节点并且同时拥有超过50%的算力，这将大大增加攻击的成本，同时攻击过程中币龄的消耗也会降低进入主链的概率。

在该机制中，只要是拥有币龄的节点，无论数量的多少，都可以进行区块的挖掘，避免矿池的产生，防止算力的集中。

2. 权益证明机制和实用拜占庭容错机制结合

这种混合机制通过权益证明机制限制参与实用拜占庭容错机制节点的数量，可以提高系统的扩展性。具体工作过程如下：通过权益证明机制选出代表节点，提出新的区块，然后再通过权益证明机制选出新的代表节点对新区块进行验证，经过有限次的重复后，通过实用拜占庭容错机制达成一致，这样既解决了权益证明机制一致性差的缺点，同时也解决了实用拜占庭容错机制扩展性差的缺点。

由于每种共识机制都在某些方面存在不足，如何将各种共识机制有效的相互结合，弥补各自的不足，将会是今后共识机制的发展趋势。

第四节 智能合约

在交易过程中，往往会涉及多方参与，在传统的交易模式中，各参与方都将交易过程中的数据信息储存在自己的数据库中，但这往往会导致整个过程浪费时间、过程冗余复杂、信息公开透明程度差、效率低下；同时，由于各方信息交流差，往往会导致参与各方数据不一致，存在某一方随意篡改数据的可能，相互之间信任度下降，但区块链技术的存在可以很好地解决这些问题，由于智能合约的存在，各程序按照预先设置好的规则自动完成，使得数据篡改的可能性大大降低，同时免去许多烦琐复杂的流程，从而节省时间，提高效率。

智能合约引入区块链中是发展过程的一个里程碑。区块链从最初应用的单一数字货币，到现今融入金融的各个领域中，智能合约一直起着无可替代的重要作用，这些应用几乎都是以智能合约的形式运行在区块链的平台上。

一、基本介绍

1995年，学者尼克·萨博（Nick Szabo）最早提出智能合约（Smart Contract）的概念，并定义一个智能合约是一套以数字形式定义的承诺，包括合约参与方可以在上面执行这些承诺的协议。智能合约又称智能合同，一种旨在以信息化方式传播、验证或执行合同的计算机协议。允许交易在没有第三方的条件下进行,且交易是可信的,并且交易是单向不可逆的。简单来说,就是在满足一定条件的情况下可以自动执行的计算机程序。举个生活中的例子,我们乘坐飞机经常会购买飞机延误险,但是真正延误之后,你可能还要拨打客服电话了解流程、在线下开证明、找保险公司,才能执行完你的延误险赔付。这时候,如果有了智能合约,输入条件,连线航班数据,就能够确保保险公司在航班延误之后自动为你打款了。合约自动执行,不需要第三方参与,这就大大提高了社会经济活动的效率。

二、智能合约与区块链

智能合约这一概念自产生以来,就缺少一个能够良好运行的平台,但是随着区块链的问世,由于其去中心化等特性,很好地解决了智能合约运行的诸多问题。例如,确保智能合约一定能够被执行,且不会在执行的过程中被修改。智能合约在区块链上运行,所有节点都会严格按照既定的逻辑执行,如果恶意节点修改了逻辑,那么由于区块链的验证机制存在,修改后的逻辑不会被其余节点承认。区块链上的智能合约是在沙盒⊖中的可执行程序,智能合约的各种操作与状态均需要通过共识机制记录在区块链上,由于区块链上的所有交易数据都是公开的,因此,智能合约处理的数据也是公开的,任意节点均可查看数据。智能合约与区块链二者紧密相连,相辅相成,智能合约为区块链提供了应用接口,使区块链可以构建信任的合作环境,是区块链的核心技术之一。同时,区块链为智能合约运行的平台。

三、运行原理与环境

在区块链平台上运行的智能合约通常包含初始状态、转换规则、触发条件以及相应的操作,上传数据,经过共识机制的验证后,合约将在区块链上运行,区块链实时监测智能合约的运行状态,当有新的数据上传至区块链时,一旦满足智能合约的触发条件,将根据预设的逻辑对其进行运算即共识机制将对该数据进行验证,一旦验证通过,数据的输入、运行状态及输出都将在区块链上记录。智能合约运行机制如图2-9所示。

智能合约需要在与外界环境隔离的沙盒中运行,合约运行环境与宿主系统

⊖ 在计算机安全领域,沙盒(Sandbox,又译为沙箱)是一种安全机制,为运行中的程序提供隔离环境。通常是作为一些来源不可信、具破坏力或无法判定程序意图的程序提供实验之用。

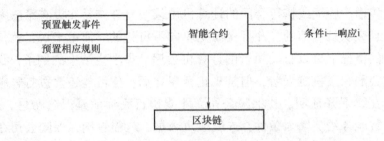

图 2-9 智能合约在区块链上运行示意图

之间、合约与合约间需要靠沙盒相互隔离，可提高智能合约的安全性，目前来说，区块链对沙盒的支持主要包括虚拟机和容器，这两种都可以有效地保证智能合约在沙盒中独立运行，相互之间不产生干扰。

四、安全问题

目前来说，智能合约还存在诸多安全隐患，现实中的合约通常是由具有法律基础的专业人士进行编写，但是对于智能合约来说，大多数的智能合约都是由熟悉计算机语言的人员进行代码的编写，这些人员绝大部分可能对法律的知识知之甚少，因此，编写出的智能合约或多或少会存在一些法律上的缺陷，存在一定的漏洞。此外，支持智能合约运行的区块链部分采用 Java 等高级语言编写，这些高级语言会存在一些不确定的指令，可能会导致分歧，影响系统的一致性。所以，对于智能合约程序的编写一定要慎之又慎，防止上述情况的出现。现今，许多区块链平台都对语言的不确定性进行了改进，比如 Fabric 引入先执行、排序，再验证写入账本的机制；以太坊也只允许各节点使用确定性的编写语言进行操作。随着区块链技术的不断发展，相信智能合约的编写会愈发严谨与规范，通过各专业人士的协作和自身知识储备量的提升，安全性问题将会得到有效的解决。

【本章小结】

本章主要介绍了区块链的四种基础技术，详细地介绍了区块链中所应用的分布式账本、加密技术、哈希函数、数字签名、共识算法以及智能合约技术，以及这些技术如何实现区块链的诸多优势，例如，信息公开、安全防篡改等。

区块链技术伴随着比特币的发展而被人们所熟知、研究与运用。它结合了计算机科学、社会学、密码学等多门学科。它所具有的去中心化、开放性、匿名性、信息不可篡改等多个特点将保证区块链技术在社会金融、医疗等多个领域中的应用。尽管现今的区块链技术研究还趋于理论，但相信在今后成熟的区块链技术将会重塑未来经济。

【关键词】

分布式账本；非对称性加密；数字签名；共识机制；智能合约

【思考题】

1. 分布式账本的特点是什么？
2. 非对称性加密与对称性加密的区别是什么？
3. 什么是哈希函数？它的优点是什么？
4. Merkle 树的构建过程是怎样的？
5. 签名与验签的过程是怎样的？
6. 共识机制的基本特点、分类及相互对比是什么？
7. 智能合约在区块链上如何运行？

第三章
区块链技术的应用领域

【学习目标】

1. 了解区块链的应用价值和应用场景；
2. 熟悉区块链技术运用到政府与监管场景中如何改善目前政务面临的问题；
3. 熟悉区块链技术运用到经济场景中如何改善目前经济民生存在的问题；
4. 熟悉区块链技术运用到商业贸易场景中如何改善目前商业贸易中面临的问题。

【导入案例】

政府政务办理案例

近日，张女士到本地政务中心办理美国签证，在排了数个小时队，终于轮到她办理签证时才发现忘记带身份证。没有本人身份证明原件，窗口工作人员不予办理签证。张女士为不能及时办理签证感到十分苦恼，因为出去旅游时签证可能无法及时送达到她手上。

问题：是否有不需要任何证件来证明自己身份的方法？

公民就医案例

2017年8月，家住常州市的王先生由于肺炎需要就医，他首先在常州某家医院治疗了半个月，但是发现疗效很差，病情反而有变得更加严重的趋势。于是他打算转去上海的一家医院继续治疗，但是由于两家医院存在医疗设备的不同，导致王先生需要重新在上海的医院录入自己的基本信息，以及开具自己有关病情的证明。

问题：是否有方法来消除医院设备不同导致的信息孤岛问题？

国际贸易故事

有一天,艾索兰德国的某位发明家发现了一种以极低成本炼钢的新方法。但是,生产过程是神秘的,而且,发明家坚持保密。奇怪的是,发明家并不需要任何工人或铁矿来炼钢。他需要的唯一投入是小麦。

由于钢铁用于如此多的产品之中,这项发明因此降低了许多产品的成本,并使所有艾索兰德人都能享有更高的生活水平,于是发明家被誉为天才。当工厂关门以后那些原先炼钢的工人蒙受痛苦,但最终他们在其他行业找到了工作。一些人成为农民,而且种植发明家用来变成钢的小麦。另一些人进入由于艾索兰德人生活水平提高而出现的新行业。每一个人都懂得,这些工人被代替是进步不可避免的一部分。

几年以后,一位报纸记者决定调查这个神秘的新炼钢过程。她偷偷地潜入到发明家的工厂,而且了解到这位发明家是一个骗子。发明家根本没有炼钢。他只是违法地把小麦运到国外并从其他国家进口钢铁。发明家所发现的唯一事情是从国际贸易中获益。

当真相最终被披露时,政府停止了发明家的经营。钢铁价格上升了,工人回到了钢铁厂。艾索兰德国的生活水平退回到以前的水平。发明家被投入狱中并遭到大家嘲笑。毕竟他不是发明家。他只是一个经济学家。

问题:是否有方法来实现商品生产过程的透明化?

资料来源:案例来自网络资源整理。

第一节 政府与监管

政府在公共事务方面的投入以及公共服务的能力是社会进步的重要衡量标准。尽管随着经济水平的不断提高,各国政府已经在公共事业方面投入了大量的人力和物力,但公共服务能力得到较大提升的同时,仍然存在着许多问题。

对于政府而言,由于信息不透明所造成的"黑盒业务"一直备受公众质疑,这在一定程度上影响了政府的公信力。并且政府部门由于层级明确,层层审批需要耗费大量的时间,因此指令下达的具体周期长,并且无法充分吸取民众意见。在政府的诸多购买服务项目中,协议内容与责任义务不明确,也是政府服务能力提升的障碍之一。

区块链不可篡改、可追溯、可编辑等优点,给政府提供了一个解决公共事务难题的有效途径。下面将简单介绍区块链在公共政务方面的应用。

一、区块链技术在政府部门应用的优势

近年来,区块链技术的迅速崛起与广泛运用,受到了各国政府的重视。区块链可以极大地提升政府部门的工作效率,并且解决政务服务中存在的信息安全问题,提高政府部门的公信力。同时,区块链技术在应用于政府数据治理,保证政府数据的可用性、完整性方面具有显著的优势。具体表现如下。

1. 有助于为电子政务数据信息安全提供保障

信息技术已经开始广泛应用于政府机构,支撑其进行数字化管理和网络化管理。信息技术让政府部门日常办公、收集与发布信息等工作转变为政府办公自动化、政府实时信息发布、公民网上查询政府信息等方式。区块链结合电子政务服务模式可以解决开放共享数据带来的信息安全问题,消除社会大众对隐私泄露的担忧,在改进政府管理能力的同时,保障公民的个人隐私不被盗用、公民自身的合法权益受到保护。每个人对自己的信息拥有所有权。区块链技术自身具备的不可篡改、非对称加密等特性使得通过区块链传输的数据信息具有高度的安全性和可靠性,其数据可溯性还能为可能存在的伪造信息提供溯源依据,从而使网络上的数据和信息可信且可靠。同时能够基于共识算法构建一个纯粹的、跨界的"利益无关"信任网络验证机制,打造一条牢不可破的网络"信任链",确保系统对任何用户都是"可信"的,为政府和公民营造一个高度安全、深度信任的数据流通环境。

2. 共享分布式数据系统有助于提高数据的及时获得性

在传统的治理体系中,社会主体的交互行为往往需要"被信任"的政府充当中介组织进行协调或出具证明,使得高度集中化的政府组织掌握着全社会80%的数据,并掌握着高密度、高价值的数据。政府成为数据的集成者,各级政府创建了海量的数据库。为了保证数据的安全,政府创建的数据库无法在全社会直接流通,影响数据的实时获取和真实性。区块链中的点对点技术允许每个参与主体都能单独地写入、读取和存储数据,并在全网迅速广播和及时查证。经全体成员确认核实后,数据作为某一事件的唯一、真实的信息在区块链全网实现共享,解决数据共享需要第三方中介的问题。政府各部门通过在本地部署他们的区块链节点,使数据在平台上实现同步更新,各主体可以通过访问数据系统,将各项社会活动录入区块链,使得有关社会事务的事件、信息能在短时间内实现快速地全网广播、匹配、核查和认定,保证数据能够及时更新并快速地在全网流通。

当然，这种模式也有利于上级政府部门的指令直接快速下达到基层部门，同时也能直接收集到基层部门发送的真实信息，保证信息传递的真实性和及时性。这有助于政府的各层级、各部门组织能够从全社会及时获取大量的真实数据，了解民意社情，掌握社会需求，为政府决策提供数据支撑，快速地将决策反馈给公民。

3. 点对点技术有助于提升政府工作效率

另外，基于区块链技术的数据共享可打破各自为政的数据统计标准和方法，提高政府部门的工作效率。通过在智能合约中写入指定、统一的代码，系统将根据代码推断合约的实现条件，一旦执行条件触发，合约就会自动执行。当政府部门统计数据时，区块链会自动根据智能合约上已写入的代码，对照电子签名，对相关数据的类型、标准、范围、数量等内容进行收集、整理，方便数据统计。当某些部门数据残缺或者未及时上报时，智能合约自动在全网发送实时警告，并将警告记录和相关部门的答复记录在区块链上，便于追溯问责。

二、区块链在政务服务中的应用

区块链在政务服务领域的应用主要围绕四个场景开展：身份验证、政务公开、信用监管和政务简化。下面将结合具体实例分析区块链在各个场景中的应用。

1. 公民个人身份验证

在目前的公共事务体系中，国家权威部门是公民身份和权力认证的唯一途径。目前存在同一地区各个部门间的电子政务服务系统尚未完成集约化建设，用户在登录同一地区不同部门网站或应用时，需要重复多次进行用户注册，实名认证。对于普通公民而言，信息的认证显得烦琐而且效率低下。

区块链技术可以有效解决用户个人身份跨平台验证问题。公民将个人证件、相关文件甚至各种公共行为记录写入区块链系统，利用加密技术以及全网共识机制形成个人"数字身份证"，不必再依赖于特定的机构去验证个人身份的真实性，可以通过区块链网络数据库中的多方验证进行个人身份证明。政府也能够非常方便地查到所有公民的真实学历和个人基本信息，并且可以通过匹配个人信息的哈希值来证明个人信息是否真实。这种自验证方式对于档案真实性核对工作有非常大的帮助。由于数据库的不可篡改性，一旦身份写入区块，后续只能添加新信息，原有记录不能改动，如果用户信息不完整，政府部门可进行反馈，要求用户增加新信息，用户则根据要求增加相关信息，进行个人信息的完善，为以后的业务办理减少难度。同时，个人信息的授权记录，审批记录都将作为新的数据写入区块链系统，用户的失信行为，也会永久记录。这种不可更改记录的特征还会使公民更加珍惜个人信用评价，有利于实现政府的社会监管功能。

应用案例 3-1

佛山市禅城区"一门式"政务平台

在广东佛山市禅城区，政府打造了"一门式"政务平台，进行政务办公模式改革，取得了不错的成果。电子政务服务平台通过联动 IMI 身份认证平台进行用户身份认证，打造全新的个人信用身份认证体系。IMI 身份认证平台以区块链作为底层技术之一，以政府现场实名认证作背书，为用户提供个人身份认证。当市民进行业务办理时，会自动匹配相关信息，确定是否满足办理条件，如果满足，就由系统自动提交给相应部门进行业务办理。而且在 IMI 身份认证平台上，不仅录入了用户信息，服务人员的个人信息、健康状况也都写入链上，这就使得用户在选择服务的时候，可以进行查询选择。一旦出现了意外情况，可以利用链上数据进行溯源追责，这样一来，个人安全和服务质量都能得到保证。

应用案例 3-2

微众银行区块链系统

2019 年上半年，微众银行与澳门科技发展基金合作，基于区块链技术及 WeIdentity 方案（实体身份认证和可信数据交换解决方案），完成了澳门智慧城市-培训证书电子化项目的一期建设，实现了跨机构的信息交互与真实性验证。

2. 推进政务信息公开

为了促使政务服务变得阳光、可信，使政府部门的职能公信力与技术公信力叠加提升，更好地施行阳光型、服务型政府定位，政务信息公开就成为政府的必然选择。区块链的透明性、开放性以及不可篡改性让其成为公民保证知情权的最佳技术载体，对政府工作实现透明化管理有很大帮助。

区块链所具有的不可篡改性可以保证政府信息公开的完整性和可靠性。政府作为社会治理的主体，将其管理过程以及所产生的信息公开给民众查阅、利用，可以增强公民对政府的信任程度。区块链所特有的以时间戳为顺序的链式结构可以使公民检验每一笔数据记录，追溯审批流程，明确负责人，形成无法伪造的证据，便于公民行使监督权、检举权，避免政府部门之间"踢皮球"⊖。区块链作为一种时间轴数据库，系统中的每一次操作都有迹可循，每一次新的操作会形成新的数据记录，从而可以真实完整地将所有数据按照时间顺序进行储存。进而给政务信息公开提供了更便捷的数据收集方法，保证了信息的真实完整性。不仅能够满足公众的知情权，还可以实现对政府的监督作用。

应用案例3-3

领英公司与芬兰农业生产者和林主联合会试点开发一个电子政务项目

部分政府已经表示有兴趣利用区块链技术将公共记录存储在去中心化的数据管理框架中。著名的领英公司正在与芬兰农业生产者和林主联合会试点开发一个电子政务项目，该项目旨在打造服务型政府，提高政府部门在城乡居民中的公信力。它不仅使芬兰各地的城乡居民都能获取公共记录，还能用在如教育、公共记录和投票在内的政府应用上，极大提升政府的服务质量，充分满足居民和雇主需求，提高就业率。另外，利用该技术，还能提高政府运转效率，让居民能方便地查询教育和投票等各种信息。

3. 实现社会信用监管

区块链技术以其特有的共识机制以及不可篡改性可以使政府部门对商业交易、生产流程、个人信用等多方面进行监管。每个组织和个人都可以看作一个信用资源的拥有者，当他们在政府构建的区块链平台上进行商业交易、生产活动以及个人社会活动时，交易数据都会被写入系统中，并进行全网实时更新，且不可篡改。这样一来，参与者在整个过程中都将受到来自整个社会的监督，造假难度增加。而且一旦造假被发现，将会在系统中留下永久的记录，客户将会根据商家的公开信息进行挑选，有过造假记录的商家将会受到客户的抵制，自然而然地被市场淘汰。

在税收监管方面，区块链也可以帮助政府高效地完成工作。基于分布式架构特征，部署在全国的税收监管系统辅以智能合约功能，将有效协调多部门多节点的工作，全流程监控公司业务，以防止企业偷税、漏税行为的发生。目前，欧洲国家在税收监管方面的区块链应用比较活跃，对于企业诚信体系的建设作

⊖ "踢皮球"特指政府部门之间相互推卸责任。

用也比较明显。

> **应用案例 3-4**

英国及爱沙尼亚的区块链政府建设

英国政府科学办公室于 2016 年 1 月发布报告《分布式账本技术：超越区块链》，揭示出英国已将区块链政府建设提升到了国家战略高度。7 月，英国已经在税收、数字货币、支付领域等广泛展开区块链技术测试，英国央行副行长也表示希望区块链能重塑英国支付系统。

爱沙尼亚政府在 Guardtime 的技术支撑下已经实现了电子税务的政策，现在 99% 的税单都是在线填写。近年来爱沙尼亚政府一直致力于将 Guardtime 的无钥签名设施（Keyless Signature Infrastructure，KSI）。无钥签名设施允许公民验证政府数据库中所记录的个人信息的完整性，这样做避免了特权用户背地里篡改政府网络中所记录信息的可能性。这项应用确保了爱沙尼亚公民的个人信息安全并且准确，该国得以进一步推进一系列的数字化公共服务，例如电子商务注册和电子税务平台。区块链的应用大大减轻了爱沙尼亚政府对于国家和公民的行政负担，也极大地提高了爱沙尼亚政府的公务管理效率。

> **应用案例 3-5**

微众银行区块链系统

基于 FISCO BCOS 搭建的网络投票决策平台在物业管理、网贷平台清退等场景也已经开始实际应用。例如，腾讯海纳为了解决物业管理领域的痛点，基于 FISCO BCOS 开发了区块链业主公共决策系统，用于社区公共事务的决策和公共资金的管理。目前，已经有多个小区在试点，并和长城物业等达成合作意向，逐步落地。深圳市金融局针对网贷平台良性退出面临的涉众决策难题，联合微众银行，基于 FISCO BCOS 搭建了深圳网贷机构退出网络投票系统，引入人脸识别、分布式身份标识、区块链存证、机器人语音外呼等技术，充分保障了投资人的知情权、决策权、监督权，促进提高清偿率和资金返还效率，最大限度保障人民的利益。

4. 简化政务审批流程

公民从事特定社会活动、获得某项资格资质、确认特定民事关系或者特定民事权力时，往往需要经过各级行政机关的审批，这种审批模式往往需要政府各机关的严格审查，时间成本较大。利用区块链平台的去中心化信任机制，将个人身份信息录入区块链系统，同时还可结合生物识别技术，例如人脸识别、指纹识别等完善个人信息，保证信息真实性，进行个人身份自动验证。将系统审批资料电子化，利用智能合约技术，将审批条件写入合约，一旦符合审批条件，则触发合约，进行自动审批。若条件不满足则直接返回用户使其进行数据补充，直到数据补充完整后再进行审批。这样不仅减少了人为参与审批流程出现的操作失误，而且节省人力，增加审批效率。工作人员还可以加入数字签名技术，进一步保证审批流程的可靠性。审批后的文件作为电子档案直接存入区块链数据库，作为数据共享的一部分，供各个部门参考。利用区块链平台进行政务审批，大大简化了审批流程，提高了审批效率，可实现跨部门跨城市的政务审批，可以有效打通各机构间的信息壁垒，实现各个机构的横向联动。

应用案例 3-6

基于区块链技术研发的广州市南沙区政府行政审批平台

2018 年 9 月，基于区块链技术研发的广州市南沙区政府行政审批平台正式上线，该平台的底层区块链技术由深圳智乾区块链科技有限公司独立研发，该平台独创性地提出"管理中心化、业务去中心化"的技术理念，权限分层级管理、资源目录共享体系、防篡改预警机制、高频事务处理速度等功能，是其他区块链实践平台所没有的优势。该平台更易于政府部门监管，实际解决了政府部门间数据的联通问题。同时，政务链基于智能合约开发出智能事务处理机制，使行政审批平台系统可自动执行和流转行政审批事项，大大节约了工作时间和人力成本，有利于将政府部门中的劳动力解放出来。

应用案例 3-7

微众银行区块链系统

微众银行联合仲裁机构、第三方存证平台合作搭建了基于 FISCO BCOS 底层平台，集"验""签""存""裁"于一体的微鉴证云服务，为合作伙伴提供金融级的电子证据整体方案。2018 年年初，仲裁机构基于 FISCO BCOS 在司法场景的应用"仲裁链"出具了业内首个裁决书，标志着区块链应用在司法领域的真正落地并完成价值验证，这对于区块链行业和司法领域以及法务催收均有着里程碑式的意义。

第二节　经济与民生

随着我国大力推行经济体制改革，我国经济社会发展已取得了显著的成就，经济发展进入新时代，由高速增长阶段转向高质量发展阶段。不仅传统经济发展迅速，并且还涌现出了以共享经济为例的许多新型经济模式。在民生事业发展领域，改革力度不断加大，使得现代民生制度建设顺利推进，民生保障更强有力。例如，医疗水平不断提高，脱贫攻坚标准不断提升等。

在当前实体经济增速下滑的背景下，经济社会发展各方面暴露出较多问题。实体经济成本高、利润薄，资本对实体经济支持不足；产业链协同效率不高；信任问题成为阻碍共享经济发展的最大隐患。

医疗方面，当前个人健康数据的安全性、完整性和访问控制依然存在很大的问题，导致数字医疗工作效率低下；扶贫方面，扶贫工作的长效机制有待健全，返贫现象较为突出。区块链技术有全程记录、顺序时间戳、不可篡改、可追溯、防伪造等特性，在改善经济与民生方面也有着天然的适配性。

一、区块链技术应用于实体经济

实体经济的发展状况被当作一个国家工业化和现代化的衡量指标。区块链在实体经济的很多方面已经开始进行初步尝试并取得了初步成效，区块链技术落地场景日趋清晰，通过公开数据统计，为实体经济服务的区块链公司数量超过100多家，涵盖农业、工业、文化产业和社会服务业等多个方面。以下从农业和工业两方面分析区块链技术在实体经济领域的应用。

1. 区块链＋农业

区块链推动农业物联网普及。目前制约农业物联网大面积推广的主要因素是应用成本和维护成本高，传统中心化的管理模式需要建立数据中心来处理海量的设备与数据信息，基础设施投入与维护成本高昂。区块链和物联网的结合将使这些设备实现自我管理和维护，这就省去了以云端控制为中心的高昂维护费用，有助于提升农业物联网的智能化和规模化水平。

区块链助力农产品质量安全追溯。区块链去中心化的分布式记账技术可以把农产品从生产到销售的全部流程记录下来，且不可被篡改，从根本上消除人为因素对信息作伪的机会，使信息更加透明，这对农业产业链的运转方式产生了重要影响。

应用案例 3-8

区块链＋农业

中南建设携手北大荒已发布全球首个区块链大农场，该农场能够实现大米从产地到消费者手中全流程可追踪,保障了农产品的质量安全。美国食品溯源领域初创公司 Pipeline Food 使用区块链技术将食品从生产到销售的各个环节记录下来,并将食品的安全监测结果录入区块链,使每个消费者都可以随时随地查询食品的信息,保证有机农产品质量。澳大利亚农业供应链追踪企业 BlockGrain 利用区块链技术为农民提供实时交易和支付服务,确保种植者的回报最大化。

在 2018 世界物联网博览会上,庆渔堂董事长沈杰表示:运用物联网+区块链技术管理水域,只靠手机和计算机,投料增氧基本一键搞定,鱼塘内的数据还能实时上传到数据中心,一旦鱼塘出现问题,就会有渔业专家指导解决。在生产端帮助养殖户解决养殖过程中的难题,例如怎么样提高养殖的效率,减少死亡,减少每天半夜起来巡塘的次数和降低养殖难度,实质性地帮助了养殖户提升收益,也可以更好地解决和管理鱼的品质问题。养殖户可以将数据上传物联网来获取信用贷款,以前养殖户没有抵押财产,只能通过个人担保方式获得贷款,但个人担保贷款市场规模较小,若数据可从物联网生产端获得并通过区块链变成一种信用,就可以帮助养殖户构建个人信用体系,银行、担保公司对养殖户进行信用评估后,就可以为信用较好的养殖户提供贷款。

2. 区块链+工业

当前实体经济增速下降明显,企业成本高、协同效率低,合作伙伴建立信任的过程较慢,各种信用信息获取难度较大,中小微企业难以获得金融机构的信用贷款。

区块链技术服务于工业,无论是在降低企业成本方面,还是在提高企业协同效率以及构造良好的信用环境方面都将发挥巨大的作用。企业财务成本管理是企业发展的重要战略之一,但在实际经营中,企业的管理成本和财务成本占营业收入的比重过高,一定程度上影响了企业的盈利,区块链技术通过去中心化的模式,高效处理大量的文件及财务交易信息,显著降低企业的管理成本和财务成本。区块链技术所呈现的区块式管理、使用方式,能够为各区域金融部门以及相关企业的金融信息共享提供保障,进而提高企业之间的协同效率,进而为各企业的融资过程创造良好条件,降低企业的人力和物力成本,为企业带来更好的经济效益。通过"交易上链",各方面可以更为便捷地查询到交易对手准确的历史信用情况,可以更快地建立合作机制;银行也可以更安全地基于交易记录对企业授信,推动解决诚信经营的中小微企业"融资难、融资贵、融资慢"等问题。

应用案例 3-9

区块链 + 工业

入选国家 2018 年工业互联网试点示范项目的易保全区块链电子数据保全系统一直致力于区块链底层技术研究，把电子数据变为可信的电子证据。在工业互联网领域，易保全的区块链电子数据保全系统有着独特的优势，区块链数据保全系统从数据存证、电子签约、知识产权保护等方面为切入点，解决企业运营中的各种痛点。一方面利用电子签约在线签署、在线查阅、在线管理，简化办事流程，提升企业运营效率，降低时间、金钱、人力等运营成本。另一方面，解决企业数字化转型中的数据安全问题，为企业的生产、交易、溯源等带来安全保证。通过区块链技术，为工业金融、供应链等重要环节增信，为企业创造一个诚实互信的营商环境。

二、区块链技术应用于共享经济

共享经济是一种利用分享共有社会闲置资源来创造价值的新型经济模式。革新了经济组织方式，将过剩产能与消费群体广泛地连接在一起，极大地提升了人们的生活质量，有利于推动中国社会向高质量发展阶段转型，具有划时代的战略意义。

随着共享经济涉及领域的不断增多，暴露出隐私泄露、诚信不足、成本居高、监管不完善、规则缺失、商品共享意识薄弱等问题，这些问题成为共享经济发展的严重制约因素。

共享经济包含了一个"去中心化"的过程，共享经济可以使供应商跨过商业组织，直接向消费者提供商品和服务。这恰好与区块链去中心化的特点相似，因此区块链和共享经济在某种程度上可以进行互补。区块链技术可以从以下几个方面对共享经济进行改进。

1. 保护用户信息安全

区块链的非对称加密技术和授权技术可以在一定程度上保护用户隐私，通过对链上数据加密，仅交易参与者可以解密。同时区块链能建成一个透明、去中心化的自组织体系，没有中介机构参与，这就减少了用户信息流通的环节，减小了用户信息泄露的风险。只有交易参与者掌握着各自的信息，就算用户的隐私泄露，也可以清楚知道是谁泄露了隐私，便于消费者追究责任，更好地保护自己的隐私安全。

2. 降低信任风险

区块链技术下，数据上传与查询方式采用 P2P 模式，交易双方可以通过区块链系统查找对方的信用记录，有利于消除传统信用征集需要的证件多、时间长的弊端。区块链技术还可以保证所有信用数据都是公开透明的，无造假可能，从而提升信用信息可信度。首先，区块链可以让交易双方实现在没有任何中介的情况下进行交易，用户无须缴纳押金就可以享受服务，免去了利用押金获取信任的行为，避免了可能出现的押金占用以及难退问题。其次，在区块链平台中信息和运作流程完全透明，一方面可以减少虚假交易的产生；另一方面交易者可通过验证信息的真实性和可靠性增强对对方的信任，有利于降低信任风险。

3. 降低交易成本

区块链的智能合约技术有自动执行和可信任的优点，通过将交易条件和相关要求编入计算机中，它可以自动执行这些设定好的程序，不仅提高了交易效率，还节约了契约建立以及执行成本。例如共享单车企业一般会利用自己的维修团队或者委托第三方定期进行排查修理，但由于物品投放量大，毁损率高，难免会出现遗漏的情况，并且高额的维修成本加重了企业的负担，影响了企业的发展。与共享经济平台生态合作者签订智能合约，将车辆情况上链，设置的智能合约会自动识别、分析车辆的情况，对问题车辆及时报修，这样一来，维修人员避免了高昂的排查成本，只需要对出现问题的车辆进行修理即可。另一方面，借助信用网络，利用社会的信用监督，让人们形成自我约束意识，有效减少人们对车辆的破坏行为，降低车辆的维修成本。

4. 提高监管水平

共享经济平台参与者主要包括供给方、需求方、监管者和管理者，监管者主要依据相关法律法规对共享经济平台实行实时监控。首先，区块链的交易信息是透明和电子化的，区块链实时共享的特点能够大幅降低监管人员收集证据的难度和成本。其次，区块链具有公开透明和可追溯性，任何人都能够对区块链中的信息进行查询，这就使得监管人员能够查询过去的真实交易情况，提高监管部门对交易过程判断的准确性，使消费者的利益获得保护，进而维护共享经济市场秩序的稳定。

应用案例 3-10

区块链与共享经济应用案例

国内共享单车品牌优拜单车宣布将引入区块链技术，来提升自身运营服务水平。优拜单车创始人兼 CEO 余熠表示，优拜单车会围绕区块链的信息不可篡改、开放性、去中心化三个特征来革新服务。其中，信息的不可篡改可以解决共享单车行业的信用和押金难题。因为现有模式中，信用和押金主要针对的是用户与运营方之间的互信问题，而任意一方的违规均会损害这种信任，导致用户体验下降。引入区块链技术后，押金会被区块链的记录特性取代。在运营方层面，可以借助区块链追溯用户的违规行为，并据此给出对应的授信额度，该额度就是用户使用单车的前提。对用户而言，有了区块链充当"担保人"，就可以免去押金交付，自然也就不用担心押金的扣押问题。

区块链的开放性，可助力优拜单车实现全球化投放战略。对此余熠举例到，优拜单车目前已经在加拿大和美国落地，下一步会在东南亚展开布局。这就催生了这样一种使用场景：一个用户在不同国家使用优拜单车，是否需要用不同货币向优拜进行车费结算呢？显然，这是非常烦琐和不合理的。但有了区块链，这个问题就会被Token（代币，即在区块链上发行的带有货币属性的电子指令）解决。也就是说，区块链可以在支付上帮优拜单车化解不同国家的运营矛盾。

三、区块链技术应用于版权保护

传统版权登记方式不仅耗时长而且成本高，因此许多创作者疏于版权登记和保护，导致侵权案件频发。区块链因其去中心、难篡改、可追溯、开放透明等优点，有望解决版权登记这一核心技术难题，从而为版权保护开辟一条新路。

1. 降低版权保护成本

区块链的去中心化特点可以将版权保护中心机构角色由裁判变为监督，进行信息存储。区块链版权保护系统可以实现信息互联互通、在多方储存和实时共享的账本网络系统中，数据无法任意篡改，极大地提升了维权的效率，降低了维权成本。

2. 方便维权

只有被法律认可的证据才是维权的关键，当下，当著作权方发现侵权行为时，找到侵权主体，进入维权阶段举证比较困难，并且维权成本比较高。区块链系统可以将所有涉及版权使用和交易的环节从头到尾记录下来，可实现全过程追溯，整个过程是不可逆且不可篡改的，因此，版权所属和交易可证可溯，使定位侵权主体和举证都变得非常容易，并且大大降低了维权的成本。

应用案例3-11

版权保护应用案例

西安纸贵致力于打造一站式版权服务平台，优化版权登记周期，建立快速维权通道。原创作者将自己的作品上传到平台上,平台会为作品生成一个不可改变的、准确的原创性证明,证明其归属性和完整性,并同时记录到区块链上,任何人都可以通过关键字找到该内容的原创作者,无论怎样转载都可以找到它们的版权信息。

微众银行与人民网合作的区块链版权保护项目,基于 FISCO BCOS 区块链底层技术开源平台,以及微众银行自主研发的"WeIdentity"实体身份认证及可信数据交换解决方案,搭建新闻版权保护联盟链。利用分布式账本及智能合约的特性,实现了多方信息实时共享、版权认证、交易及维权法诉的全流程线上化,有效解决了线上内容版权保护的问题。现阶段平台已启用被动确权、原创新闻认证、转载监测分析以及侵权取证等线上场景。下一阶段,平台还将引入互联网法院、仲裁机构、国家权威版权保护机构,将侵权诉讼流程线上化,完成线上版权保护的线上闭环和全自动流程。

四、区块链技术应用于数字医疗

在医疗行业,数字化转型早已成为大部分医疗机构的战略重点。不管是从政府层面,还是制药公司、医疗机构、医疗服务提供商或者是付款人,都渴望有一个数字化的新医疗体系,大多数国家都制定了以数字医疗为目标的政策或战略。如今,医疗行业面临许多问题:一是信息共享互通难度大,由于医院数据不互通,导致患者转院就医存在着一定的困难;二是随着指纹数据应用和基因数据监测手段的普及,医疗数据泄露的后果愈发严重;三是药品从生产制作、到分销商、再到各个医疗机构、最终到达患者手上,其中流通环节甚多,患者对药品的质量和真伪鉴别非常困难。而区块链的可溯源、不可篡改、高冗余、安全透明及成本低廉等属性,无不彰显了其才是医疗数据储存的最佳方案。

针对传统医疗领域存在的问题,表 3-1 体现了区块链技术应用到医疗领域中如何实现对传统医疗行业的突破,从而提升医疗水平。

表 3-1 区块链技术特征与对传统医疗行业的突破

区块链特征	对传统医疗行业的突破
去中心化	通过区块链保存医疗健康数据,患者自己就能控制个人医疗的历史数据,避免患者诊疗信息被就诊医院控制,无法在医院之间进行数据共享
公开透明	区块链技术将创造一个连接医疗健康产业的新框架,将所有医疗平台的重要数据连接起来,实现实时连接并且即时的信息共享
数据不可篡改性	区块链不可篡改的时间戳特征可以确保平台记录信息的真实性和完整性,也可以提升监管部门的参与程度,对医院是否为患者提供最佳服务进行监管
溯源性	将区块链技术与药品供应链相结合,制药商、批发商以及医院所有的药品信息将在区块链上进行记录,最大程度保证病患对药物的了解

1. 在医疗信息共享、数据安全保护方面的应用

在以往的医院建设中,医院通常采购的是不同厂家、不同技术、不同标准、不同软件系统的医疗设备,导致存在信息孤岛、信息交换、信息安全等一系列问题。而基于区块链技术的医疗信息共享集成平台,可以将各个医院的信息进行整合,推进医疗信息数据和器械方面的共享,安全透明地记录医疗数据编辑轨迹。

在区块链技术下,在实现医疗数据共享的同时,可以保护患者信息安全,区块链在信息安全上的优势主要在于不可篡改、私钥规则访问权限两个方面。区块链通过计算机密码学算法,使得数据难以篡改,保证了各节点的信息真实。在权限管理方面,运用了私钥规则进行访问权限控制,获得授权的对象才能对数据进行访问。通过这种非对称加密技术,保护了数据的私密性,又可以共享给就诊的医院。此外区块链技术更能减少信息被恶意攻击变质的可能,保证了数据的正确性。最终让医院、患者和医疗协作链上的各方在不必担忧数据的安全性的基础上在区块链里自由共享数据。

2. 在医药领域的应用

区块链技术在医药方面的应用也颇为广泛,首先是区块链对于药品生产等方面的信息数据实现无法篡改,增加了可信度,依据区块链医药平台上记录的信息可查询药品价格数据,从而判断当下价格是否与国家规定的标准价格有差异。患者也可查询用药数量是否符合科学的治疗方案等。区块链技术保证了医药领域信息的透明性以及公正性。将区块链技术与药品供应链相结合,可以将制药商,批发商以及医院所有关于药品的信息在区块链上进行记录,最大程度保证药品的可追溯性,进而最大程度保证病患的用药安全,从根本上改变全球药品的安全现状。

应用案例3-12

在医疗信息共享、数据安全保护方面的应用案例

常州市合作医联体将区块链技术应用于医联体底层技术架构体系中,通过区块链建立起一个连接医疗卫生机构的网络来实现医疗数据互联互通和数据安全。医联体明确约定上下级医院和政府管理部门的访问和操作权限。同时,审计单位利用区块链防篡改、可追溯的技术特性,可以精准地定位医疗敏感数据的全程流转情况。同时,该区块链系统很好地化解了大量存在的"信息孤岛"问题。

五、区块链技术应用于金融扶贫

扶贫一直都是我国政府改善民生的重点项目,近年来,我国金融管理部门通过加大政策实施力度、创新金融产品和服务、夯实基础设施等方式,推动金融机构增加对扶贫开发服务的供给,贫困地区金融服务水平得到明显提升。

但是,扶贫机构在开展金融扶贫过程中也存在诸多问题,使得我国金融扶贫在当前脱贫攻坚中的作用难以得到充分发挥。主要表现在以下三个方面。

(一)金融扶贫的帮扶对象难以做到精准识别

一方面,由于金融管理部门与政府相关部门间尚未建立较为完善的协调机制,部门间显性和隐性的信息壁垒使得金融机构掌握的帮扶对象信息不能实现动态调整、实时跟踪。另一方面,金融机构对贫困地区特色产业、主导产业的激励、措施和手段跟不上,运用传统技术对平面数据信息进行挖掘难以寻找到切入点。金融机构与帮扶对象之间的信息不对称,使得金融资源与帮扶对象不能有效对接。

(二)金融扶贫资金拨放效率不高

目前,扶贫资金由国家发放到各省,各省根据当地情况使用。一般是由贫困乡镇、贫困村、贫困户自行提出申请,经县扶贫办审批,决定是否立项扶持,如果被扶持,将会进入后续程序:扶持名单逐层上报、扶贫办审核批准、发放资金。由于过程复杂,一旦被扶持的项目出现差错,各个部门可能会出现相互推卸责任的情况,扶贫资源投放的效率也会大大降低。

(三)金融扶贫的监管不能做到全程跟踪

在扶贫的过程中,存在资金不到位、扶贫资金的使用情况未完全透明化、政府间的协调不到位,导致监管的中断,金融扶贫监管不能做到全程跟踪。

区块链技术全程记录、顺序时间戳、不可篡改、可追溯、防伪造等特性,与破解扶贫中的对象不能精准识别、资金使用不透明、监管中断等难题有着天然的契合。主要表现在以下三个方面。

1. **区块链技术实现扶贫对象的精准识别**

区块链技术有助于打破金融机构与帮扶对象之间信息不对称的瓶颈,实现对帮扶对象金融需求的精准识别。区块链技术的信息共享、持续跟踪等特点,有助于消除金融管理部门、政府相关部门、金融机构与帮扶对象之间的信息壁垒,将帮扶对象的各类信息在数据库中进行筛选比对,以便能够及时、精准地识别出有真实金融需求的帮扶对象。同时,在区块链技术架构下,可以对帮扶对象的数据资料进行实时存储和分析,将其嵌入到政府帮扶政策和金融机构精准帮扶体系中,对帮扶对象的金融需求进行深入挖掘。

2. 区块链技术确保帮扶资金的透明化

在区块链中,可以通过节点对其中的数据进行实时追踪,将资金录入区块链,一旦金额发生改变,可以沿着信息改变的脉络追踪到作弊节点,这可以有效地防止资金挪用、滥用等现象的发生。可以使扶贫资金使用过程透明化,防止违法的发生。另外,区块链系统中,扶贫项目的拨款条件、用款范围等都可以通过智能合约的形式自动形成的,规范了资金的使用。

3. 区块链技术确保扶贫措施到位

在区块链系统中,所有节点共同监管、共同治理,进而形成一种分布式的自我管理机制。在这个机制下,每个节点的身份是双重的,既是参与者,也是监管者。在实际的扶贫中,数据处理不当是扶贫措施不到户的一个重要原因,通过分布式账本,政府、金融机构、拨款人都能够随时监管各部门对于资金的使用情况,确保资金能够顺利到达帮扶对象手上。

应用案例 3-13

金融扶贫应用案例

贵州贵阳区块链助困系统:目前贵州已经开展涉及多方面的项目试点工程,其中以贵阳市红云社区为试点的区块链助困系统已投入使用并取得不错的成果。贵阳医疗助困系统主要是为低保户、医疗救助户、临时救助户以及残疾人发放低保金、残疾人补贴以及救助款。整个系统以区块链作为底层技术,打造基础区块链平台。在相关身份基本信息存证模块中,进行需救助群体的基本信息录入,利用区块链系统的不可篡改性保证数据的真实性并长期保存。每个用户都有自己唯一的身份凭证,可以有效避免弱势群体的救助金被他人盗领的情况发生。而在相关人员服务信息管理模块中,政府服务人员可以对用户的身份进行识别和管理,并监督整个系统的运行情况。在资金使用情况管理模块中,对接扶贫基金的发放系统,识别困难群众的贫困程度,按照贫困等级发放救助资金。每一笔资金的来源流向都公开透明,用户可以在数据展示模块中进行查询。整个过程责任明确、数据公开,工作效率大大提升,有效避免了账目不清、真正困难的群体得不到补助的情况,真正做到安全可控、以民为本。整个过程的数据可以结合大数据技术进行深度挖掘分析,分析困难群众的贫困原因、类型、用户需求等,为政府在扶贫领域的决策提供数据支持。

第三节 商业与贸易

网络技术的不断发展引起了商业模式的不断革新，改变了传统零售市场的销售方式，以电子交易方式进行交易活动的电子商务也随之出现，国与国之间的贸易也变得更加容易且频繁。

但目前商业信用存在严重缺失的情况，主要体现在：经济活动的主体之间存在信息泄露、假冒伪劣产品众多、商业活动主体不履行已签订的合同时有发生、国际贸易流程复杂，存在着商业欺诈现象。

区块链技术凭借其去中心化的数据存储、不可篡改的链式结构，以及所有节点共同记录链上信息的账本明细、良好的信息安全保障和赋予自动执行能力的智能合约，完美地解决了当前商业贸易中存在的信用问题，为完善互联网商业模型提供了全新的思路。区块链进军商业贸易，意味着一场影响世界零售业与生产业的革命即将打响。

一、区块链与新零售

"新零售"作为一种新兴的商业零售模式，涉及线上线下与物流的高度融合，需要云计算、大数据、精准定位等互联网技术的软硬件支持。但当前"新零售"与这些高新技术的融合还处于成长期，并且没有完善的法律制度和严密的监管措施。该模式对线上用户的登录、线下物流的配送，对消费者的个人保密信息都有所涉及，一旦信息泄露，将会对消费者个人造成一定的经济损失。与此同时，有商家过于注重产品的销售额，忽视产品的质量。一旦产品质量得不到保证甚至出现假货，消费者对商家的忠诚度将大打折扣，对"新零售"模式的信任度也将降低。对整个市场的营销环境都会造成恶劣的影响。"新零售"的本质是产品＋服务，如果产品质量得不到有效的保障，那么"新零售"的发展将会困难重重。物流方面，无论是商家自建的物流体系还是第三方物流，都存在物流业务流线长、中间环节烦琐、信息化智能化程度低等问题，导致产品无法及时准确送达消费者手中，使用户得不到好的购物体验。

针对"新零售"模式中出现的种种问题，利用区块链技术去中心化、分布式记账、匿名性的特点可以有效解决这些问题，区块链技术与新零售的融合模式，是一种必然的趋势。

1. 非对称加密算法体制有效保证用户信息安全

"新零售"销售模式中大部分交易采用线上支付方式，涉及许多用户的隐私信息，引入区块链技术，可有效保障用户的信息安全。区块链的加密是通过应用非对称密钥体制的数字签名来实现的。用户可以通过使用密钥对信息进行加密，数据仅自己可见，故信息安全得到了有效的保障。此外，由于其去中心化的特征，用户的信息掌握在自己的手中，进一步防止了由于第三方机构的问题而引起的隐私泄露。

2. 时间戳功能和可溯源技术保障产品质量

利用区块链的时间戳功能和不可篡改特性可有效实现产品溯源，在一段时间内发生的交易，会按照时间先后顺序，被加盖时间戳之后记录在当前区块中，交易信息将被储存起来且无法更改。该技术可将产品的产地、生产过程、加工、运输、包装等业务链中涉及的信息打包，发送至整个区块链系统中，用户可以在购买商品时查询产品生产中的任何一个环节，对产品进行源头追溯，从而根本上保障产品的质量。

3. 分布式账本技术保障货物顺利送达

在"新零售"模式中，物流体系极其重要，基于区块链技术的应用而设计的物流系统，可以让物流信息更加明确。在区块链系统中，分布式数据库有效实现信息共享，各个企业将能够安全地共享物流最新信息。且可将交易主体的交易信息实时记录至区块链系统中，增加物流的透明度，提高数据的可信度。将区块链与RFID技术、条码技术等相结合，实现智能仓储，可对货物进行识别、定位、分拣、计量和监管，利用导航系统实现对物流的高精度定位，并且利用分布式账本保障数据不可篡改，帮助消费者便捷跟踪货物物流情况，避免出现送错等现象，也能保证产品的安全性。

> 应用案例 3-14
>
> ### 区块链与新零售应用案例
>
> 沃尔玛向美国专利局成功申请一项专利，一个名叫"智能包裹"的利用区块链技术的包裹交付追踪系统。这个专利技术，包含一个记录包裹信息（如包裹内容，环境条件，位置信息等）的设备，甚至还有一个基于区块链技术的无人机包裹寄送追踪系统。能实现对卖家私人地址，快递员私人地址和买家私人地址等一系列地址的保密。不仅保护了用户的信息安全，并且可以使用户随时查到包裹的物流信息，并在一定程度上保证了商品的质量。

二、区块链与供应链

供应链是围绕核心企业，整合企业商流、信息流、物流，从采购原材料开始到制成中间产品及最终产品、最后经销售网络把产品送到消费者手中的一个由供应商、制造商、分销商、零售商直到最终用户所连成的整体功能网链结构。

但在供应链管理的过程中,存在着诸多问题,例如,企业自身利益最大化和供应链整体利益最大化有时难免会发生冲突,为防止一些企业私自隐瞒信息,往往需要一个拥有较高话语权的核心企业加入进来充当第三方来主导整个供应链的运行,但同时也可能会出现核心企业凭借自己的优势来压榨中小企业的利益,造成各企业之间的互相不信任。供应链信息流通出现问题,信息传递不畅势必会影响交易时间,使交易周期延长,一些易消耗品就会出现断货现象的发生,降低客户服务水平。信息安全存在风险,一旦一方的信息系统遭到攻击,会使所有的交易信息泄露,与其进行交易的企业也会遭到重创,这些信息有时甚至直接关系到企业的存亡。这些问题都严重限制了供应链的进一步发展。

将区块链与供应链有机结合是顺应时代发展趋势的重要体现,能够有效解决供应链发展过程中存在的问题,不仅促进了区块链技术的应用和供应链的发展,还是供应链发展的一个重大创新。

1. 增强企业之间的信任,促进交易公平

区块链的首要特点就是去中心化,在整个供应链链条上和交易过程中,传统供应链中的核心企业将不复存在,各个企业之间的地位都是平等的,避免了核心企业过多干预交易的进行,因此能够从根本上维护交易公平公正。由于交易信息在所有利益相关者的账本中都存在着真实的记录,交易信息是透明的,同时交易信息个人无法更改,企业之间的信任感会大大提升,由此调动企业参与的积极性和主动性,使供应链上的全部企业相互协调配合,实现共同利益最大化,充分发挥供应链管理的作用和效果。

2. 提高信息流通效率,减少企业决策失误

区块链技术在信息传递上采用的是广播方式,将交易信息用广播的方式传播出去,这种方式有效改善了供应链信息流通速度慢的现状。交易信息广播出去后,供应链所有节点企业都可以快速获取到这条信息,加快供应链上货物以及信息的流通效率。例如各个零售商向批发商发出订货信息后,生产商、供应商都会在自己的账本中记录这条消息,生产商和供应商有充足的时间准备产品,这样就使产品流通速度加快,缩短交货周期,提高客户服务水平和顾客满意度。

3. 实现供应链全程可追溯

采用区块链技术后,数据完整记录不可篡改,对各个环节的企业交易信息

全面把控，对供应、生产、分销、零售等环节严格监控，出现问题后可以快速找到问题出现的原因以及具体负责人，将企业责任界定清楚，有利于企业承担相应的责任和义务。

4. 维护企业信息安全

区块链技术凭借其分布式账本和多种安全加密方式，分布式账本中的每一个区块都记录了上一笔交易的索引信息和本次交易的数据，按照时间首尾相连，交易被全网记录并保存，保障数据在传递过程中不被丢失，不被篡改。区块链的非对称加密技术保证只有经过授权的信息接收方才能接收到信息，保证验证发送方与接收方的信息安全，这对于维护数据安全，促使供应链正常运行具有重要意义，能够有效减少信息安全事故的发生，维护企业利益。

应用案例 3-15

供应链应用案例

2016 年 10 月，沃尔玛宣布与 IBM 达成战略合作，研究区块链在食品安全领域的应用，利用区块链技术追踪食品供应链，打造老百姓的安全餐桌，据介绍双方联合清华大学正在研究如何追踪猪肉产品。两个月后，京东宣布与 IBM 研究利用区块链进行供应链溯源。

2017 年 12 月 14 日，四方宣布将与食品供应链供应商和监管机构合作，建立中国食品安全生态系统所需的标准、解决方案和伙伴关系。IBM 提供区块链平台，清华大学则作为技术顾问分享其在核心技术和中国食品安全生态系统方面的专业知识。IBM 与清华大学计划与沃尔玛及京东合作开发、优化区块链技术，并将其推广至更多加入联盟的供应商和零售商。

通过对猪肉以及将要扩展到的其他食品的供应链有效追踪，沃尔玛改变了其在食品追踪领域的落后状态，提升了自身在中国食品供应链的安全治理能力，大幅度提高了品牌健康效应。

三、区块链与电子商务

互联网的普及应用使买卖双方可以远程完成交易，改变了传统的交易方式。电子商务平台具备强大的便利性以及可负担性，能够承载大量产品展示和海量交易数据，但是随着电商业务的迅猛发展，该行业也面临着数据安全等多方面的问题。由于技术成本、赢利能力、经营方式等因素的制约，电子支付运营成本普遍偏高。目前电子商务贸易结算过程较为复杂，支付效率较为低下，并且对第三方的中介机构以及金融机构极为依赖。在电子商务行业中，电子商务需要安全性非常高的网络，因为电子商务交易过程中涉及个人以及支付数据等，这些数据都被电商企业存储到数据库内，在此背景下，网络攻击很容易造成不可挽回的损失。我国电子商务的发展步入高速发展时期，然而相应的基础设施、互联网以及硬件设施却不能跟上电子商务发展的速度，硬件设施的落后也会造成信息安全的问题。交易过程不透明也是现在电子商务平台面临的重大问题，交易过程中涉及商品的来源、产地、经销商以及物流等各个环节消费者都无法知晓信息是否真实。消费者很难追溯商品的来源，怎么才能确保商品的源产地、经销商和物流等各个环节的不可篡改和可追溯是长期以来的难题。

而区块链技术以其自身特点成为解决这些问题的最有潜力的技术，从而改善我国电子商务的现状。

1. 减少支付程序，降低支付成本

区块链技术拥有去中心化的特点，客户、商家、银行三方各自直接成为区块链上的一个节点，从而构成一个绕过第三方中心机构的体系。点对点的交易方式可以实现客户与商家的直接交易，交易后直接将资金划到商家账户，提升资金周转效率，节省了买家和卖家的交易成本。

2. 提高网络数据安全

区块链技术通过加密技术可以防止个人隐私信息的泄露。区块链将历史交易都记录在共享的分布式账本中，不被任何人篡改，保障了信息高度的安全性以及完善的可追溯性。此外，区块链技术能够充分发挥其信息交互、数据存储等安全特性，为网络安全以及电子商务提供崭新的安全防护模式，在网络安全方面具有极大的运用潜力。

3. 提高交易透明度

交易不透明是现在电子商务平台面临的一个问题，交易过程涉及商品的原材料来源地、商品产地、商品经销商等多个主体，消费者无法知晓信息在商品流转过程中是否真实。目前，人们对商品质量和商家信誉的判断大都是根据评价和信誉等级，电商平台是一个封闭的系统，游戏规则由平台运营者制定，有些商户并不是靠自身产品质量，却会受到广泛关注，最常见的就是刷单行为。区块链能够使所有的销售流程和流转渠道都透明可控，从而使交易杜绝被人为操控的可能性，促进整个电商生态体系的良性竞争，人们可以通过自己的客观评价来对商品进行选择。

应用案例 3-16

电子商务应用案例

天猫国际正在全面启动全球溯源计划——将利用区块链技术、药监码技术以及大数据跟踪进口商品全链路，汇集生产、运输、通关、报检、第三方检验等信息，给每个跨境进口商品打上"身份证"。这项计划未来将覆盖全球 63 个国家和地区，3700 个品类，14500 个海外品牌。共同参与该计划的包括英美日韩澳新等多国政府、大使馆、行业协会以及众多海外品牌，中检集团、中国标准化研究院、跨境电子商务商品质量国家监测中心等"国家队"，该计划通过定制天猫国际统一的二维码并在码上合成全程监测手段，将商品整个生产、检测、运输、通关等环节的信息完整地展现在用户面前，提升用户购物体验，加强平台正品保障；同时创新地使用区块链技术，联合外部合作方共同打造更具公信力的溯源平台。确保国内消费者买得放心。

四、区块链与国际贸易管理

据世界贸易组织发布的《全球贸易数据与展望》报告显示，2018 年，全球贸易总额约为 39.3 万亿美元。国际贸易已经成为世界产业链中必不可少的一环。

在这样的大背景下，国际贸易中长期存在的信用难题正在逐渐凸显出来。在 39.3 万亿美元交易金额的背后是较为昂贵的货物运输成本，不同国家程序复杂的报关流程，大量的交易信息，以及商业交易中各式各样的交易文件。这些冗余的文件不仅增加了国际贸易的成本，更延长了国际贸易的时间，更严重的是带来了国际贸易的信用问题，由于过多的文件流转，运输单据已成为国际商业欺诈的手段。除此之外，国际贸易中还存在文件流转与货物流转不一致的问题。

通过区块链的形式，结合物联网技术，可以将所有的电子文件集中于一个平台上，通过实时地抓取贸易数据，形成区块链的特有信用证，利用物联网实时认证货物，对交易的资金流进行实时监控，让线上信息流、资金流与线下物流相统一。区块链在国际贸易管理中的作用如下。

1. 利用数字化和智能合约，实现业务低成本运行

在区块链解决方案中，所有贸易合同、业务单据等文件都可以通过智能合约实现数字化、模块化的存储，当交易条件满足时会立即触发交易的执行。相对于传统业务模式，基于区块链的国际贸易业务可以大幅度降低文件签发、传输和存储等方面成本，同时又可以有效避免文件丢失、破损等问题。

2. 利用去中心化和透明性，提高信息处理效率

在区块链中不存在类似交易所、中央数据平台等中介机构，任何参与方均可以利用 P2P 网络直接进行通信和交易。而且，区块链具有透明性，区块链中存储的单据和交易等信息可以在该笔交易所有相关方共享，节省了传统国际贸易业务模式中待确认业务单据、交易信息等在不同参与机构间的频繁传输时间。同时，区块链的去中心化和透明性可以将传统国际贸易业务流程扁平化，实现了业务流程的精简和处理效率的提高，大幅度缩短国际贸易中跨境支付的结算时间，有效规避跨境支付时滞及汇率波动所带来的交易风险。

3. 利用共识自治和匿名性，保障信息真实可信

基于区块链的共识机制，任何国际贸易业务环节的执行均需要相关交易方达成共识并确认，区块链可以有效遏制传统国际贸易业务中不法商人伪造公章、签订虚假合同等欺诈行为。利用区块链的共识机制，在交易前由海关、银行等机构进行贸易双方的身份确认和资质认证，提高交易方信用水平，进一步保障业务的安全性。同时，区块链还具有匿名性，即区块链中只存储贸易活动相关方的地址，且该地址均由一串无法解密的散列值编码构成。在无授权情况下，任何参与方的真实身份都无法被辨识，可以确保交易的顺利进行，且保障信息的真实可信。

应用案例 3-17

国际贸易管理应用案例

2016 年 9 月，英国最大金融机构巴克莱银行率先利用区块链技术完成全球首笔出口贸易结算交易。出口商品是爱尔兰出产的芝士和黄油，进口商则是位于离岸群岛塞舌尔的贸易商 Seychelles。该交易借助区块链技术提供的记账和交易处理系统，将本该 1 个月以上的结算交易在短短 4 小时之内完成，并且大大降低了交易的成本。其后的 2018 年 5 月，汇丰银行利用区块链技术完成了全球贸易融资。该行通过与荷兰国际合作，通过美国 R3 公司的分布式账本平台 Corda，成功为食品和农业巨头嘉吉集团（Cargill）的大豆货物交易提供了信用凭证，并将传统上需要 5~10 天的金融文书交换时间缩短到了不到 24 小时。

【本章小结】

本章综合介绍了区块链在金融领域以外的其他诸多领域的应用。区块链的去中心、去信任、透明、开放、不可篡改以及可追溯等特性，可重塑社会的信

任体系，具有重大的意义。国内外政府在利用区块链技术提高政府政务服务效率、改善政务服务质量方面已取得一定突破；区块链技术已为推动农业发展、降低企业运营成本、推进数字医疗改革和改善扶贫水平做出了不可磨灭的贡献；区块链技术解决了传统贸易过程中诸多困难，提高贸易效率且降低贸易成本，为国内贸易、国际贸易提供了一个可信平台。区块链技术发展也带来了各行业运营观念的变化，新技术与新思想促进了各个行业的新发展，许多以区块链为基础的新行业也将陆续出现。

【关键词】

政务服务；降低信任风险；去中心化；降低成本；保护信息安全

【思考题】

1. 区块链应用在政务服务中有什么优势？
2. 区块链技术具体在政务服务中如何应用？
3. 区块链技术如何应用于共享经济中？
4. 区块链技术如何服务实体经济？
5. 区块链技术如何实现金融扶贫？
6. 区块链技术如何改进新零售？
7. 区块链技术在供应链和电子商务中如何应用？
8. 区块链技术如何应用在国际贸易中？
9. 区块链技术具有哪些应用价值和前景？
10. 区块链技术目前在应用领域面临什么挑战？

【案例分析】

广电总局音像制品电子版权区块链平台

背景介绍

随着互联网技术的飞速发展和网民人数不断增加，网络在给人们带来便利的同时，也带来了许多问题。网络版权同时具备了网络技术与版权两种特征，与传统版权相比，网络版权的特点是打破了传统版权的专有性、地域性和时间性等特点，权利人智力成果的传播范围可以在瞬间达到互联网所覆盖的全球各个角落，由此而产生的版权侵权案件具有范围更广、时间更短、侵权人更多等新特点。正是由于这些新的特性，网络版权的侵权案件频发，各种类型的侵权手段也层出不穷，越来越多人的权益受到侵害。

面临的挑战、痛点

近几年来网络环境下的著作权案件屡有发生，而许多著作权人在自己的正当权益受到侵害时，自己还全然不知，这就要求政府应该加大力度鼓励和倡导权利人进行版权登记、鼓励正版网络平台自愿向版权监管机构进行登记备案，以便版权云能够更好地发挥作用。

项目的主要内容

"版权云"即"国家数字音像传播服务平台"，是国家"十二五规划"文化市场技术监管平台建设项目，是在中宣部、国家新闻出版广电总局等国家部委领导支持下，由中国音像与数字出版协会数字音像工作委员会发起建设的国家级数字音像产业服务及保障平台，总投资超过100亿元。

"版权云"项目规划建设由近8万台机柜和7万台服务器构成的"国家级数字音像产业云数据中心"，形成"国家级数字音像版本信息备案库""国家级数字音像版本信息比对库"，以及"数字音像互联网实时监测""数字音像内容投送""数字音像公平交易保障"三个大数据子平台。

著作权人在"贵州省版权登记平台"上实名注册后提交作品，即可获得由爱立示（Aletheia）信息科技有限公司基于无钥签名区块链技术的"区块链版权存证证书"。无钥签名区块链和版权登记生成区块链版权存证证书，具有不可篡改、永久完整性证明、起源证明、唯一性证明等特点。一旦产生版权侵权纠纷，平台出具的"存证证明"可作为著作权人向司法机构提供的初步证据。

项目中的技术点、创新点

本项目以版权维权监测为切入点，对数字音像作品版权进行认证、登记、存储，进而在网上进行保护、监测、分发、交易、结算，形成国家级数字音像版权服务平台和全新的数字版权传播标准体系，逐步实现改善我国互联网数字音像传播行业现状，推进产业健康、快速和可持续发展的目标。

项目的经济效益

"版权云"项目能够发挥打击网络盗版，维护知识产权的作用，从而更好地促进文化产业发展。

在提供价值方面，"版权云"大数据登记平台对原创作品登记数据、侵权证据的汇集、整理要为监测平台提供优质的原创作品数据，扩大监测平台的监测范围和影响力，推动监测平台的发展；对版权的拥有者来说，能力平台要提供优质、便捷的版权登记服务、形成可信度高的证据链为维权提供支撑，此外要致力提升原创作者影响力，为他们的作品带来可观的商业价值，促进整个产业的良性循环和蓬勃发展。

慈溪市档案局"最多跑一次"电子化归档系统

背景介绍

长期以来，由于档案保管和利用环境的制约，档案管理基本处于封闭、半封闭的管理状态，丰富的档案信息宝藏"锁在深宫无人识"，各级各类综合档案馆更是"门前冷落鞍马稀"，一方面馆藏在逐年递增，另一方面档案利用率却不能预期同步增长，海量档案馆藏信息与档案利用率之间存在着巨大的落差，档案馆与利用者之间总是有着一条无形的利用屏障。

面临的挑战、痛点

业务系统中的大量数据存在可信验证需求，只有数据完整可信可以被可靠证明、验证，才有办公无纸化。而数据的"真实性"依赖于在安全防护机制基础上，增加数据可以被可靠验证、证明的区块链技术手段。结合国家相关政策要求，以及用户实际业务需求，需要建立数据完整性验证服务，基于无钥签名区块链、时间戳等基础服务，直接面向应用，确保数据的证据固化，数据的完整可信可以被可靠验证。

项目的主要内容

慈溪市档案局承建慈溪"最多跑一次"电子化归档项目建设，具体建设电子文件归档和电子档案移交接收系统，及时将浙江省政务服务网慈溪平台的电子文件进行归档，同时规范慈溪市电子档案移交接收的工作流程、功能需求、系统接口以及电子档案的接收范围、数据格式及其技术构成等，保障电子档案在移交接收阶段的可靠性，实现各立档单位同慈溪市档案局数字档案馆系统间的无缝衔接，确保电子档案在全生命周期中的真实、有效、可用。开发电子文件归档处理系统，对接宁波市政务服务网预归档系统，实现浙江省政务服务网慈溪平台办结电子文件及时归档；建立电子档案移交接收系统，实现慈溪市各立档单位虚拟档案室向慈溪市档案局数字档案馆移交电子档案的无缝衔接，在系统使用过程中，使用无钥签名等技术对电子数据的签名时间、起源和数据完整性进行验证。

项目要求采用跨平台、标准的、开放的、技术成熟的、先进的应用集成技术进行系统建设。安全高效、功能完善、结构合理、易于扩展、高度自动化，基于浙江省政务云实际环境设计开发，充分考虑到系统今后纵向和横向的平滑扩张能力。系统开发架构主体采用基于 Internet/Intranet 的 B/S 模式的三层或多层结构，基本做到客户端零维护，B/S 架构开发的应用系统要求采用 J2EE 技术体系结构和先进的 MVC 开发模式，以提高系统的可移植性和可扩展性；系统架构中各层采用成熟的、符合技术标准、综合性能较好的 Web 中间件，适用于 Windows、Linux 等操作系统平台；应用程序不依赖任何特定硬件设备、操作系统、中间件，系统构建灵活、简明。合理分配和控制系统资源，性能稳定，运行高效；系统还提供基于 XML 的数据交换接口，满足各系统之间的数据交换需求。

在整个数字档案项目建设中，经过归纳无钥签名等技术的应用主要有对从政务服务网推送的数据包进行无钥签名等技术的验证，可对数据包的完整性、时间、起源进行验证；同时对系统日志信息进行无钥签名等技术的验证，实时验证日志信息的真实有效性，提供完整的审计线索，便于追溯、审计；对从立档单位相关系统中获取移交的数据进行无钥签名等技术的验证，在电子档案接收时提供真实性、完整性的检验服务；对签名后的电子档案提供永久的验证服务。

项目中的技术点、创新点

无钥签名等技术是一种革命性的创新技术。以纯数学算法检验及证明电子数据的签名时间、起源和数据完整性，证明数据的可靠性和不可抵赖性。无钥签名等技术是电子数据的电子标签（签名）。任何电子数据经过本地计算提取电子指纹后，电子指纹经过分布式网络基础设施运算获得无钥签名。无钥签名等技术验证使得对数据完整性的验证和证明仅仅依赖于数学运算，彻底摆脱了对人或机构的信任。无钥签名等技术可以由任何人独立验证、永不失效，同时对量子破解免疫。

项目的经济效益

慈溪市档案局在电子化归档系统中运用无钥签名技术有效地规避了电子文件管理存在的风险，保障了重要电子档案的长久可用性、完整性，有效防患人为悄然篡改、损毁或灾害引起的档案安全事故，同时还节省了处理大量电子文件所需的人力与时间成本，提高了业务办理效率并且改善了服务体验。

第四章
区块链技术在银行业的应用

【学习目标】

1. 了解区块链技术催生出的新的混合型数字货币的分类；
2. 熟悉比特币与莱特币不同的挖矿规则；
3. 了解区块链技术引起银行支付结算方式哪几方面的变革；
4. 了解数字票据的优点；
5. 熟悉区块链技术如何简化票据流转流程；
6. 掌握区块链技术如何防范票据造假；
7. 了解区块链技术如何强化信用信息可靠性；
8. 熟悉区块链技术如何完善信用建立方式；
9. 掌握区块链技术可以在哪些方面实现银行风险管理升级；
10. 了解区块链技术如何防范商业银行国际化经营风险；
11. 了解区块链技术如何防范商业银行内部经营风险；
12. 掌握区块链技术如何防范商业银行业务风险。

【导入案例】

跨国银行转账案例

2018年7月，齐先生因生意周转急需用钱，情急之下他打电话给在美国的哥哥，请求哥哥借钱周转。哥哥同意借钱，但跨国银行的转账周期为一周。十天过去了，他联系国外的银行，银行表示钱已经转到国内银行，但当他联系国内银行时，银行工作人员却表示他的账户并没有入账。齐先生十分焦急，他只好打电话给哥哥，让他帮忙去美国银行开具证明。

问题：是否有办法可以解决跨国转账过程繁复且信息延迟的问题？

第一节　形成新的混合型数字货币体系

区块链技术最广泛、最成功的应用场景是以比特币为代表的数字货币。近年来数字货币发展很快，由于去中心化信用和频繁交易的特点，使其具有可观的交易流通价值。参照比特币的特征，可建立以国家主权信用作背书的可全国流通的法定数字货币。一旦在全球范围实现了区块链信用体系，数字货币自然会成为类黄金的全球通用支付信用。在传统支付系统中，美元占据绝对地位，人民币要在这个存量市场中与美元直接竞争，困难很大。人民币可借助这一机遇，积极推行以主权信用作背书的数字货币，推进国际化进程。

目前，数字货币已纳入货币当局的视野，2016年1月20日召开的中国人民银行数字货币研讨会中，中国人民银行提出，数字货币研究团队要积极吸收国内外数字货币研究的重要成果和实践经验，在前期工作基础上继续推进，建立更为有效的组织保障机制，进一步明确央行发行数字货币的战略目标，做好关键技术攻关，研究数字货币的多场景应用，争取早日推出央行发行的主权数字货币。

以区块链技术为基础的数字货币更可能是混合型的。发展前景有以下三种情况。

一、有中心的混合型数字货币

有中心的混合型数字货币由中央银行发行，其发行规模和汇率都将由中央银行掌控，从而形成一个以法币（法定货币）为基础、以数字货币为补充的多元化货币体系，其核心是数字货币的国家主权。以比特币为例，比特币的成功让各类衍生的去中心化数字货币成为现在最火热的区块链应用，各种竞争的数字货币，甚至是山寨币数不胜数。参考比特币的成功案例，区块链技术在数字货币上的应用是目前区块链技术的最好体现。

从比特币的认可度看，德国在2013年承认了它的货币地位，但是在其他国家或地区却都得不到承认。比特币虽然得不到许多国家的认可，但是区块链技术却得到了各国央行的重视。率先研发出多功能结算币（Utility Settlement Coin）的瑞银（UBS），已联手德意志银行（Deutsche Bank）、纽约梅隆银行（BNY Mellon）、桑坦德银行（Santander）和经纪公司毅联汇业（ICAP）一道向各国中央银行推介多功能结算币这一理念，这是大型银行首次就一种具体的区块链技术进行联手合作，以充分利用分散化的计算机网络的威力，来提高金融市场运转效率。其他国家如英国央行推出类比特币的加密货币 RSCoin，荷兰央行正在开发以区块链技术为支持的 DNBCoin，中国人民银行计划推进数字货币 DC/EP 等，都显示区块链技术越来越得到各个国家中央银行的重视。各国发行数字货币的进程、理由和目标如表 4-1 所示。

表 4-1 各国发行数字货币的进程、理由和目标

国家	发行数字货币的进程	理由和目标
中国	政府在积极研究国家数字货币的发行方式和影响分析	降低纸币发行和流通成本，提升交易便利性和透明度，减少监管成本，提升央行对货币供给和流通的控制力
泰国	正在展开央行数字货币项目	让银行间的交易减少中介过程，加速交易速度并降低成本
俄罗斯	正在开发官方数字货币有计划推出	在金砖国家内部，加密货币可以取代成员国之间使用的美元和其他货币
瑞典	有研究意向	作为现金的补充，减少国民对于私人支付系统的依赖，防止危机时期私人支付系统产生故障
加拿大	研究中，批准世界上第一个数字货币 ETF	现金的竞争力在下降，其他支付途径兴起。良好的数字货币有助于促进在线支付供应商的竞争
挪威	研究中	作为现金的补充，以"确保人们对货币和货币体系的信心"
英国	研究中	仍将致力于实物货币，但是也必须跟上经济变化的步伐。数字支付在未来有一席之地，但真正的数字货币还需要一段时间。
丹麦	研究中	解决纸币存在的问题
新加坡	研究中，2017 年曾经试发过新加坡元的数字货币	目前 MAS 的 ProjectUbin 体系内的数字货币 SDG 起到银行间流转作用，尚未表明未来向公众开放
厄瓜多尔	已发行	去美元化（非官方说明）
突尼斯	已发行	推动国内金融制度改革
乌拉圭	已发行	钞票的印刷、分销、运输和交易的不透明带来了高昂费用
委内瑞拉	成功发行石油币	国家陷入恶性通货膨胀，原有法定货币体系崩溃
突尼斯	已发行	推动国内金融制度改革

新型数字货币的发行需要有配套的法律法规来明确数字货币的法律地位。同时，发币机构要明确新型数字货币的发行对现有货币体系的影响；保证数字货币的安全性；提升人们的接受程度；熟知数字货币的价值与现有货币的关系；重视数字货币的技术标准、信息系统的改造、落实数字货币反洗钱等。对货币来说，最敏感的行业是金融业，发行新型数字货币对社会的影响不仅在货币层

面,整个金融体系和社会管理层面都会受到影响。

二、不同金融场景下的虚拟货币

虚拟货币是指非真实的货币。知名的虚拟货币如百度公司的百度币、腾讯公司的Q币、Q点、盛大公司的点券,新浪推出的微币等。虚拟货币在银行业、证券交易、电子商务、互联网金融等多个金融场景下都有应用。在不同金融场景下使用的虚拟货币有不同的作用。如超市的积分、淘宝商城的淘金币等,可以替代真实货币,达到方便交易的目的;而活力币是乐跑圈运动证明机制下的奖励虚拟货币。这些虚拟货币作为金融创新产品,都可以进一步繁荣实体经济。

如果以上文字没能让你很好地理解融入金融场景的虚拟货币,那么下面的例子将对你起到一些帮助作用。以淘金币为例,它是淘宝网的虚拟积分,淘宝会员可以用淘金币享受全额兑换、品牌折扣、包邮等权益;可以在购物时抵扣现金获得折扣和邮费;还可以用淘金币兑换、抽奖得到免费的商品。对于买家来说,淘金币可以在非天猫的淘宝店铺抵扣现金。首先,淘金币获取和使用中的很多权益都是跟淘宝会员的购物金额直接相关的,买得越多,成长越快,等级越高,特权也就越大。这不仅使淘宝会员可以获得折扣、免单等实际经济利益,而且还能从享有的特权中获得心理满足和精神愉悦,形成一个正反馈刺激机制,诱使用户孜孜不倦地追求在淘宝网快速成长的同时,增加了淘宝网的流量和销售业绩。其次,淘金币还可以通过每天签到、完成浏览商品等任务来获取。而一般任务中浏览的商品也是根据淘宝用户个人搜索推送的相关商品,使浏览量和成交量都得到了可观提升。以上几点正是淘金币这个虚拟货币所期望达到的现实效果。

对于卖家来说,首先,淘金币可以回馈客户,开通淘金币后可以设置淘金币抵钱,买家购物时可以享受优惠,也更愿意购买商品,从而提升店铺销量。其次,设置淘金币抵扣可以提升店铺曝光量。通过参加淘金币活动商品可在淘金币平台专用的网页上出现,提高商品和店铺的浏览量和影响力。然后,淘金币抵钱也可以提升全店淘宝成交转化率,即全网1.2亿买家持有总额超过1000亿淘金币,设置全店支持淘金币抵钱,可以吸引淘金币买家进店消费,拉动店铺成交。最后,设置淘金币抵扣的商店提升收藏量与搜索排名,在参加金币活动期间,巨大的销量自然会带来更多店铺收藏与单品收藏,使店铺的流量增加。

再例如超市的积分系统,顾客购买超市的商品可以获得积分,积分与消费金额成固定的比例关系,积够一定分值可以低价换购超市里的实体商品。一方面，超市通过积分系统回馈客户，使客户在消费过程中享受到一定优惠，客户更乐于消费以获得积分，超市也就扩大了销量；另一方面，超市也以积分兑换的形式低价售出了顾客可能本来兴趣不大的商品，通过刺激潜在消费，扩大了销量。

以上对淘宝淘金币和超市积分进行了一个简单的分析，其他融入金融场景的虚拟货币，也是大同小异的，这些虚拟数字货币，有效提升成交额，拉动内需，大大繁荣了实体经济。但要在不同金融场景中设置可以使用的虚拟货币还需一段时间。目前的淘金币还只能在淘宝网使用，得不到银行的支持，就无法在超出淘宝范围使用。即使在得到银行支持的情况下，淘金币可在超出淘宝范围使用，也会因为淘宝淘金币的发行数量和获取难易程度导致其价值不稳定，影响现有货币体系。而在虚拟金融中应用区块链技术，也需要循序渐进。

三、规则可变的混合型数字货币

比特币挖矿依托工作量证明。比特币发明者设计了一个软件，这个软件有自己独特的加密方法，生成的随机值基本无法被固定算法破译，只能通过穷举法来试验出正确答案，而穷举法就需要大量的算力来不断测试这个随机值到底是什么。比特币系统规定了，谁记账，就把最新生成的比特币发给谁作为奖励。这个找到随机值的能力，或者速度，就叫作算力。算力是计算机每秒产生哈希碰撞的能力，算力越高，挖到比特币的概率越大，挖得比特币也就可能越多，回报自然也就越高。然而挖矿的受益并不是稳定且有保障的，电费将成为持续挖矿最大的成本之一。由此可以看出，工作量证明的挖矿方式是极度耗能的，现在人们正在尝试用其他证明方式取代工作量证明，创新得到规则可变的混合型数字货币。

规则可变的混合型数字货币主要指不以挖矿为基础产生的混合型数字货币，可以采用 P2P 点对点权益证明来取代工作量证明。其中比较有代表性的就是莱特币（Litecoin）。Litecoin 于 2011 年 10 月 7 日通过 Github 上的开源客户端发布。在 2013 年 11 月不到 10 天的时间里，莱特币价格完成了超过 300% 的涨幅。事实上，绝大部分数字货币都曾经历过或者即将经历类似的暴涨过程。

莱特币用权益证明取代工作量证明，是需要通过"矿工挖矿"产生的。挖矿是通过计算机显卡进行哈希运算，如果计算到"爆矿"的值，则系统会一次性奖励 50 个莱特币，目前莱特币的算力增长很快，矿工通过几台计算机很难挖到矿，因此需要加入矿池，矿池集合了大家所有算力，估计计算到"爆矿"值的概率更大。

除了莱特币之外，点点币（PPCoin）使用权益证明与工作量证明混合挖矿，它最为显著的创新就是采用了混合挖矿的方式来维护点点币的网络安全，挖矿证明既包括工作量证明挖矿 PoW，也包括权益证明 PoS。权益证明 PoS 挖矿让点点币持有者，即任何在其点点币钱包里有余额的人，可以通过持有点点币的证明来进行 PoS 挖矿，前提是这些点点币在钱包里最少停留 30 天，否则无法进行 PoS 挖矿。

第二节　支付结算方式的变革

现阶段商业贸易交易清算支付都需要借助于银行。这种通过中介进行的传统交易方式需要经过开户行、对手行、央行、境外银行（代理行或本行境外分支机构）等机构，而每一个机构都有自己的账务系统，彼此之间需要有授信额度、需要建立代理关系；每笔交易不仅需要在本银行记录，还要与交易方进行清算和对账等，这导致了交易速度慢、成本高、清算效率低下。这些问题的最主要原因就是价值无法转移，因此必须借助第三方权威进行背书。尤其在跨国界、跨币种或多种经济合约约束下，由于多中心化、交易方式多环节等问题，银行结算与清算的速度和效率更低，成本更高。据世界银行统计，跨境汇款的成本颇高，平均每个汇款人需要承担 7.68% 的手续费率。

在区块链技术的支持下，通过其分布式账本和共识机制等技术，使银行之间的清算可以共用一个账本，只要经过双方银行的验证，这些包含金额、时间节点等一系列重要信息的数据就会被记录到区块链的节点当中，且此数据并不会与除业务双方银行以外的其他银行共享。简单来说，区块链系统就好比是所有银行共同持有的一个账本，只要发生支付结算行为，双方银行就会共同在此账本中进行记录，而其余银行的账本会自动更新。区块链中的任何记录均会被加密，没有密钥的银行无法知晓其中内容，也保证了其信息的安全性。

在商业银行支付清算业务中，涉及资金的具体转移，中央银行根据各家商业银行清算的结果将资金在各个商业银行账号间进行划拨。区块链技术的应用，可以允许商业银行在固定的时间上报银行之间清算的结果，中央银行再根据上报内容进行资金的划拨，由此一来，中央银行对于宏观经济以及货币的了解更加直观，对于商业银行之间的清算来讲，简化了清算流程、降低了清算成本、提高了清算效率。

总的来说，区块链技术通过去中心化和点对点的特征，进一步减少银行间支付结算的中间环节，降低交易成本，提高交易效率，简化大量手工金融服务流程。下面是区块链技术对银行支付结算方式具体作用的逐条分析。

一、点对点交易提升效率

随着经济全球化的发展，国与国之间的贸易日益频繁，国际经济往来规模越来越大。根据麦肯锡的报告，在跨境支付收入的构成上，92%是B2B支付，而B2B支付中有90%是通过银行进行的。传统银行业跨国支付流程烦琐，造成跨境支付结算效率低，成本过高。时至今日，跨境支付尚无一家组织或机构能获得全球的信任成为国际统一的清算中心，一笔跨境汇款业务，从国内付款行开始到国外收款行收到款项为止，中间需要涉及多个金融机构，每笔交易跨机构交易时还需要一定的授信，每个机构在中转时都会收取一定的费用，尤其是SWIFT系统。SWIFT（Society for Worldwide Interbank Financial Telecommunications，环球同业银行金融电讯协会）是国际银行同业间的国际合作组织，在全世界拥有会员银行超过4000个，每家会员拥有唯一的SWIFT Code作为银行间电汇或汇款的银行代号。SWIFT跨境支付网络采用代理银行模式，B2B跨境支付结算存在的痛点是成本和费用高、便捷性和安全性低、结算流程长、在途资金占用量大。

目前贸易的交易支付、清算都要借助银行体系，开户行、清算行、清算组织、代理机构、第三方中介组织等多个机构有烦琐的流程，并且每个组织结构都有自己的一套清算机制和系统。简单说明，A行和B行直接的清算支付，肯定至少要通过两间银行自己的一套清算支付系统，如果涉及境外支付转账，那么过程更加复杂烦琐。这种情况导致了处理一笔交易的时候花费时间较长，处理成本过高，中间处理过程中遇到问题追溯麻烦等一系列问题。区块链去中心化、点对点交互、账户透明可追溯的特点，可以让支付双方直接交易，不涉及任何中间机构，大大地提高和改善了支付流程和效益效率，进一步降低了交易的成本。区块链点对点特征可扩展到全球贸易、任意币种的交易清算，跨境支付效率和交易成本将大为改善。基于区块链技术带来的去中心信任化、可追溯性、去中心化等特点，银行业应用区块链技术去构建可跨国支付结算系统可以解决银行业跨境支付效率低，成本高的问题。跨境支付交易双方进行点对点交易在区块链技术的支持下成为可能，它的每笔交易将摆脱第三方而直接进行支付、清算、结算，无须重复授信，没有众多金融机构参与，大大降低手续费。另外，跨境支付通过互联网采用区块链技术，可以利用智能合约直接建立信任，避免了缺乏信任的各机构在支付环节反复核验，提高了支付的效率。

> 应用案例 4-1

点对点交易提升效率应用实例 1

2017 年 8 月,浙商银行推出业内首款基于区块链技术的企业"应收款链平台"。

从近 5 年全国工业类企业应收账款的年末余额来看,每年期末余额都呈递增趋势。浙商银行借此开辟出了新的区块链金融方向应用场景——应收款链平台,区别于传统区块链金融方向的应用场景,其将目光放在了"应收账款"这个传统企业痛点上。在应收款链平台上,付款人签发、承兑、支付应收款,收款人可以随时使用应收款进行采购支付或转让融资,实现了点对点交易。这个平台利用通证经济和区块链技术背书,将账面的应收账款盘活,解决中小企业资金回流困难的问题。

> 应用案例 4-2

点对点交易提升效率应用实例 2

目前,Ripple、Circle、Chain、Ethereum、IBM、Microsoft 等公司都在利用区块链技术发展跨境支付与结算的技术。利用 Ripple 的技术,全球第一笔基于区块链的银行间跨境汇款 8 秒之内就完成了交易,而在传统支付模式中,该交易往往需要 2~6 个工作日。

基于区块链技术的银行跨境支付结算也已得到国内多家银行尝试应用。上海华瑞银行尝试使用区块链点对点跨境支付运用在小额支付汇款业务上,该银行与区块链技术的资金支付清算系统 Ripple 合作,平台已提供包括银行间的支付标准和协议,技术中间件等的点对点支付的解决方案,汇款快且几乎零费用。2017 年 2 月 24 日,招商银行通过区块链跨境支付应用技术,成功为南海控股有限公司通过永隆银行实现跨境支付,让区块链技术改造的跨境直联清算业务实现正式商用,成为首家将区块链技术应用于全球现金管理领域的跨境直联清算、全球账户统一视图以及跨境资金归集三大场景的银行。也许在不久的将来,现有的传统交易模式将被效率更高、安全性更好、成本更低的区块链技术所替代。

二、提升安全性

随着互联网+时代的不断发展和进步,互联网金融的快速发展给传统银行的支付方式带来极大的挑战。银行也开始将支付结算业务转移至互联网,互联网环境下银行支付结算存在的风险很多,包括信息安全风险、技术风险、诈骗风险、声誉风险、内部控制风险、法律风险等。区块链技术通过加密分类账簿,能够让参与节点实时获得关于资金、财产或其他资产账目消息,可以更好地规避各类风险。

近年来,支付结算违法案件时有发生。一些不法分子利用互联网支付结算存在的漏洞来诈骗银行或客户资金,给银行和客户造成了严重的资金损失。除了法规制度不完善、社会民众法制观念淡薄和银行支付结算管理队伍力量薄弱等,最主要的原因还是银行监管乏力、支付结算方式与安全技术手段滞后。

首先,关于银行监管乏力的问题。一些中国人民银行分支行对所辖地区的支付结算工作缺乏有力的组织和管理,缺乏经常性的监督检查;对辖区内的开户、支付结算和联行业务状况调查研究不够,心中无数,不能及时发现问题、解决问题;对已暴露的问题或发生的案件,缺乏严厉的责任追究和处罚,使有关支付结算法规难以落到实处。运用区块链技术,可以达到追踪溯源的目的,支付结算的每一环节都能实时落实到个人,实时监督可以及时发现问题、解决问题、提高效率。一对一责任制,出了问题也可以追踪溯源找到责任人,有针对性地处罚,有效提高工作人员自觉性。

其次,关于支付结算方式与安全技术手段滞后的问题。近几年来,国家在支付结算方面进行了大量的改革,但是发展不够平衡。在不发达地区,普遍使用的支付结算工具有汇票、本票、支票,这些票据化的传统工具极易导致货款的拖欠。另外在印、押、证等安全管理手段上比较落后票据防伪功能差。目前,中国人民银行手工联行编押方法还比较陈旧、手段比较落后,支付结算在很大程度上存在安全隐患,不利于防范案件的发生;传统的印章极易伪造,使企业单位、银行很容易被骗。

利用区块链技术,可以有效规避上述问题。从监管角度讲,区块链低成本的信任构建机制,有助于社会信用体系的快速建设和安全的支付结算手段的快速普及;区块链全网记账、时间有序和不可篡改的特点,使得所有的交易记录都是可以追溯的、所有人的信用情况都是公开透明的,这使得区块链上的交易自带信用体系,不需要额外的成本来建立征信体系;区块链不可篡改的特性也为新型记账流程提供保障,可以直接为监管和审计提供便利;全范围的实时交易系统,有利于监管的进行。从支付结算安全角度讲,分布式网络能够有效降低传统中心化金融体系面对的系统性风险;建立在区块链上的"数字货币"靠数学加密算法来确认和发行,基本上不存在伪造的空间,使得假币犯罪变得难以实行。

三、降低成本

区块链上的交易自带信用体系，不需要额外的成本来建立征信体系。弱化了中介作用的交易系统，可以显著改善交易成本。从运行角度来讲，区块链平台通过 P2P 网络传输，可以降低商业银行创建网络架构的成本，简化大量手工金融服务的流程，从而降低交易的成本。另外，现阶段商业贸易的支付、清算都要借助银行体系，需要经过较为烦冗的处理流程。在此过程中，每个机构有各自的账务系统，彼此之前需要建立代理关系；每笔交易需要本银行记录，与交易对手进行清算和对账，整个过程依赖多套基础设施和大量的人员，导致花费时间较长，且使用成本较高。区块链作为一项特点突出的新技术，与传统支付方案相比，在解决其中一些痛点问题方面，具备独特的优势。在传统支付体系中，为确保真实交易记录的可追溯性，以及确定交易参与者的信用，需要单独支出一部分成本，区块链将这部分成本压缩到几乎为零。而且随着区块链技术在各行各业的普遍应用和智能合约的充分发展，甚至可能将不会再有"违约"事件发生。这不仅极大地降低了支付领域的信任成本，对整个社会信用体系的建设也影响深远。

四、建立银行结算联盟

区块链是一种基于密码学和分布式共识机制为一个特定用户群提供信任服务的基础设施，这使其非常适合在更广更深层面建立无须信任交易对象的信任机制，形成利用区块链平台服务于业务目标的联盟。

银行间结算是非常碎片化的流程，每个银行各自有一套账本，对账困难，有些交易有时要花几天才能校验和确认。同时，其流动性风险很高，在监管报送方面非常烦琐，也容易出现人为错误，结算成本很高。可以利用区块链技术，建立银行结算联盟，为成员间的支付结算提供方便。2015 年成立的 R3 联盟，旨在建立银行同业的一个联盟链，目前已经吸引了 40 多个成员，包括世界著名的银行（如摩根大通、高盛、瑞信、伯克莱、汇丰银行等）和 IT 巨头（如 IBM、微软等）。联盟链网络由成员机构共同维护，网络接入一般通过成员机构的网关节点接入。联盟链平台应提供成员管理、认证、授权、监控、审计等安全管理功能。

利用区块链技术，银行同业间可以共享一个统一的账本，省掉烦琐的对账工作，交易可以做到接近实时的校验和确认、自动结算，同时监管者可以利用密码学的安全保证来审计不可篡改的日志记录。

2018 年 10 月 30 日，九家日本银行宣布将试验能够用于银行间清算的科技。

这一试验中，日本支付清算网络（Zengin-net）将使用数字货币和一个区块链平台作为银行间结算的方式。各银行将依据Zengin-net的新数字货币交换法币，结算过程将包括Zengin-net向银行发布数字货币，每个数字货币相当于一日元，银行通过富士通的P2P支付系统支付数字货币给对方银行，收到数字货币的银行随后可以向Zengin-net兑换法币。

第三节 票据清算重构

近年来兴起的以区块链技术为基础设置的数字票据使票据市场获得了飞速的发展。持续发展的市场经济在促进票据市场发展的同时也带来了极大的风险隐患，而近年来兴起的以区块链技术为基础设置的数字票据，在使用过程中充分利用智能合约、密钥加密、数据恢复等先进技术，具有安全可靠、效率高、方便快捷和便于监督的显著优势，在创建平稳、安全、有序的票据市场过程中起到了良好的支撑作用，也将有效促使银行票据清算业务的重构。

数字票据是结合区块链技术和票据属性、法规、市场，开发出的一种全新的票据展现形式，与现有电子票据体系的技术架构完全不同，它既具备电子票据的所有功能和优点（包括期限长、流通范围广；假票风险低、满足票据池管理需求等），又融合了区块链技术的优势，是更安全、更智能、更便捷、更具前景的票据形态。这里有必要介绍一下传统票据、电子票据以及数字票据基本概念演进过程㊀。

一、简化银行票据清算流程

承兑、流转和托收是银行票据交易业务中最为核心的三个环节，也是风险最高的审计重点。区块链技术将重构这三种业务处理流程，优化票据管理。

在承兑环节中运用区块链技术，当企业A向企业B采购商品并选择通过承

㊀ 传统票据在法律中的定义为：当发生规定情形时，票据签发人利用票据下达相应指令，付款人收到指令后需要无条件向持票人支付资金。虽然传统的票据是纸质版本，而数字票据是以电子信息形式呈现，但是其本质均是一种付款指令。随着技术的不断更新，传统纸质版本票据逐渐向电子化发展，相关学者提出，电子票据是票据完全脱离纸质版本后的成果，利用先进的数字和计算机技术将票据指令的载体进行替换，将票据信息完全以电子信息形式呈现，其制作、使用等过程均通过网络进行，其票据行为均采用电子化方式进行。而将区块链技术和电子票据两者的优势相结合就形成了数字票据这一新的票据形式，由此可知，数字票据属于电子票据的范围，是电子票据重要的发展趋向，两者定义基本相符。

兑汇票支付时，企业 A 向承兑行 C 提出申请，承兑行 C 通过制定的算法，明确承兑人对出票人的授信、出票人的票面信息（如指定开户行、出票日期、到期日、承兑形式等），生成相应的数据区块，记录完整承兑环节的交易信息。承兑行 C 与企业 A 双方加密签名，开票给企业 B，通过算法在票据到期后承兑行 C 完成付款，更新区块数据。数字票据承兑环节的管理优化结果可归纳为三点：一是实现了智能合约实现票据自动清算；二是数据记录采用不可篡改的时间戳，为所有参与者提供持票企业的信用，为票据流转提供便利；三是提高数据安全性，每个交易方都有记录全网交易的总账本，任何节点对数据的操作都会被其他节点观察到，从而加强了对数据泄露的监控。

在流转环节中运用区块链技术，根据票据流转、贴现、转贴现、再贴现、回购等一系列业务的特点和要求，在智能合约中制定有针对性的算法，例如做回购业务约定买入返售到期日，第三方记录信息，在流转时通过卖出方的公钥与买入方的私钥进行匹配，匹配成功后即完成流转。票据回购可通过编程在约定的买入返售到期日自动执行。减少人为干预风险。随着应用技术和条件的成熟，建立统一的数字票据交易平台，有票据流转需求的持票方可在区块链中公布发起该笔订单交易的公钥，买入方用私钥进行确认匹配即可完成交易，第三方或监管机构可建立合适的信息记录规则来生成数据区块，供需信息变得公开可查询，票据中介失去违规操作的空间。数字票据流转环节的管理优化结果包括：一是实现非中心化的信息流转；二是智能合约可降低人为操作风险和道德风险，自动化操作流程；三是时间戳提供信息追溯有效途径，为持票方提供信用。

在托收环节中运用区块链技术，票据的到期日、承兑行、承兑金额、收款行等信息可在签发和流转过程中写入算法中，所以只需要等票据到期时持票人自动发出托收申请，完成托收后第三方完成信息的记录并生成数据区块即可。数字票据托收环节的管理优化结果包括托收与资金清算自动化，不仅可以避免逾期，还能帮助银行控制资金流向。

总体说来，运用区块链技术可以帮助银行减少检验票据真实性所耗费的时间成本，减轻银行承兑的工作量，大大缩短数字票据的流转时间，提高银行的工作效率。

二、防范票据造假风险

背景故事 4-1

擅长伪造文件的少年弗兰克因家庭破碎深受打击，开始了伪造支票骗取现金的勾当。他多次得逞，在美国 50 个州与全球 28 个国家开出总金额高达 600 万美元的空头支票，成为美国历年通缉名单上最年轻的罪犯。不久后，他又假冒飞行员，借此乘坐高级飞机和入住高级酒店。此后，他又利用一张伪造的哈佛医学学位证书在佐治亚州一所医院当起急诊大夫。最后，弗兰克终于没有逃脱法网，1964～1966年，弗兰克·阿巴内尔这个离家出走的17岁流浪小子，利用他精湛的伪造技术和巧舌如簧的口才成功地"扮演"了医生、教授、首席检察官助理等各种显赫人物，骗取钱财和信任无数，活得潇洒快活。他不但伪造空头银行支票从银行诈骗了250多万美金，还冒充航空公司的飞行员免费周游世界各地。为此，他被FBI列为头号通缉犯——有史以来年纪最小的头号通缉犯。

看过《猫鼠游戏》电影的朋友们可能知道，这是一部根据真实案件改编的电影，其主人公的原型弗兰克于26个国家伪造了250万美元的支票，从而被多个国家通缉。弗兰克之所以能够成功骗取如此巨额资金，是因为银行一般都是直接承兑保理，没办法识别票据真假，而有了区块链技术，弗兰克这样的骗子将无所遁形。

由于区块链具有不可篡改的时间戳和全网公开的特性，一旦交易，将不会存在赖账现象，从而避免了纸票"一票多卖"、电票打款背书不同步的问题，促进了银行票据市场的有序发展。

我国拥有数量庞大的中小型企业，但由于它们没有不动产作为抵押，金融组织不愿意接收票据，也不愿为其提供时间较短的金融服务，除非有人对票据进行背书。因此这类企业通常会选用票据转贴现、贴现、质押、转让、背书等方式获取融资，这一融资方式催生了大量的票据经纪人和中介机构，企业、银行、中介机构等各相关方有时为获取高额利益，可能会相互勾结，违规进行票据交易，这样一来容易产生较大的风险。而且传统银行票据是以纸张为载体的，在实际运用过程中，容易发生恶意更改、伪造、破坏、丢失等问题。

数字票据的出现有效解决了上述问题，因为与交易平台实现对接的各个部门和机构均会对票据签发和使用的各个环节进行确认并保存，所以数字票据形式下，银行票据的更改、伪造、破坏、丢失等问题基本不会发生。区块链技术去中心化的技术特点，使数字票据服务平台不需要依靠专门的中心服务系统，极大地降低了泄密、系统瘫痪、黑客攻击等问题。私钥与公钥相联合进行签章是数字票据的一个重要特点，私钥与公钥一一对应，用户只有同时具备两个密钥才能对票据进行签章，这种方式为签章的真实性提供了保障。数字票据通过密钥操作、信息公开的形式限制了中介机构的行为，促进了银行票据的有序发展。

第四章 区块链技术在银行业的应用

> **背景故事 4-2**

2016年1月23日，中国农业银行北京分行39亿票据案拉开了票据市场乱象的导火索，2015年3月，票据中介王波经人介绍与农行金融市场部人员姚尚延、张鸣结识。王波利用多家银行开展票据买入返售业务。2015年5月，王波与姚尚延共谋挪用票据二次贴现用于购买理财产品等经营活动。此后，姚尚延、张鸣、王冰、刘咏梅共谋，利用审查审批客户提交的票据及资料、办理票据封包移交及入出库手续等职务便利，共同将已入库保管的银行承兑汇票票据包提前出库交由王波使用。根据媒体报道，票据包内出现部分票据被报纸替代的怪事，而且票据进出未建立台账，使得票据进出数目、时间都不清晰，回购款中相当部分资金违规流入股市，而由于股价下跌，出现巨额资金缺口无法兑付，给中国农业银行带来了39.15亿元巨大损失。事后证明，农行39亿票据案只是冰山一角，案发短短一周时间后，1月29日，中信银行兰州分行再次曝出9.69亿票据风险事件。随后，天津银行上海分行（涉案金额7.86亿）、龙江银行（涉案金额6亿）、宁波银行（涉案金额32亿）、广发银行（涉案金额10亿）、工商银行（涉案13亿电子票据）等风险事件先后爆发。各路"中介"尽出奇招，利用空壳公司开出商业承兑汇票，经过农信社、村镇银行或某些商业银行背书后，从银行间套出资金，金额达百亿级。

在著名的农行票据案中，票据在流转过程中被报纸调包转出，票据被票据中介获取后用于与另一家银行进行票据的回购贴现交易，而交易对手在信息审核过程中未能正确识别票据来源的合法性和交易的合规性也是造成这笔违规交易的因素之一。而应用区块链技术，当票据采用数字票据形式后，利用互联网传输数据，有助于简化流转环节，解决票据的交接、票据信息更新与打款之间的时间差问题，降低了操作风险和道德风险造成的票据丢失、损毁和调包等事件发生的可能性。并且，数字票据基于区块链的公私钥不对称算法，使得被原持有方用公钥加密过的票据只能由持有私钥的农业银行北京分行进行解密接收，相对于电子票据，数字票据能够更有效地确保票据被合法的持有人获取。应用数据票据，可以通过制定智能合约，标记票据是否能够进行交易和交易的具体内容等，交易对手可以利用私钥进行验证，即刻便能确认该笔票据是否处于可交易状态，从而避免买入这笔本应在回购到期之前都存放在农行保险柜中的票据。另一方面，即使案件中的内部人员与票据中介串通，利用可交易的票据进行贴现，由于票据可通过智能合约对贴现款的流向进行约定，涉案人员和机构在没有授权的情况下也无法获取和转移贴现款，从而避免发生金额巨大的高风险事件。

三、减少系统中心化带来的风险

以区块链为基础的数字票据，其系统的搭建和数据存储不需要中心服务器，省去了中心应用和接入系统的开发成本，降低了传统模式下系统的维护和优化成本，并且还减少了系统中心化带来的风险。区块链技术是去中心化的数据库技术，"点对点"传递信息迅捷，过程公开透明。存储在区块链中的所有数据都会被打上一个时间戳，能够准确记录每个交易活动的发生时间，使得所有交易都能够进行溯源。去中心化系统使得联网节点的数据无须经过其他服务商或者个人的智能节点即可进行数据传输，降低了数据被非法篡改或者丢失，造成系统可靠性下降的风险。区块链上形成的信息记录不可篡改，且几乎不可能受到损害，有效规避了现实中数据篡改、数据泄露、操作风险、系统瘫痪的风险。

四、规范银行票据市场监管

银行用以交易数字票据的专用平台，可选用联盟类型的区块链，在联盟式的链条中监管部门、交易管理部门等权限较高的部门或机构可与平台实现对接。区块链还可利用数字技术对各个银行票据行为发生的时间进行标记，各相关部门可利用这一特点查询和监督各个时点上的票据行为，还可通过区块链中自带的智能合约技术自动对银行的票据行为进行监督和控制。由此可知，与平台实现对接的各个部门可对数字票据的签发、流转、储存等各个环节进行实时监督和控制。

应用案例 4-3

规范银行票据市场监管应用案例

2018 年 2 月，中国平安旗下科技公司金融壹账通正式推出区块链的突破性解决方案——壹账链。借助全球首创的加密信息可授权式解密共享技术，壹账链支持国密算法的异地快速一键部署，有望成为国际框架标准的吞吐效率解决方案。这一解决方案不仅降低了中小银行获得高性能区块链底层设计服务的成本，同时也为监管部门创造了透明、高效的监管环境，大大规范了银行票据市场秩序。

第四节 形成新的信用机制

在经济下行和供给侧改革的环境下，部分行业和企业经营困难增加，信用违约风险加大，受市场风险、信用风险及自身的经营管理不足等原因的影响，企业信用违约风险加大，银行业亦是如此。表 4-2 是 2018 年四大行不良贷款情况。

表 4-2 2018 年四大行不良贷款情况

银 行 名 称	不良贷款余额（千亿元）	不良贷款率（%）
中国银行	3.780	1.42
中国工商银行	5.880	1.52
中国建设银行	7.440	1.46
中国农业银行	3.660	1.59

不良贷款指的是银行等金融机构中存在的坏账、难以追讨的贷款等，而不良贷款率指金融机构不良贷款占总贷款余额的比重（不良贷款率 =（次级类贷款 + 可疑类贷款 + 损失类贷款）/各项贷款 ×100%）。从上表 4-2 中可以看到，工行、建行两大行的不良资产率依然保持在银行业中较低水平，2018 年年末，工行不良贷款率为 1.52%，较上年末下降 0.03 个百分点，连续 8 个季度下降；建行不良贷款率 1.46%，较上年下降 0.03 个百分点。作为对比，根据银行保监会的数据显示，2018 年年末，商业银行不良贷款率为 1.89%。银行在出贷给他人的时候一定要注意避免贷款演变为不良贷款。采取有效的控制措施有利于帮助银行降低贷款风险，减少不良贷款，促进银行业健康发展。

应用区块链技术，通过建立去中心化的信用创造方式，即确定一套算法，通过技术背书而非中心化信用机构来进行信用创造，降低征信成本、简化征信步骤的同时降低违约风险，可有效促进银行健康发展。其特点包括以下几点。

一、强化信息可靠性

区块链的技术特征可保证借款方信息数据安全且不可篡改，银行可随时调用信息，避免人为主观因素在信用评级方面造成偏离，有效防范道德风险。

1. 保证银行客户信息数据不可篡改

区块链数据库采用分布式记账和分布式存储，没有中央处理节点，区块链内的每个节点都赋有同等地位进行数据记录和存储，加上其利用分布式节点共识算法来生成和更新数据，因此能保证数据的实时性和共享性。分布式记账由分布在不同地方的多个节点共同完成，而且每一个节点记录的都是完整的账目，由于记账节点足够多，单一节点数据被黑客攻击，或是被恶意篡改都不会影响信息安全性，从而保证了账目数据的安全性。区块链的共识机制具备"少数服从多数"的特点,"少数服从多数"并不完全指节点个数,也可以是计算能力、股权数或者其他的计算机可以比较的特征量。以比特币为例,采用的是工作量证明,只有在控制了全网超过51%的记账节点的情况下,才有可能伪造出一条不存在的记录。当加入区块链的节点足够多的时候,篡改信息的成本太高,基本上制止了造假的可能。

当下,银行往往担心客户交易数据的真实性,与传统数据中心化记录及存储方式不同,区块链具有去中心化的特点,交易记录分散在所有结点的数据库上,且这些数据都带有时间戳。这使区块链上的数据极难被篡改,保障了交易记录的真实性,不但降低了资金端的风控成本,也降低了数据篡改所带来的风险。基于此项技术,银行可以方便地得到客户最真实的"一手资料",避免现行方式下,企业可能与第三方征信平台联合编造虚假数据,欺瞒银行。有了全面、客观的数据,对银行规避信用风险、做出信贷决策也更为有利。

2. 防范道德风险

银行信贷业务环节中,管理人员是贷款业务是否进行的最终决策者。这种决策权力会使管理人员有谋取私利的空间。目前,由于银行对管理人员的行为进行有效控制的机制还不够成熟、完善,对管理人员素质评定的方法也有许多不足之处,容易导致管理人员为了自身利益故意对一些潜在风险选择视而不见。最终,那些并没有足够偿付能力的企业有可能轻易得到贷款,贷款坏账的可能性就会因为人为因素而大大提高,信用风险增大。

区块链技术的融合将使原有的内部审核机制更加科学规范。在银行业内部可以利用区块链技术建立业务追踪机制,实行信贷业务与人员"一对一"模式,每一项信贷业务的数据都如实、及时的记录在特定的区块内,业务完成后可对管理层的贷款完成质量进行总体评价,确保每名员工在内控和风险管理工作中权、责、利上的明确分工,进而通过合理的绩效考核和激励机制设计保证分工的有力执行。激励银行人员规范自身行为,从而降低道德风险。

二、完善信用建立方式

征信工作是信用评级体系建立的前提,商业银行的征信模式目前主要是各银行与中央银行征信中心共享信用数据,通过中央银行征信中心集中统一管理信用数据,并向金融机构提供数据查询服务。区块链技术不同于简单的安全加密技术,作为一种共享的分布式记账系统,它借助大数据技术,将用户的信用记录录入到自身的区块链账户中,存储在区块链节点上,无法篡改,无法修饰,无须经过第三方金融机构。随着区块链技术的发展,更多与征信相关的个人及企业的金融交易数据、商业交易数据等将可能直接部署在区块链上。商业银行可以通过作为区块链参与节点的方式获得企业征信记录，可有效克服现有征信建立模式下信息不完整、数据更新不及时、费用较高的缺点。

区块链技术下形成的数据库能保证银行得到更加全面准确的数据，使银行同步了解不同行业的行情，对各种符合指标的企业进行放贷，这一技术使得利用分散化控制整体信用风险成为可能。通常情况下，银行倾向于针对某一行业进行放贷，这一行为在一定程度上降低了信用风险，却容易受到行业冲击和政府政策性影响。一些行业如房地产、金属冶炼等的贷款供大于求。而一些创新型企业，由于资本结构等不符合传统信用评级，很可能被银行拒之门外，因此，新兴行业大都存在贷款供给不足的问题，只能选择一些成本更高的融资方式。银行可以运用区块链技术，核验企业的经营信息，更好地规避风险。同时也可以实时获取企业的信息，让全网用户对其进行监督。时间戳的功能让这些记录不可变更，保证了数据信息的完整，实现了数据信息共享。在区块链技术的帮助下，银行对贷款使用方向控制的问题有望得到解决，银行开展多个行业的贷款业务有利于分散信用风险，而新兴企业也能得到成本更低廉的资金促进自身发展，商业银行与企业建立起的新型信任关系，使得交易的各方不需要进行私下联系，并且每个参与者均可以维护、跟踪自己的交易数据。达到共赢效果的根本原因就是技术解决了信息不对称的根本性问题，同时简化追求信息对称的过程，降低成本。

第五节 风险管理升级

银行在日常经营过程中，一般会面对以下风险：客户资信风险、欺诈类风险、账款转移风险、法律风险、融资企业自身风险、质押商品选择风险和内部管理与操作风险。其中，法律风险方面随着社会科技的飞速发展，当前一些新领域业务的法律法规仍不够完善，商业银行多通过聘请法律顾问防控法律风险，规避合同中可能存在的风险，明确并及时处理潜在的法律漏洞。而针对质押商品选择风险，银行在质押物方面必须考虑质押物的贬值风险，并且确保其具有良好的可变现能力。而其他风险如客户资信风险、欺诈类风险、账款转移风险、融资企业自身风险、内部管理与操作风险都可以通过区块链技术得到有效的控制。

一、应用区块链技术防范商业银行国际化经营风险

随着"一带一路"倡议的逐步深化，人民币国际化进程加快，我国商业银

行国际化也在快速启动。然而，我国商业银行国际化还处于萌芽阶段，国际化经营风险较高。例如，由于商业银行与境外部门沟通不畅，导致商业银行境外分支机构难以融入当地监管而引发监管风险；由于商业银行对海外市场的把握能力有限，搜集和处理信息的成本较高，导致商业银行海外资本运营不规范而引发流动性风险；由于商业银行在国内人才选派成本较高，而海外招聘受到企业文化、风俗习惯不融合的影响，导致商业银行国际化人才队伍建设滞后而引发人才中断风险。近年来，随着区块链概念的普及和技术应用的迅猛发展，区块链技术和银行业结合的落地应用，在全球获得越来越多的关注。

例如针对监管风险，区块链帮助建立了满足银行融入海外的信任体系。在大数据的基础上完成数学（算法）背书、替代企业或政府背书，达成全球互信；针对流动性风险，与境外客户签订合约前，商业银行海外机构应依托区块链读取客户身份、账户变动、交易历史进行合法性和规范性审查。通过区块链能查询到海外分支机构每个时间段实时、全部的交易信息，及时掌握海外分支机构的业务动态，便于及时开展风险控制，制止一切风险操作；针对人才中断风险，区块链记录着海外分支机构的信息及其招聘要求，还记录着应聘人员的基本信息与历史情况，各节点互相验证信息的有效性（防伪），让供需双方彼此都能了解，准确地匹配合适的人才，最终帮助海外机构减少人才搜索时间和降低招聘成本。

> 应用案例 4-4

应用区块链技术防范商业银行国际化经营风险（1）

西班牙对外银行是全世界第一家率先上线区块链分布式账本技术发放贷款的银行，打破了"协商、签署、资格审核、发放贷款、分批到账"的放贷流程。根据银行和借贷人达成的共识，西班牙对外银行构建了一个银行与借贷人信息同步共享的区块链。分布式账本将贷款数据分散存储在全网络的各个节点上，每一个节点对数据完整地存储和备份，保存所有信贷记录的副本，保证账本一致性，每条放贷记录都有时间和随机散列的数字签名，借贷人对签名进行检验，能够验证放贷者的信息，但所有信息都通过算法加密，保护客户隐私。如果贷款单据操作失误或遭到外界恶意攻击，客户的贷款单据和记录也可以在其他节点的交易副本进行查询。

与此同时，西班牙对外银行利用区块链建立了满足银行融入海外的信任体系。一是创新了业务渠道，在大数据的基础上完成数学（算法）背书、替代企业或政府背书,达成全球互信。二是创新管控机制。西班牙对外银行通过区块链能查询到海外分支机构每个时间段实时、全部的交易信息,及时掌握海外分支机构的业务动态,便于及时开展风险控制,制止一切风险操作。同样,境外监管机构通过区块链能调查到西班牙对外银行的运作模式、资质、历史上的违规事件等真实信息,详细了解境外机构设立的动机、规模、运作模式。

我国的商业银行总行应与境外监管机构在系统之间选择一种基于共识的区块链算法,建立点对点分布式账本,将彼此间的信息互相串成"链条"进行安全加密,防止篡改,同时将信息在每个节点上存储和传输,便于共享。由此,商业银行总行既可以全面了解境外监管机构的要求,又能给境外机构提供全面真实的信息。其次,当海外机构成立之后,我国商业银行应将其纳入上述构建的区块链系统中,构建分布式的信用网络,让商业银行、监管机构根据需要访问海外分支机构的记录。此外,海外机构也能调取系统中账户变动、资金流向等信息进行监管,达成互信并进行跨国价值交换。

应用案例 4-5

应用区块链技术防范商业银行国际化经营风险(2)

2016年9月,微众银行与华瑞银行联合开发了一套区块链应用系统。该系统将两家银行的信息数据及磋商签署的合约以数字形式存储在区块链上,方便两家银行查阅。当合约达到履行期限时,区块链会根据双方承诺自动执行合约,不经过第三方金融机构审查。例如,两家银行达成了一个银行贷款业务居间服务合同(甲方委托乙方向银行联系和安排借款,用于个人消费或装修,乙方接受委托)记录在区块链上,每一个节点都将收到的信息纳入一个区块中。当履约期来临,智能合约将自动调取甲方借贷所需真实资料发送给乙方,协助乙方办理所有借款手续,再将甲方需要承担的费用,如利息、共管账户开户费用、居间服务费分批转账给乙方。如果一方擅自撤销委托,发生违约并满足赔付条件的情况下,智能合约将通过透明可靠的支付机制自动执行代码指令,支持自动索赔程序和自动划款赔付,减少传统赔付中的人工操作环节,帮助合约双方减少人力投入和管理费用。

微众银行的案例同样适用于我国商业银行海外分支机构应用智能合约规范海外资本运营。在具体操作层面,当海外机构开展业务前,我国商业银行总行应构建区块链系统,与当地的法务、金融监管等机构联合,先将当地的法律法规、监察流程、客户征信存储在公共账簿,对境外业务经营环境进行客观、准确的分析评估。与境外客户签订合约前，商业银行海外机构应依托区块链读取客户身份、账户变动、交易历史进行合法性和规范性审查。一旦签约成功，智能合约则会严格监督银行与客户间的合约执行，对合约规定的每个责任与交易加盖时间戳。一旦发现客户违约，智能合约则会自行启动索赔模式，要求客户点对点进行赔偿，从而规范商业银行海外资本运营。

应用案例4-6

应用区块链技术防范商业银行国际化经营风险（3）

另外，利用公开透明的运作规则也能防范国际化人才队伍建设滞后的人才中断风险。印度尼西亚银行利用区块链公开透明的运作规则来减少欺诈性客户的比例。一直以来，印尼的商业银行之间没有建设关联网，客户之间的个人信息和金融业务没有共享，给了一些客户可乘之机，用同一个身份证在多家银行申请多个账户，用多个账户套现和洗钱，严重影响了国家的金融秩序。基于此，2017年印度尼西亚各商业银行加入联盟链，创建了透明且高效的系统，在客户隐私保护前提下，每个银行将各自掌握的客户信息转换为代码记录在区块链上，每个银行都掌握着相同的账本，确保记账过程公开透明。当客户申请银行账户时，他们的业务信息被记录在区块链上。如果同一个客户在其他家银行又申请另一个账户时，其申请权限将向全网广播，并标记为潜在欺诈行为。

印尼的案例适用于商业银行海外分支机构通过区块链技术提供公开透明的人才招聘活动。区块链记录着海外分支机构的信息及其招聘要求，还记录着应聘人员的基本信息与历史情况，各节点互相验证信息的有效性（防伪），让供需双方彼此都能了解，准确地匹配合适的人才，最终帮助海外机构减少人才搜索时间和降低招聘成本。在具体操作层面，我国商业银行海外机构首先以分布式节点搭建到当地的区块链，海外机构的属性情况能被当地更多居民所熟悉。当地居民可通过区块链上传他们的简历和要求，海外机构也将专业化人才的招聘要求发布在区块链上，这些数据在加密算法的应用下不可编辑。区块链运用去中心化共识机制、公开透明的特性加密和存储这些数据。同时，还利用人工智能和大数据从多维度去分析和提供合适的人才以达到海外分支机构的需求。

二、应用区块链技术防范商业银行内部经营风险

信息数字时代，人与技术相融合是金融风险管理的关键，这恰恰是银行最可发挥的优势。

第一是人与技术融合夯实流动性风险管理基础。流动性管理不仅要求商业银行持有充足的现金等流动性资产，而且还应具有迅速使其从其他渠道筹措资金的能力，这就需要银行拓宽业务范围、吸引更大更多种类客户群体。譬如打造数字渠道服务民生。加快"互联网+银行"服务与民生服务对接，通过布局医疗、教育、交通、饮食、娱乐等民生服务领域，针对特定客群建生态圈，依托衣、食、住、行、玩等生活场景打造智能手机、网络平台等数字渠道开展精准营销获客。不断将证券、信托、资管、保险、基金等业态与电子银行整合，以金融功能为基础，通过对移动支付、云计算、大数据、智能投顾、O2O等创新业务模式的探索，构建融合标准化、集约化、网络化、智能化的综合化经营服务模式，拓展核心客户、增强客户黏性、克服金融脱媒、有效导流、聚集社会资金，稳定存款，优化负债管理，夯实流动性风险管理基础。

第二是人与技术融合防范操作风险。一方面增加科技装备的投入。科技客观性强，处理标准一经设定，不容易更改或受到人为影响，对于操作员可以经办哪些类别的业务有严格的规定，利用现代计算机24小时运行的特性还可以大大缓解柜面的存取款业务压力。另一方面运用预警模型对操作风险进行计量。建立科学的风险评估理论模型，按照理论模型处理形成数据，并在数据支持下确定参数，投入使用，依靠理论模型积累数据并更新参数。计量操作风险可以有效防范信贷风险。银行对已建立起来的风险预警机制应该不断补充，录入新的数据使它发挥应有的预警作用。

第三是人与技术融合防范信用风险。实施贷前、贷中、贷后"线下+大数据"一体化风控。线下坚持贷前双人实地调查，风险经理与客户经理平行作业，参与贷前实地调查，负责进行现场实地审查工作，检查项目是否符合报审条件。风险经理需具备实地见证资格，可承担实地见证工作。设定准入机制，首笔准入授信项目必须经营销机构贷审小组会议集体决议通过方能上报审批，交叉风控双重审核借款人信息。银行素有"国民经济会计薄"的美誉，记录和服务着千家万户、各行各业的经济活动，沉淀着厚厚的历史数据，加强数据挖掘发挥大数据风控在贷中、贷后适时监控方面的优势。将借款人申请材料、不良信用记录和多平台借贷记录、支付结算等信息加以整合构建多维度图谱模型，通过交叉验证有效识别团伙欺诈、资金挪用等高风险行为，实现基于客户行为的贷中、贷后风险监控体系，确保资产安全。

第四是人与技术融合强化技术安全。搭建多重容灾架构，提高业务可用性保障率，实现自动备份，多年内数据可恢复，自动监控预警，防止黑客系统侵入攻击，定期性能巡检，资金交易记录防篡改设置，后台管理系统实名绑定单点登录，全日志记录跟踪，确保业务数据安全。

第五是人与技术融合以人为本。人是决定因素，无论技术如何进步，风险管控仍离不开人的专业判断、职业道德和责任感。知人善任，强化人的主体责任，全覆盖防控风险盲点。

建立智能投资顾问的设计开发者和使用者备案制，强化智能投资顾问源代码质量管控，定期进行安全审计和漏洞检查，防范恶意和蓄意漏洞破坏引起的交易风险。建立智能投资顾问异常行为的预防机制，必要时从自动挡切换到手动挡实施人工干预，保证交易安全。明确风险管理责任主体，建立相应的人工监控岗位对智能投资顾问行为承担责任，防止"一致行动人"现象操纵市场，以及校正面对小概率事件模型风险引发的系统性风险。

组建专业化线上客户经理团队，负责推动整合银行网络营销资源，统筹银行网络金融相关平台、产品的营销推广和运营管理。负责内部挖潜促进业务交叉销售，以及其他业务部门客户向网络迁徙，和外部批量获客。并直接开展相关业务的线上市场拓展，打造出专业协同、上下联动、线上线下一体化的银行网络金融营销。并运用技术创新风险管理体系，引入客户行为与交易分析系统以客户行为分析为基础建立交易风险事中监控体系，为业务发展保驾护航。

三、应用区块链技术防范商业银行业务风险

区块链技术为信息的实效性提供了保障，可有效拓宽银行的业务范围，也可以实现对银行各项业务的实时监管，降低银行经营业务风险。区块链技术可以实现对银行业以下几种业务的实时监管。

1. 银行贷款业务实时监督

银行贷款发放后，银行对贷款企业后续的还款能力关注力度欠缺，如对贷款企业的各项财务指标（资产负债率、现金流等）掌握不全。对贷款企业受贷后的资金使用情况，如具体使用到了哪些方面，是否用于企业生产等问题的掌握情况并不理想。而且，受信息不对称的影响，获取银行贷款的具体使用情况难度较大，且相关的成本也是极高的。如此，银行很难对企业偿付能力做出准确判断，也无法做出正确的决策，易产生银行信用风险。

区块链对所有参与者平等开放，任一参与者都可查看区块链内的相关数据。同时，区块链内的数据记录及存储具有时间戳功能，任一节点在产生数据信息时都会标记时间及所有权属。同样的，当贷款被赋予ID后，利用区块链技术，银行可以随时监测、定期反馈这笔贷款的去向。如果贷款被用于与企业原申请时所述用途不一致时，银行能够及时掌握最新动向，并采取行动，如要求企业

说明情况等,并做出是否撤资的决策,有效地降低了风险。当然,如果涉及一些机密信息,可以通过选用联盟链来保证哪些信息可以对外公布,而哪些机密信息可以被保留下来。如果信息机密性要求不高,则可以使用公链。

2. 投资监督实时化

目前,我国资产托管人对管理人的法定监督可分为事前监督和事后监督两类。事前的监管对于投资运作过程的监控是比较有效的,但是只有少数的场外交易和银行间交易可以实现事前监督,绝大部分的交易所交易只能实行事后监督。由于场内交易数据不能实时获得,当托管人在监控过程中发现问题时,管理人违规行为已经发生,只能采取向管理人出函提示并要求对方进行调整的补救措施。另外,目前能实现系统自动监控的大部分为定量指标,对于一些无法量化的指标只能通过人工判断来进行投资监督,对人员的专业程度和工作经验依赖度较高。

运用区块链技术后,对于交易指令的判断不再依赖人工,而是运用智能合约和共识机制将投资合规校验整合在区块链上,每笔交易在满足预置触发条款时才能完成,从而实现投资监督实时化,提升风险管理水平。

3. 完善保理业务

近年来随着国际贸易竞争的日益激烈,国际贸易买方市场逐渐形成由于保理业务能够很好地解决赊销中出口商面临的资金占压和进口商信用风险的问题,所以,保理业务发展迅速。

众享比特与中国建设银行合作开发的区块链贸易融资平台是业界交易规模最大的区块链贸易金融平台,它通过区块链技术应用实现国内信用证、福费廷、国际保理等贸易金融业务交易信息的传递、债权的确认及单据的转让全流程电子化,弥补相关系统平台缺失,规避非加密传输可能造成的风险,提高业务处理效率。

2018年1月,中国建设银行首笔国际保理区块链交易落地,成为国内首家将区块链技术应用于国际保理业务的银行,并在业内首度实现了由客户、保理商业银行等多方直接参与的"保理区块链生态圈"(Fablock Eco),成为建行全面打造"区块链+贸易金融"Fintech银行的一项重大突破。

本次区块链在保理领域的应用,开创性地将基础贸易的双方同时纳入区块链,并通过智能合约技术实现了对合格应收账款的自动识别和受让,全程交易达到可视化、可追溯,有效解决了当前保理业务发展中面临的报文传输烦琐、确权流程复杂等操作问题,对防范传统贸易融资中的欺诈风险、提升客户体验具有重大且积极的意义。

【本章小结】

本章主要介绍了区块链技术在银行业的应用,从数字货币体系、支付结算方式、票据清算、信用形成机制、风险管理这五个角度剖析了银行业引入区块链技术后银行业的发展前景,认为区块链去中心化、透明性、不可篡改性的特点,有助于减少银行业各类业务的中间环节、降低成本,也将提升交易效率和安全性。然而由于区块链技术尚不成熟,还不能满足商业银行稳健、安全、成本低廉、效果显著的需求,因此,对于大型金融机构,特别是商业银行,区块链项目的应用会较长期停留在实验探索和验证阶段。

【关键词】

区块链;银行业;去中心化;降低成本;简化手续;实时追踪

【思考题】

1. 现金的竞争力在下降,其他支付途径兴起,良好的数字货币有助于促进在线支付供应商的竞争,请具体谈一谈如何促进。

2. 传统票据、电子票据和数字票据的定义分别是什么?数字票据相较于前两种票据有什么区别和优点?

3. 信息的公开透明是区块链技术特点之一,请就银行业谈谈此特点的优点。而对于不能公开的商业机密,又应如何运用区块链技术处理?

第五章

区块链技术在保险业的应用

【学习目标】

1. 了解当下保险行业经营存在的问题；
2. 掌握区块链与保险行业的"基因"相似性；
3. 熟悉区块链技术运用到保险业务各场景中如何改善保险行业面临的问题；
4. 熟悉保险行业由于信任问题带来的业务痛点；
5. 掌握区块链技术如何重塑保险行业信任体系；
6. 掌握区块链技术如何预防保险欺诈；
7. 掌握区块链技术创新保险行业商业模式的分类；
8. 了解区块链技术如何创新互联网保险商业模式；
9. 了解区块链技术如何创新互助保险商业模式；
10. 掌握保险行业智能合约包含的要素；
11. 掌握智能合约在保险购买阶段流程图；
12. 掌握智能合约在保险合同执行阶段流程图；
13. 了解智能合约在保险行业应用场景。

【导入案例】

保险诈骗案例

2003年，李琪琪用化名在香港友邦保险购买了额度为20万美元的保险，保险的受益人是其母李春兰。8月，李琪琪邀请邻居共5人来到晴川的桥下游泳。李琪琪在游泳过程中偷偷溜走，假装发生溺水，其母在鄂州冒领一具无名女尸顶替女儿，以保险受益人的身份得到友邦保险20万美金的赔付金。

在"尝到甜头之后"，李春兰组织朋友（37岁的老街坊胡建刚、侄子吴波）

继续"投保"。胡建刚于2004年初在美国万通保险的亚洲营业部购买了42万美元的保险,受益人是胡建刚的父亲。4月,骗保者通过找到与胡建刚外貌相似的拾荒人,采用灌醉并轧死的方式,将其作为被保险人替身,骗取赔偿金。

问题: 如何规避保险行业类似的骗保事件?

第一节 促进保险行业改革

保险行业与区块链技术的契合度,可以让保险行业充分利用区块链技术的优势,完善当下行业经营中的不足,革新保险行业经营现状。

一、保险行业面临的问题

保险行业发展存在着诸多的问题,例如,业务运营成本高、逆向选择与道德风险事件频发、数据信息公开与保证投保人隐私难以兼顾、顾客满意度较低、保险产品个性化创新不够,行业缺乏吸引力。

1. 投保人面临的问题

在保险业务流程中,投保人由于无法掌握保险产品的定价权,同时也不具备对保险条款的解释权,处于弱势地位。加之保险公司在出售保险产品后,对投保人反馈较少,并经常寻找各种理由拒赔。长此以往,投保人对保险公司的信任缺失,这成为制约保险行业发展的重要因素。

2. 保险公司面临的问题

保险公司看似在产品定价上享有主动权,但其在产品设计以及销售、理赔环节都面临着诸多挑战。保险产品的定价需要依靠大量的数据,通过模型计算得到合理定价,但有关投保人的真实信息获取较难,保险公司为了获得可信数据,投入成本较高,导致保险公司经营成本较高。另外,目前保险产品的销售以及理赔均需要第三方的介入,保险业"中介化"的特点也增加了运营成本,成为制约保险供给改革的重要因素。

二、区块链与保险行业的"基因"相似性

保险依托于保险合同而存在,保险合同其实是合同双方基于可保利益的一种共识。区块链技术本质上是通过技术来实现全网共识,进而实现信息共享、建立去中心化的信任体系。由此,可以看出,保险与区块链有着相同的"共识"本质,两者的"基因"相似性,还可从以下几个方面来体现。

1. 两者兼具社会性

保险的社会性体现在，一种保险产品需要被社会上多个面临这一风险的投保人购买、缴纳保险金、共同分担风险。保险的社会性指的是社会的互助性，参与到保险业务中的社会群体，达成了一种集体共识。区块链的社会性体现在，平台参与者自动达成一种全网共识，这种社会性不再依赖于权威的第三方，参与者可以在共识基础上，实现自我管理。

2. 两者兼具唯一性

保险行业的唯一性主要指可保利益是唯一的，这是保险行业经营的重点，同时也是痛点。保险行业骗保行为多是因为唯一性无法实现，例如，高龄退休人员的养老金冒领问题，一些保险公司为了规避这一问题，采用物理验明正身方式，但往往会出现卧床老人行动不便，无法验证申领人是否为被保险人问题。保险行业为了证明可保利益唯一性，投入大量成本。区块链分布式账本技术可以记录可保利益的全部数据信息，为可保利益构建数字身份证。用技术来进行"自证"，不再需要复杂的"他证"流程，这样就可以实现保险行业唯一性。

3. 两者兼具时间性

在保险合同签署时，会涉及保险合同期限，这也就界定了保险责任的时间期限。保险赔付也以保险合同生效时间为基础，保险行业管理的风险基于"时间性"展开，同时，时间性也是识别保险欺诈的重要依据，例如，倒签保单的欺诈行为可利用保险合同签署时间期限加以判断。区块链技术时间戳的特点保证了区块上每一笔交易信息全部按照时间先后录入，并且每笔交易信息都可以按照时间先后进行搜索。这一特征保证了交易的不可逆转性，能够有效杜绝保险欺诈的发生。

4. 两者兼具安全性

保险行业经营的基础是各种信息，既包含保险公司自身运营的信息，也包含客户的信息，只有保护信息的安全才可以维持保险行业健康发展。区块链技术利用数字签名、哈希算法等密码学技术来保证数据信息的安全，在实现数据共享的同时，兼顾参与人的隐私安全。

三、区块链应用于保险行业前景

区块链平台允许任何参与节点的人以数据管理员身份录入信息，不可篡改性让已经确认的变更信息被平台严格保护，篡改信息会面临高昂的成本。区块链还具有安全性和可追溯性，针对区块链的特征，如果将区块链技术运用在保险行业，将会在以下几方面改善当下保险行业经营问题。

1. 区块链去中心化特征助力保险脱媒

传统保险业务各流程均需要可信的第三方机构参与，例如，保险公司为了获得关于可保利益的真实信息，会从权威的第三方数据库中获得正确信息；保险公司销售保险产品，往往依靠专业的第三方代销机构进行产品代售；保险公司核保阶段，往往需要独立的第三方专业机构进行出险校验，并完成赔付。

保险行业中心化现象严重，增加了保险公司的经营成本。区块链技术去中心化的特征可以助力保险行业完成"脱媒"，从信息获取、保险产品销售到核保，全部实现无第三方参与、去中心化，降低保险行业经营成本。

2. 区块链信息共享特征降低保险行业信息不对称

当下，保险行业获取有关可保利益的信息都是投保人出于"最大化诚信原则"酌情告知保险公司的，存在投保人为获取保险赔付金恶意骗保的行为。保险公司为了核实投保人所提供信息的真实性，往往需要投入大量的人力、物力。

区块链技术共享特征可供全网参与节点查询数据信息，保证了投保人与保险公司信息的可获得性，从而降低了保险行业的逆向选择与道德风险。同时数据的真实性以及公开性有利于保险行业运用大数据、云计算技术获取保险产品合理报价。

3. 区块链信息透明特征增强投保人信任度

传统保险业务存在投保人骗保、保险公司恶意拒赔的事件，导致保险业务参与双方都对彼此不信任，严重阻碍了保险行业发展。区块链平台可以保证信息的透明度，将保险情景以及出险信息实时更新并分发到每个客户端中，所有人都可知悉交易内容，以此提升投保人对保险行业的满意度。

4. 区块链自治特征提升保险理赔效率

传统保险行业在投保人出险后，需要大量人力、财力进行出险真实性的核实，理赔流程复杂、参与人众多，导致理赔效率低下且操作风险较高。

区块链技术可以运行事先设定好的程序，实现合约的自治。一旦现实情况满足保险合同中事先确定的赔付条件，保险合同立即自动执行，迅速完成保险金的赔付，减少人为参与的风险及成本，提升赔付效率。

5. 区块链数据不可篡改特征保障信息安全

传统保险行业在共享客户信息与保护客户隐私两方面较难平衡，一旦数据公开，投保人信息就会泄露，可能会被非法使用。当下，客户信息往往被承保公司独有，信息孤岛严重阻碍了保险行业建立成熟、完善的信息数据库，也间接阻碍了保险行业发展。

区块链技术保证了数据不可篡改，交易一旦被确认，就会按照交易成交的先后顺序记录在区块链中。高昂的攻击成本，实现了保险行业信息公开的同时，也保障了信息安全。

6. 区块链数据匿名性特征保障隐私安全

保险公司往往将投保人相关信息存储在本公司运营系统中，一旦系统被攻击，就会导致客户隐私被窃取。区块链技术虽然会将全网交易实时更新，并发送给全网参与节点，但参与者只能看到交易内容，无法了解参与交易主体的真实身份。且每个参与主体只能对自己的财产进行支配，这样可以保护投保人的隐私安全。

解决保险行业发展的瓶颈，离不开技术进步。区块链具有去中心化、不可篡改性、可追溯性、智能性、交互性等特点，这些都将改变保险行业经营模式。区块链"去中心化"的特征降低了保险公司的运营成本；不可篡改以及时间戳的特征可确保数据信息的真实性与可追溯性，有效解决逆向选择和道德风险，有利于保险欺诈的识别；智能合约可以提升保险金赔付效率，通过提升行业服务质量来提升投保人满意度；交互性体现在区块链通过对大量数据进行处理后，将信息有针对性地发送给目标群体，保险公司利用交互过程的反馈信息，通过整理客户信息，得知客户的偏好与需求，为客户制定专属保险产品，提供个性化服务，从而来优化保险公司营销水平。

表 5-1 体现了区块链技术+保险的模式如何解决保险行业各场景中遇到的瓶颈问题，从而提升保险服务价值。

表 5-1 区块链+保险模式解决保险行业发展问题

运用分类	保险行业存在问题	区块链+保险运用
数据获得	为了获得投保人真实准确信息，合理评估风险，保险公司投入大量成本建立数据库，或依靠第三方评估机构	区块链自证明特征可以将投保人全部资产、健康等信息公开记录在区块链上，供全网用户验证监督，数据可得性增强，保险公司运营成本下降
数据连续	投保人信息由承保人所有，一旦投保人更换保险公司，新保险公司无法获得投保人之前的数据信息	区块链技术实现了数据的共享，连续的数据信息有利于保险公司对投保人进行风险测评

(续)

运用分类	保险行业存在问题	区块链+保险运用
智能合约	理赔环节消耗大量人力资源,导致保险公司经营成本上升,大量手工核保校验导致理赔效率低,核赔人员主观决策错误会降低客户满意度,保险金赔付进程缓慢	区块链智能合约技术引入,只要理赔条款被触发,理赔会自动强制执行,效率高、成本低
特殊风险	对于一些实物资产,例如艺术品的风险评估较难,误差较高	时间戳特征可以将实物资产整个交易过程随时间先后记录下来,帮助评估风险
保险欺诈	信息不对称让保险欺诈事件频发,为识别和防范保险欺诈,保险公司花费大量费用进行监督、识别,经营成本上升,但却未较好杜绝保险欺诈	区块链开放分布式网络杜绝重复赔付的发生,共识机制让保险双方彼此信任,保险公司通过对投保人历史数据进行检索,可以识别出骗保行为
保险销售	第三方代销是保险产品的主要销售渠道,保险公司代理成本高,且存在造假卷钱的问题中介	基于区块链技术,可以建立自助销售平台,客户自行购买所需的保险产品,实现保险认购"去中介化",减少经营成本

区块链技术在保险行业的运用,主要从图 5-1 三个方面对保险行业产生颠覆性影响。下文将从图 5-1 中的三个方面进行展开,分析区块链技术给保险行业带来的重大改变。

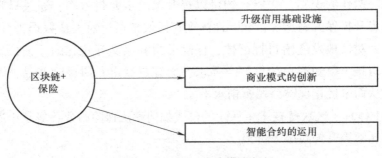

图 5-1　区块链+保险模式创新

第二节　升级信用基础设施

如今的社会是一个透明度极高的社会,保险的支撑型或服务型本质使其依赖于信任机制,保险的发展是基于客户与保险企业之间的信任。这就需要在保险合同签署之前,客户可以提供被保险利益的真实信息,增强保险公司对于客户的信任。同样的,随着数字化社会的不断发展,客户可以接触到更多的保险产品,这就使得客户对于保险产品的期望值不断上升,保险公司的公众信任度也被列入客户的参考标准。为了提升客户的信任度与体验感，保险公司必将会进行技术创新，来增强客户对于保险公司的信任。信任机制得以完善，客户与保险公司便可以在法律框架下达成协议，保险行业才能够更好地发展。

一、信任问题带来的业务痛点

现下，我国保险行业发展受到制约，最主要的原因是投保人利用保险分散风险的意识不强，导致保险需求是一种被动的消费模式。即投保人是在营销情境下被动地购买保险产品，造成这种局面的关键在于投保人对保险公司缺乏信任。导致这种不信任的因素有很多，例如，销售人员重推销、轻服务的态度，以及为了卖出保险产品对投保人进行误导；投保人无法掌握产品的定价权；投保人不具有对保险条款的解释权；保险公司拒赔事件较多；新闻媒体负面宣传等。

同样的，保险公司在核保以及承保环节也面临着道德风险和逆向选择，例如在保险合同签署之前，保险公司无法全面了解投保人的真实情况进而对投保人进行合理的风险评估，恶意投保人通过购买比自身风险较低的保险产品来获利，这就导致了保险行业的逆选择问题出现。这种先出险、后承保的"倒签单"一直是保险行业发展的顽疾，如果保险公司想最大程度上消除这种信息不对称，那就需要投入较大的人力、物力对承保环节进行控制。例如，寿险公司会通过体检方式，消除投保人带病投保的隐患，财险公司通过核验可保财产的实际价值、所处环境并追溯可保财产的投保历史来降低风险；在保险销售之后，投保人因为在出险之后可以得到保险公司的补偿，从而降低了对风险的管理，提高了出险的概率，引发道德风险，这样就使得保险公司经营成本增加。为了规避上述问题，保险公司往往设置合同的等待期以及赔付的免赔额，此类事件也严重破坏了保险公司与消费者之间的关系。

在保险公司与投保人日常业务沟通的过程中，骗保行为与纠纷时常发生：投保人会为了获得保险赔付，编造假的出险信息；保险公司利用专业性词汇拟定法律合同，投保人往往难以看懂并理解，这样，保险公司得以保留对合同条款的解释权。现实中，经常会出现保险公司以各种理由拒绝赔付的场景；保险经纪人也会销售假的保险产品，骗取投保人保险金后卷款逃跑；保险业务参与的双方对免责条款认定不同所产生的纠纷。对于保险公司而言，消费者利用信息不对称进行保险欺诈，大大提高了保险公司的经营成本。对于投保人而言，保险条款的不理解以及核赔人员主观判断失误会导致赔付不及时，从而加深了投保人对保险机构的不信任，最后导致保险机构客户资源流失。由此可见，双方都是从对方的财产损失中获利。

除了保险公司对投保人以及可保物风险的信任问题、投保人对保险公司以及保险条款的信任问题外,保险业务承保主体之间也存在信任问题。保险业务参与主体除了保险公司与投保人外,也会涉及保险代理人。保险参与主体在数据交换,以及为了确保双方财产、业务信息一致性所进行的后续对账、清算工作流程中存在信任问题。例如,保险代理人主要负责销售保险产品给客户,后续的核保以及客户服务都由保险公司提供,一旦客户出现保单变更、退保情况,保险代理人无法确认信息的真实性,就会对这种信息产生不信任。消除这种不信任,往往需要双方进行较复杂的对账流程才可实现信息交互,但这样就加大了保险经营成本。

这些问题的关键在于投保人个人信息的不完整、不准确、不可追溯,保险业务参与方数据信息分享不足。如今,随着信息化社会的发展,一些权威的数据系统开始显现,将权威数据系统中的数据信息记录在区块链上,便可以让每个投保人拥有一个数字身份,数据的真实、不可篡改、透明性、可追溯性可以解决保险行业由于信任问题导致的业务痛点。

二、重塑信任体系

在传统保险行业,往往需要引入可信的第三方作为相关业务交易的见证人,第三方的工作主要是确保业务所涉及物品的合法性、真实性以及安全性;监督交易的进行,防止重复交易的发生;作为交易执行的代理人;如实记录业务交易情况,解决由于双方认知不同造成的业务纠纷,但依靠独立的第三方,往往需要耗费大量的人力、物力和时间成本。

重塑保险行业的信任体系,需要政府、投保人、保险公司三方的共同努力,再加上区块链技术的配合。区块链技术不同于简单的安全加密技术,作为一种共享的分布式记账系统,利用数学方法来解决信任问题,且无须第三方机构安全背书。与此同时,区块链也将提升信用基础,区块链借助"共识机制"实现用户互信价值传递,运用基于共识的数学方法,在机器之间建立信任并完成信用创造,通过非对称加密来解决所有权信任问题。另一方面,区块链借助大数据技术,将用户的信用记录录入到自身的区块链账户中,存储在区块链节点上,无法篡改,无法修饰。这一特征有利于催生新的信用评价体系,且整个过程无须经过第三方机构。

综上所述,区块链之所以可以取代传统业务中的第三方,原因在于数据的无法篡改性,保证了可供交易物品信息的真实性、合法性;全网节点参与者可以对数据进行查询、共同监督，保证了交易记录的准确性，可防止重复交易的发生；交易双方基于共识机制，避免了交易过程中业务纠纷的发生；数据的实时上链，有效地实现了数据信息的同步与共享。

这种"去中心化"新模式下，保险公司需要将全部的资产经营活动信息以及所有的保险产品信息记载在政府要求的区块链板块中。确保政府以及投保人对保险公司资产以及产品真实性进行检验和监督，便于识别存在问题的保险公司；保险机构也可以运用区块链技术，核验投保人的身份以及投保记录，更好地识别投保风险，预防保险欺诈。同时也可以实时更新客户的投保信息，让全网用户对其进行监督。时间戳的功能让这些记录不可变更，保证了投保人数据信息的完整，实现了数据信息共享，这一新模式较好地解决了信任问题，降低了保险公司经营成本。

区块链技术去中心化、时间戳记账的特点，可以更好地保护客户隐私，也能够解决阻碍保险行业发展的道德风险以及信息不对称风险。在区块链技术架构下，保险行业建立起新型信任关系，使得保险交易的各方不需要进行私下联系，并且每个参与者均可以维护、跟踪自己的交易数据。同样的，区块链可以改变投保人管理自身信息的方式，人们可以拥有一个储存个人全部数据与信息的数据管理平台，同时拥有对自身信息访问管理的权利，不再需要一个传统意义上的可值得信任的第三方介入管理相关信息。客户可以直接把数字身份证交给第三方认证人在区块链上进行验证，同时，客户的一些信息，如 DNA、指纹等也会存储在区块链中，用来证明他的身份，从而降低身份认证欺诈概率。在保险行业，准确的个人数据信息以及精简的数字认证可以让保险公司与客户之间建立更直接、有效的关系。

信任体系重塑后，保险业务的效率会得到较大提升，例如，投保人可以将自己的数据信息提交给保险公司，迅速获得人寿保险的报价；保险公司也可以通过验证投保人的驾驶记录数据，迅速给予投保人车险产品报价。

三、预防保险欺诈

1. 保险行业骗保现象严重

现代保险业的复杂性使得行业可见度降低，滋生出众多保险欺诈事件，尤其是再保险中。索赔从被保险人转移到保险公司和再保险公司，这是一个缓慢的、由文件驱动的过程，这就为犯罪分子创造了机会。投保人可以在不同的保险公司之间就单个同一损失提出多个索赔，保险公司也可能利用部分业务环节的不透明，通过构建虚假的保险产品进行保险欺诈，拒赔部分保险。

来自被保险人一端的保险欺诈使得保险公司每年的损失惨重,但除了保险公司利益受损外,投保人的利益也间接受到损害,主要体现为保费增加。如今,保险公司主要从公共领域和私营公司收集数据,来预测和分析欺诈活动。公共数据可用于识别先前交易中的欺诈行为模式,但由于难以在不同组织之间共享敏感信息,因此围绕共享个人身份信息的限制削弱了全行业欺诈预防的发展。

2. 区块链技术如何预防保险欺诈

引入区块链技术来预防保险欺诈,需要保险公司之间的高度协调,但从长远来看可能会给整个行业带来巨大的收益。基于区块链的反欺诈行为可以从分享欺诈性索赔开始,帮助识别不良行为。这将为保险公司带来三个主要好处:消除关于同一可保标的物的重复保险订单,或避免同一保险目标物就同一事故提出多个索赔;通过建立保险标的物的数字证书,减少保险欺诈现象,保险欺诈的减少直接导致保险公司的利润率上升,从而降低消费者的保费。

区块链技术通过完善客户信用基础设施,可以较好地识别保险欺诈行为,降低法律合规成本,预防金融犯罪的发生。区块链技术可以将客户的信息以及交易记录等一系列信息进行分布式存储,这样可以较好地帮助保险公司识别异常交易,杜绝保险欺诈。区块链存储数据的标准化可以改善数据的质量并减少被错误划分为可疑数据的数量,不可篡改的特点可以让保险机构了解客户并对欺诈行为进行辨别的过程更加流畅,提高监管效率。金融机构在对客户的信用进行评估时,可以将有长期不良交易记录客户的相关交易数据上传至区块链,此类信息会不断地更新,节省了保险公司因大量重复性工作而浪费的时间,大大提高了保险公司的运营效率。保险公司通过对区块链上异常交易数据的分析辨别,能及时发现并避免欺诈行为的发生。

例如保险行业骗保重灾区的畜牧业,养牛户为所养殖的其中某头牛投保,但当某头牛出险时,就很难判断该头牛是否为投保的牛。利用区块链技术,将投保牛的照片信息写入区块,就可以利用图片验证码的方式验证出险的牛是否为投保牛,从而更好地预防保险欺诈。

应用案例 5-1

区块链技术预防保险欺诈

由麻省理工科学家设立的 Windhover 公司运用区块链技术管理保险行业个人信息,试图建立一个不需政府参与的信任体系。该公司旨在建立一个由自己管理数字身份凭证与相关资料的平台,利用平台创新数字技术,提高隐私管控,提高审计与监管的执行力度，实现开源、包容的系统建立。Windhover 公司最终目的在于数字身份可以由个人所有，由自己掌控，独立于政府以及其他金融机构管理，便于信息用于保险行业。

中国人保利用区块链技术，建立养殖牛信息库，解决养牛保险的"唯一性"问题，该平台将牛的生物特性、DNA 信息以及所佩戴的耳标信息作为生物识别的基础，结合互联网平台，可以实现线上牛体识别。区块链技术用来记录养殖牛的信息，可以让养殖牛信息在采买、养殖、屠宰、防疫、销售等各个流程中得以追踪和识别，实现连续记录，信息全过程追踪。

第三节 商业模式的创新

区块链与保险在本质特性上存有共性，保险行业为区块链提供了天然的运用场景，区块链为解决保险行业的问题提供了技术思路，助力保险业商业模式变革。保险行业运用区块链技术，可以将客户的身份登记管理、数据的维护管理以及交易流程的管理均授权给客户，完成身份的转变。区块链技术的运用，能增强保险公司对风险的记录能力、识别准确度以及反应速度，保险公司需要做的是及时改变风险策略以及管理策略。在新的数字化时代，保险公司运用区块链技术可以不断创造出更多符合客户需求的产品，提高服务的质量，进行商业模式创新，从而获得长期战略利益。

保险商业模式变革，涉及客户关系、销售渠道、价值管理、风险管理、资产负债管理以及背后的技术支撑，是个系统工程。保险行业利用区块链技术重塑了包括用户信息管理、产品设计、定价、销售、理赔在内的保险业链条，再结合具体场景，实现商业模式的革新。保险行业应用区块链技术，可以在两个方面进行商业模式创新，一方面是技术革新带来的原有商业模式创新；另一方面是向保险企业寻求合作，创造新的商业模式。

一、区块链推动互联网保险商业模式创新

区块链可以打破传统意义上的地理界限，让不同区域之间的个体打交道。区块链＋保险可以让保险行业在空间上得以重整，不同地点的人使用同样的区块链，推动金融包容性改革的同时，也推动了互联网保险商业模式更新。互联网保险是保险公司利用互联网通信技术，来为客户提供可供选择的一系列个性化保险产品。互联网保险机构除了保险产品的销售服务外，同时提供保险的售前咨询、售中承保、售后保全以及出险理赔服务，并通过第三方机构的介入完

成相关费用的支付。与传统保险相比,互联网保险更加关注用户体验,强调平等、透明、直接、便捷、低成本和高效率。

1. 区块链技术解决互联网保险存在风险

在互联网保险业务高速成长的同时,金融风险也与日俱增,互联网的经营模式现已被业界普遍认可,但互联网模式暴露的风险也令人避之不及。这些风险都源自于互联网的信用基础和安全机制不完善,同时,还有着隐私泄露的问题。

区块链技术采用全新加密认证技术以及全网共识机制,通过构建一个完整的、分布式的、不可篡改的数据账本,让参与者能够确保资金和信息的安全。去中心化、去信任并保证所有交易数据公开、透明,这样可以更好地解决互联网保险业务中存在的风险和隐私问题,实现信息的共享。区块链技术的使用有利于保险行业构建基于客观算法的信用机制和安全体系,辅之互联网的高效性,大大降低互联网保险业务的成本。

2. 区块链技术衍生规范的 P2P/众筹保险模式

P2P/众筹保险模式是互联网保险未来的主流形式,将这类保险结合区块链技术后,保险公司将不再是风险的承担者,而是提供保险咨询服务、管理保费资金池的服务机构。保险公司的专业能力将更多地体现在供需匹配与风险计算方面,而不是当下的资产管理能力。保险公司可以提供一个保险交易市场,客户在市场中提出自己的保险需求,无论是否为标准化合约,保险公司都可以根据自己掌握的历史数据计算出一个参考保费以及承保方的预期收益率,后续想参与承保的各方可以竞标这一保单。

在区块链+P2P/众筹模式下,资金来源于投保人,保险公司可以减轻运营成本,甚至可以在建好交易平台后,将整个平台的管理权外包给其他第三方运营机构以节约时间成本和管理成本。同时,由于这一模式没有形成资金池,保险公司不需要申请合规牌照,从而也减轻了保险公司运营成本以及合规成本。

这一模式下,投保人不再需要保险公司作为第三方介入,充当组织者,保险公司也降低了运营成本以及合规成本,实现了身份的转换。整个保险行业去中心化,有利于构建透明、安全、信任的互联网保险发展生态圈,让保险公司与投保人之间可以在彼此信任的基础上,实现双方共赢。

二、区块链推动互助保险商业模式创新

互助保险也称为相互保险,是由面临着同样风险,有着同样保险需求的人自愿组织起来,保险的赔偿规则由所有的参与者共同商讨决定,每个参与者先

预交部分保障金,待后续有人遭受风险时,受难者分摊预交的保障金。

1. 互助保险发展面临的问题

当下互助保险在我国的问题逐渐显露。首先,平台骗局频现、变相经营,平台虚构假的互助保险产品进行销售,投保人出险后,得不到任何补偿,造成大量经济损失。同时,一些平台将投保人缴纳保费作为初始资金,进行投资,严重违背了互助保险不以盈利为目的的初衷,互助保险变成了非法集资。其次,平台运营不规范,会员对于会费缴纳流程以及如何申请理赔不了解,影响会员权益。再次,互助保险道德约束力不强,会员之间彼此不信任,会员只能看到平台上不断出险的消息以及不断减少的账户金额,无法核实出险消息是否准确,造成对互助保险平台的不信任。最后,保险公司在界定同质风险并确定合理的保费方面存在较大问题。在互助保险经营过程中,保险公司不以营利为目的,仅是帮助互助投保人管理风险,那么保险公司在业务操作中如何确立有效的委托代理关系以及如何行使监督权,就成了互助保险发展的难题。

2. 区块链技术完善互助保险商业模式

区块链技术之所以可以解决互助保险运营的问题,创新互助保险的商业模式在于互助保险与区块链的共识机制有着较大的契合性,保证各参与节点采用相同的标准对区块链中的信息进行管理,避免了徇私以及欺骗,这是建立保险行业信任机制的前提。区块链技术可以建立一个去中心化的信任机构,分布式账簿技术可以让全网所有节点拥有相同的数据,让会员了解会费的去向和用途,对资金用途进行监督。区块链技术信息的共享降低了互助保险的信息不对称以及逆向选择风险,交易的可追踪性降低了互助保险的道德风险,这都会在一定程度上降低互助保险的管理费用和管理难度。

3. 网络互助保险发展前景

互联网技术的发展,让互联网模式的互助平台不断涌现。保险业经营的基本原则之一是"大数法则",表明某一类风险的分散需要更多的保险参与者共同参与分担,但往往互助保险是某类风险较高的人群才愿意参加,依托互联网衍生出的网络互助平台可以借助互联网的高效性、便利性、低门槛,在短时间内拥有大量客户,较低的成本让互助保险产品灵活多样,客户依赖度逐渐攀升。但目前网络互助保险运作不透明,对客户隐私保护不足,缺乏监管,让网络互助保险利用平台骗保事件频繁发生。同时网络互助保险的效率低下,赔付流程缓慢,让客户信心不足。区块链可以较好地解决上述问题,区块链用户协议、加密技术可以有效保证客户的隐私、资金安全，保险资金的流向透明，且交易记录不可变更，可供全员监督的特点可预防骗保行为发生。

互助保险本身就是一种互助行为，引入区块链技术，就不再需要保险公司充当中间组织者，来对保险资金池进行相应投资管理。投保人完全可以实现自主互助，从而在没有资金池的情况下，更好地达到互助保险的目的。

三、自助化保险商业模式创新

传统的保险行业，无论是从保险的报价到保险的购买、从承保到出险的核保以及最后的保险赔付，以及业务各个过程的合规审查，都需要"人"的参与。这样就导致保险行业效率低下，消费者满意度较低。

在互联网保险领域，区块链技术尤其是智能合约的运用，能够使得保险合同在分布式系统下自动执行，这样极大提高了保险业务参与方的交互性。同时，大数据技术的广泛使用，可以在极大程度上丰富数据维度以及数据数量，有效淡化数据质量本身带来的问题，可以实现数据的"自验证"功能。这种自验证以及智能合约的组合应用使得保险行业可以创新"自助化"商业模式，为投保人承保风险提供自解决方案。这种商业模式的核心是构建一个自定价系统，投保人不再依赖于传统的保险中介，可以利用区块链技术，有组织地构建虚拟风险池，更直接、主动地进行管理风险。并根据智能合约执行情况，不断地调整风险模型，合理调整赔付资金池，确保风险的合理分担。

自助化保险商业模式创新，将实现保险行业各个业务环节无人操作。投保人可以通过访问区块链相应板块，了解已有的保险产品，通过对比，选择自己需要的品种，并进行保险产品的自助购买。如果投保人在已有保险产品中未找到符合自己的产品，只要投保人输入相关需要承保风险的信息，平台就可以为投保人设置独一无二的个性化保险产品。投保人在选择满意的保险产品后，可以自助签订合约并完成保险金的支付。在投保人出险时，区块链上互联网端口将会实时更新投保人事故信息，投保人无须申请理赔，也不需要保险公司批准赔偿保险金，只要智能合约上相应的理赔条件被触发，就可以在短时间内完成保险的赔付，大大缩短了赔付周期。这种无人化、全自动的自助化保险商业模式将大大提高保险行业效率，降低保险行业成本，为投保人创造新的体验，提升客户的满意度。

未来基于区块链技术的保险产品会因为智能合约的运用以及大数据搜索，自动化实现保险的投保以及后续的理赔程序，完成自助化保险商业模式创新。

> **应用案例 5-2**

自助化保险商业模式创新

2016 年 3 月,阳光保险推出基于区块链技术的"阳光贝"积分活动,该活动除了普通积分积累外,还可以通过转赠的方式,将积分发送给其他人,同年 7 月,阳光保险推出了"飞常惠"航空意外保险品种,该险种利用区块链技术,为高频率乘坐飞机的商务人士提供便利服务,该产品在阳光保险官网上购买,购买成功后,客户可以在公众号中查询到电子卡单的相关信息,包括可用次数、有效期等,该卡单可以分享给其他好友使用,只要在微信端输入投保人信息,就可以立即获得保障,基于区块链可追溯的特点,可以追踪卡单交易、流转、使用的全过程,该保险产品价值 60 元人民币,可使用 20 次,每次可获得最高 200 万元保障额度。

四、企业联盟商业模式创新

区块链是一种基于密码学和分布式共识机制来为一个特定用户群提供信任服务的底层技术,这使其非常适合在更广更深层面建立无须信任交易对象的信任机制,形成利用区块链平台服务于业务目标的联盟。

1. 保险公司技术联盟

各保险企业之间区块链联盟的创建,可以将不同保险公司的数据打通,互相参考。有利于保险公司及时发现投保人重复投保、历史索赔的信息,及时发现高风险客户,制定相应的风险管理措施。当下,保险公司的实力和技术水平参差不齐。保险企业之间的联盟,可以消除企业各自的孤立状态,帮助对区块链专业技术知识掌握程度较少的保险企业提高技术改进运用技术的能力,解决各险企之间的信息、技术和业务等的合作问题。

2. 保险行业监管联盟

保险公司也可以建立监管联盟,实现一个节点全行业监管,杜绝欺诈行为,提高风险识别能力。强调价值和协同的强关联性,使区块链带来的潜在利益让每一家保险企业受益。

3. 跨行业企业联盟

除了保险企业成立区块链联盟,不同行业的企业也可以成立区块链联盟,这样可以将不同行业的数据进行共享,从而提高保险核保的正确性与效率。例如,医疗行业与保险行业数据共享,保险公司就可以查询到投保人的就医记录与健康状况,甚至可以对其直系亲属的健康记录进行验证,在充分考虑家族病史的前提下，有效杜绝带病投保。

4. 跨国保险企业联盟

任何行业想要健康有序地发展，必须要有明确的行业规则和标准。保险行业引入区块链技术，亟须一套完备的、被所有保险业务参与方认可并接受的行业准则。只有通过成立国际保险企业联盟，推出国家层面最高行业规范标准，才能被所有参与者接受。同时，可以成立国际企业投资联盟和监管联盟，保险企业可以创造新的价值，从跨国资产投资管理中获利。

保险公司成立企业联盟，可以提高数据的可得性、降低运营成本、提高风险监控与识别能力、促进技术升级、提高客户依存度、创造新的业务增长点。

应用案例 5-3

企业联盟商业模式创新

2016 年 10 月成立的区块链全球保险行业联盟（B3i），主要发起人为安联保险、瑞士再保险、荷兰人寿、苏黎世保险、慕尼黑再保险集团，该联盟现已有 15 家保险集团加入，该联盟主要是探索区块链技术在保险行业应用的具体场景；制定保险行业国际通行标准；配合跨国监管。Paul Meeusen 表示，B3i 平台运营效率高、平台风险低，预计可以提高约 30% 的交易效率，降低约 30% 的交易成本。

友邦保险、美国大都会人寿等保险公司加入 R3 联盟，主要探索利用区块链技术简化保险业务流程，例如，保费收取与管理、业务管理等。

第四节　智能合约的运用

智能合约并非源自于区块链技术，但是两者之间有着较大的契合度。区块链非对称加密技术的引入以及信息可编辑的特征使得合约可以智能化。智能合约基于区块链的信任链以及数据不可篡改特点，也可以自动执行事先设定好的程序、条款。

智能合约是能够自动识别、执行合约条款并完成交付的计算机程序。目前，智能合约主要运用于执行既定条款，但不能自动完成支付任务，与区块链技术结合后，智能合约变成了区块链上一段代码，能够对外界特定的信息做出反应，实现预先设定好的功能。同时，两者的结合使得智能合约与电子货币产生联系，从而实现资产与支付功能。

保险公司在运用区块链技术的同时，引入智能合约，可以极大程度简化客户投保以及理赔的效率。机器自动化的运行程序,避免了各个环节人为操作的烦琐流程与操作误差,保险合同各方参与者可以同时进行操作,并互相监督,提高了操作效率,也杜绝了违规操作的可能性。

一、保险业智能合约运行原理

智能合约可以提高保险服务的透明度,代替中介在保险业务流程中发挥的作用。保险行业通过引入智能合约,可以将资产以及资金冻结在区块链上,在某个条件下,当检验的理赔条件成立时,合约被触发,智能合约的程序代码开始自动运行,完成保险金的自动赔付。

保险行业的智能合约应包含五大要素:合约发起人、合约购买人、赔付需满足的条件、赔付金额数量及保险金数量。智能合约在保险行业运行主要分成两部分:第一部分是合约的购买过程;第二部分是合约的执行过程。

(一)合约购买阶段

智能保险合约购买流程如图 5-2 所示。

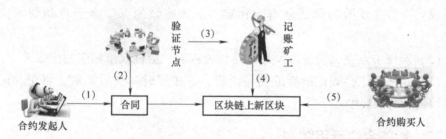

图 5-2 保险业智能合约购买阶段运行原理

(1)合约发起人在合约模板中填入合约要素,生成完整的保险智能合同,并向验证方缴纳一定的保险金、手续费。

(2)验证节点对合约发起人的赔付能力进行检验,确保合约发起人有足够的资金对所销售保险产品进行赔付,检验通过后,锁定合约发起人的保险赔付金。

(3)验证节点完成验证且验证通过后,会授权给相应的记账矿工。

(4)记账矿工会将保险合同固化,并记录在区块链新的区块中。

(5)合约潜在购买方会通过访问相应的区块,查看保险合同,核实合约发起人的赔付能力,并购买符合自己需求的保险产品,并缴纳保险金,买方缴纳的保险金同样被锁定在账户内。

(二)合约执行阶段

智能保险合约执行流程如图 5-3 所示。

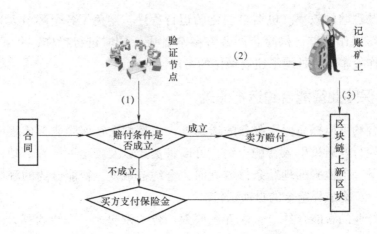

图 5-3 保险业智能合约执行阶段运行原理

（1）验证节点根据可保利益的状态，判断保险合同的赔付条件是否成立，如果赔付条件成立，系统会按照预先设定的赔付金额，将卖方预缴的保证金自动打入买方账户，同时，买方冻结的保险金会自动划入卖方账户；如果赔付条件不成立，卖方预缴的保证金解除锁定，买方冻结的保险金会自动划入卖方账户。

（2）验证节点完成验证以及后续赔付流程后，会授权给相应的记账矿工。

（3）记账矿工会固化所有的交易流程，并按照时间先后顺利，将交易记录在区块链新的区块中。

二、智能合约运用实例

（一）航空延误险运用场景

将航空延误险的智能合约结合到区块链技术中，接入航空公司互联网端口或是机场端口，这样就可以迅速获得公开可靠的数据信息。如果航班延误发生，互联网端口的区块链就会记录下这一事实，并且不可篡改。此时，智能合约会自动判断航班是否延误以及延误的程度，从而触发自动理赔并完成支付。航空延误险的智能合约可以按照延误程度设置梯度赔付金额，这种自动化运行机制可以大幅提高理赔的效率，降低理赔成本，提高客户的满意度。

（二）车险运用场景

将车险的智能合约与区块链相结合，接入互联网端口与车辆行驶系统端口，便可以迅速获取目标车辆的行驶信息以及车体磨损状况。当交通事故发生后，智能合约通过辨别车体磨损程度自动触发理赔行为。另外，为了避免投保人选择较好的修车厂造成的费用超支,车险的智能合约可指定具体的维修地点,避免理赔费用超支的行为。

(三)农作物保险运用场景

将农作物保险的智能合约与区块链相结合,实际上是创建一个金融衍生品农作物保险合约。种植农作物的农民只需要根据种植品种的喜雨性,来购买降水量的反向赔付保险。例如,种植水稻的农民希望下雨,那他可以买干旱险,当遇到干旱,农民会收到赔付金,当雨量充足时,农民收成会变好,不需获得赔付。这就需要在区块链中接入天气数据端口,如实获得天气数据信息,一旦降水量触发事先约定的智能合约条款,就可以自动完成赔付。

除了航空延误险、车险、农作物保险之外,区块链的智能合约技术还可以应用于汽车租赁险、旅游险、智能家庭财产险、医疗保险等多种保险场景中。

应用案例 5-4

智能合约运用实例

谷歌员工费里德伯格 2007 年创建了意外天气保险公司(Climate Corporation),为投保人提供自助天气保险服务。投保人可以登录公司网站,选择在一定时间内,需要承保的天气情况:如温度、雨雪、风暴等。投保人下单后,公司会在 200 毫秒内分析天气预报,并结合 30 年来国家气象局数据为客户提供保险产品,并出示保费价格表。一旦投保人遭受到投保天气造成的损失,无须中介审核,也无须投保人提供受损证明,系统会根据气象站的观测数据自动完成赔付。

法国保险巨头安盛保险在 2017 年推出了自动航班延误保险平台 Fizzy,被称为可以实现 100% 自动化、100% 安全的平台。该平台利用以太坊公有区块链技术记录保险产品从开始购买的一系列信息,平台从全球空中交通数据库中获取航班数据。当航班延误超过 2 个小时,赔偿机制将会自动执行,赔付金会直接发送投保人的"信用卡"账户中,整个过程独立于安盛保险。

【本章小结】

区块链作为保险行业的一种底层技术,将助力保险行业信用基础设施完善。区块链技术在保险领域的应用具有信息安全、真实透明、交易数据可追溯、理赔流程清晰、运营成本低等优点,不仅有助于减少保险欺诈、实现保险业务流程自动化,也将带动保险行业完成技术改革以及商业模式的转变,设计出更加符合客户需求的产品,实现价值创造。

但当下区块链技术尚不成熟,保险行业对于区块链技术的研究大多还停留在理论研究阶段,成熟技术大范围应用还需要时间,因此,保险行业应积极寻求技术合作,为区块链技术做好顶层设计,不断尝试运用区块链技术解决保险行业业务痛点。

【关键词】

重塑信任体系;预防保险欺诈;商业模式创新;企业联盟;智能合约运用

【思考题】

1. 当下保险行业经营面临哪些问题?
2. 区块链技术如何颠覆保险行业?
3. 区块链技术如何重塑保险行业信任体系?
4. 区块链技术如何预防保险欺诈?
5. 区块链技术将从哪些方面革新保险行业商业模式?
6. 智能合约引入保险行业有哪些作用?
7. 试阐述保险行业智能合约购买流程。
8. 试阐述保险行业智能合约执行流程。

【案例分析】

Insurwave 航运保险区块链平台

背景介绍

航运保险在保险业务中占据着重要的地位,当下的航运业务较为复杂,各式各样的文件准备时间较长、审核流程复杂,需要消耗大量的人力、财力成本,也严重影响了航运的速度和效率,尤其是在信息的交流上存在过长的等待,跨国贸易可能会因冗杂的航运流程面临较大损失。跨国航运业务的复杂性导致了当下航运保险的复杂,当下航运保险需要将所有纸质合同从一个港口运送到下一个港口,供审核后签署。航运行业面临着产能过剩、成本较高的问题,在保险索赔过程中,需要处理大量的文书工作,面临着沉重的行政负担。所有的合同都必须经过多次多方签署,从船到船、港到港,历时较长。

面临的挑战、痛点

区块链本身是一个账本,可以记录从开始到最后的全部交易记录,并且这个账本是供所有参与者查阅的。账本的存储与计算都依赖"云"来完成,但云存储与云计算在信任和安全问题方面有很大的争议,假冒、伪造与变造电子签名、木马或病毒损毁等影响着云计算的信任与安全。

项目的主要内容

安永会计师事务所与区块链技术公司 Guardtime 联合宣布创建基于微软 Azure 云技术打造的区块链航运保险平台保险浪潮(Insurwave),这是全球第一个保险行业区块链平台,平台于 2018 年 5 月正式投入商用,该平台参与者有丹麦航运巨头马士基集团(Maersk)、微软、美国保险标准协会、MS 阿姆林保险、信利保险、韦莱韬悦咨询机构等。

平台旨在实现航运保险生态中任意一方都可以利用分布式记账技术记录包含客户信息、风险敞口、保险合同、航运的相关信息,并在需要时自动进行保险交易。该平台首次将保险客户、保险经纪、保险公司以及第三方机构通过分布式分类账户相连,依据微软 Azure 云计算服务,将以上保险生态链中的主体进行分类,统一整理和规划。

平台运行初始阶段,将会充分发挥区块链的优势,为航运保险业的"端到端"各项工作提供便利。Insurwave 平台旨在简化跨国航运审批流程,提高审批运输效率,平台引入智能合约的设计,可以迅速实现损失的自动赔付,保险交易的自动完成,从而便于提高行业的透明度。平台记录参与方的各项信息,保护资产安全,迅速提供保险产品定价,及时接收并验证客户通知和损失数据信息,并将信息与保险合同相关联,迅速做出回应,自动进行保险赔付。该案例已被 WTO 于 2018 年收录到 Can Bolckchain Revolutionize International Trade? 一书中。

项目中的技术点、创新点

航运保险生态链较为复杂往往涉及跨国业务。由于参与方众多导致信息传输需时较久、各类文件和复印件繁多、交易量大、对账困难。这些业务特性均可能导致数据透明度降低加大合规与精准风险敞口管理的难度。区块链技术的应用在提高保险公司运营效率和风险管控水平、减少成本、改善用户体验方面具有巨大潜力。

项目的经济效益

保险公司可以利用区块链平台提高数据透明度、减少手动数据输入、降低对账难度及行政成本以提高效率、增加利润。据 2017 年奥纬咨询的报告预测,保险公司利用区块链技术缩减结算周期,每年可以节省 100 亿~200 亿美元。

第六章

区块链技术在证券业的应用

【学习目标】

1. 熟悉证券登记业务的发展历程；
2. 掌握我国证券登记结算公司登记服务种类；
3. 熟悉区块链技术如何变革证券登记业务；
4. 熟悉现行证券结算流程；
5. 了解当下证券结算流程的弊端；
6. 熟悉区块链技术运用在证券结算流程的优势与局限；
7. 了解证券结算风险；
8. 掌握区块链技术如何化解证券结算风险。

【导入案例】

纳斯达克证券交易的区块链应用[一]

2015年12月30日，纳斯达克宣布通过其基于区块链的Linq平台完成了首个证券交易。纳斯达克表示，Linq区块链账本已经把股票发行给一位不愿意透露姓名的私人投资者，通过去中心化账本证明了股份交易的可行性，而不再需要任何第三方中介或者清算。纳斯达克首席执行官格雷菲尔德表示："利用区块链技术，让管理传统实体证券转变成纯粹数字的方式。一旦不再需要传统世界中的繁文缛节，那么从区块链技术中受益的将不仅仅是我们的客户，而是更加广阔的全球资本市场。"这个最初的区块链应用将会让传统烦琐的管理变得更加现代化、更加有序和更加安全。相对于传统人工保存台账的方式，区块链有助

[一] 水心. 区块链在国外不同领域的应用案例 [J]. 光彩，2017（9）：34-36.

于减少交易结算时间,还能够确保交易网络之间资金传输变得更快。

问题: 区块链给证券交易带来的改变有哪些?

第一节　降低证券登记业务成本

证券登记业务由证券发行人发起,主要目的是建立证券购买人名册,记录证券变更信息,是一个证明证券持有人相应权利的数据信息簿,也是证券持有人保障合法权益的重要凭证,更是规范证券发行和交易过户的关键。证券发行人会依据持有名册信息,进行后续的分红、配股、派利等,证券持有人也可以凭借名册信息,向证券发行人要求行使证券所有者权力。

证券登记业务的发起人,除了上市公司证券发行人主体外,还包括非上市以及拟上市公司证券发行人。证券登记业务主要涉及三大类服务:股东名册相关服务、权益的派发与配股相关服务、信息披露义务人查询业务。如果按照证券不同交易环节将证券登记服务进行分类,可分为初始证券登记、变更证券登记、证券退出登记以及其他需要登记的交易环节。

一、证券登记业务发展历史

1. 证券登记纸质凭证

在各国证券市场发展初期,投资者在购买证券后,会获得记录证券持有人姓名、购买数量、票面利率、到期日等信息的纸质材料,股票也是通过发行纸质股票来证明股票所有者权益。在纸质证券凭证阶段,证券交易的双方按照市场的价格当面互换证券和货币,证券发行人需要较长的时间核实证券交易的真实性,并准确记录每一笔发生的证券交易,这就导致证券登记业务速度慢、效率低、成本高。后来,托管业务的出现,让证券发行人把证券登记工作交由证券公司代为处理,证券公司主要利用手工输入的方式来记录纸质证券的相关信息。

随着证券市场的不断发展,越来越多的公司上市,利用证券进行融资来满足日常经营的资金需要,证券交易量的激增让证券公司面临大量的数据核对、整理工作,纸质证券的交易以及手工记账方式漏洞百出,增加了证券发行人以及投资者的成本,严重阻碍了证券市场的发展。

2. 证券登记业务无纸化变革

1968年美国开始爆发纸上作业危机,交易量的激增积压了大量交易委托单、办理过户手续的文件,为了解决这一问题,纽交所决定每周三休市,并且缩短每日交易时间来保证证券交易所有充足的时间处理积压文件。之后,美国设立了中央证券存管机构,这是一家提供存管服务的机构。电子记账簿简化了手工记账的过户程序,优化了纸质证券登记的烦琐流程。证券公司将投资者交付的证券统一交给存款机构,由后者进行相关权益事务,证券得以集中管理,不再需要任何物理上的证券移动,存管机构会定期对证券持有人电子账本进行更新,证券登记业务实现了无纸化与集中化管理。

3. 中国证券登记结算有限责任公司成立

证券登记业务需要交付给具备公信力的权威机构,在中心化的证券体系中,登记业务需要实现中心化操作管理。作为我国的登记机构——中国证券登记结算有限责任公司于 2001 年 3 月 30 日经中国证券监督管理委员会(以下简称"证监会")批准成立,该公司不以营利为目的,总部在北京,在深圳和上海均设立分公司。2001 年 10 月 1 日起,上海、深圳两家证券交易所的登记结算业务全部结转至中国证券登记结算有限责任公司,全国统一的证券登记结算体系已初步构建。

我国证券登记结算公司登记业务分为三类:初始登记、变更登记、退出登记。具体业务明细如图 6-1 所示。

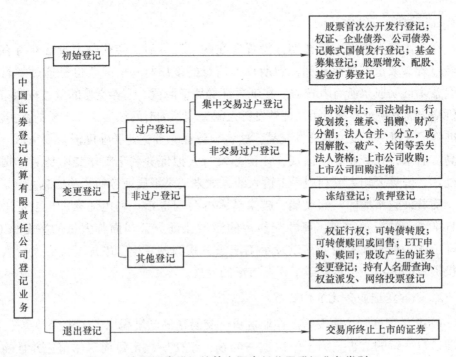

图 6-1 中国证券登记结算有限责任公司登记业务类别

二、区块链技术变革证券登记业务

1. 维护中央登记机构公信力

想要将证券登记业务整合在一个平台上,需要具有社会公信力的中央机构来完成这个任务,设立专门不以营利为目的中央证券登记机构是一个不错的选择,但成立该机构需要政府下拨财政资金,并提供义务服务,大量财政资金的拨付可能会给国库带来压力。区块链技术的共识机制使得全网节点形成去中心化的机器信任,参与者之间彼此信任,登记业务的集中有序处理就不再需要传统中央登记机构的公信力,区块链技术将取代中央登记机构的作用,也可以减少政府为了维持中央登记机构正常运转导致的财政资金支出压力。

2. 简化证券登记业务流程降低成本

当下,证券登记业务虽然已经交由专门的证券登记机构进行无纸化登记操作,但只是将证券纸质凭证电子化,整个登记业务流程电子化,但相应的登记业务流程并未简化。在证券发起人委托证券登记机构办理相关业务时,需要双方签订登记服务协议来明确双方权利、义务。证券登记业务实行证券登记申请人的申报制,登记申请人需要向登记结构提供申请材料,登记机构在核实登记材料真实、准确、完整后,才可登记,只有登记机构对持有人名册更新后,证券新买方才成为证券合法持有人。另外,对于涉及国有股、国有法人股的证券登记业务,需要提供国有资产监管部门的相应批准文件;对于向外国战略投资者发行股份的登记业务,需要提供商务部的相关批准文件;申报或变更的持有人中类别标识涉及国有股东的,需提供国有资产监管部门出具的国有股东标识加设或变更文件;对于登记机构不具备存管业务的,还需要股东自行选择托管机构。

由此看来,目前登记业务还存在着较大的问题,签署合同、准备申报材料、材料审核、相关权威部门的批准文件,都需要耗费登记机构与证券持有人大量的时间、精力,导致登记业务成本较高。区块链技术可以解决登记业务成本高的问题,在区块链平台上,任何资产信息都可以实现数字化,实现无纸化以及非移动交收,分布式账簿让每个参与节点都会有自己的一份完整账簿,数据的不可篡改性以及可追溯性可以真实地反应每个参与节点的真实情况,不再需要权威机构的证明材料以及批准材料,共识机制以及数据全网可编辑特点可以让证券交易信息实时更新,保证数据的真实性与一致性,也保障了证券持有人权益。全网监督可以简化文件审核时间,快速、自动记录更新信息可以降低人工操作成本,区块链技术变革了证券登记业务,较好地降低了登记业务成本。

3. 保障证券登记业务安全连续

登记结算公司的登记系统,一旦遭受攻击或出现故障,就会导致全部登记业务暂停、网络瘫痪和信息泄露。区块链技术采用分布式节点参与的方式,并利用高性能的服务器作为点对点网络的支撑,所有的登记信息被存储在一串使用密码学方法产生的数据块中,可以有效保障信息的安全,平台整体运作并不会因为部分节点遭受到攻击而陷入瘫痪,除非黑客攻击超过全平台51%的节点,但这一攻击成本较高,并且攻击成本会随着参与节点不断增多而攀升。

应用案例 6-1

区块链技术变革证券登记业务

首次将区块链技术用于证券行业的是美国的零售巨头 Overstock 公司,2015年6月,该公司利用区块链技术发行了价值2500万美元电子公司债,同年8月,该公司推出基于私募、公募股权的区块链交易平台,该平台主要服务于市值超过10亿美元且未申请上市的公司,该平台利用彩色币技术来追踪证券的流向,更好地登记证券信息。

三、私募证券登记业务电子化

1. 私募证券纸质化流通现状

私募证券发行时,往往需要相应的纸质协议、资产证明或者纸质证券来证明证券购买者所有权,它们是维护证券持有人权益的重要凭证。纸质凭证的流转登记给相关登记机构带来了较大的困扰,登记需要大量时间、人力核实流转信息的真实性并及时完成私募证券相关登记工作。纸质文件严重阻碍了私募证券的交易流通,从公募证券交易登记相关业务由纸质材料向无纸化电子账簿发展的历史看,私募证券发行、交易、登记业务电子化是一种必然趋势,但当下之所以私募证券发行还停留在纸质化阶段,是由于技术的局限性。

2. 区块链技术实现私募证券登记电子化

区块链技术可以在保证证券流通规则不改变的情况下,实现私募证券电子化登记、流通。区块链的分布式账本功能可以准确无误地将私募证券交易信息记录在区块链区块上,时间戳的特点保证了交易的可追溯性,不可篡改的特点也保证了私募交易信息的真实可靠。区块链技术实际上是建立一种不依靠第三方公正机构的机器信任新模式。区块链上记录的相关数据信息可以作为私募证券的电子凭证,交易信息的全网可编辑、全网监督特点可以提高私募证券交易效率。区块链技术可以真正实现私募证券登记电子化,只要私募证券在流转,区块链上就会形成新的区块,记录这一交易流程,变更私募证券持有人信息,实现登记业务自动化、电子化。

3. 私募证券登记电子化有利于实现行业规范

私募证券登记业务电子化会使得私募证券登记业务趋于规范化。当下,并没有成熟的法规条例来对私募证券持有人名册形式、内容进行规范,私募证券发行人可以以自己想要的任何形式对持有人名册进行创建、管理,私募证券登记业务形式多样,一些股票发行企业提供的股权证不合规,甚至有用财务数据进行代替的现象,股票超量、超范围发行事件频发,为黑市交易提供了机会,相关部门较难管理,也影响了交易双方对私募证券做出正确的判断。区块链技术的共识机制让全网所有参与节点有着相同的共识,私募证券在区块链上记录的信息款项相同,有利于私募证券登记业务进一步规范化。私募证券通过区块链技术实现电子化之后,除了记录私募证券持有人名册外,还可以记录发债主体的员工持股、公众持股、股权众筹各种股权信息,使得公司证券管理更完备、更规范。同时数据信息的公开性、透明性保证了证券购买人的知情权,使争议最小化,促进私募证券市场健康发展。

应用案例 6-2

私募证券登记业务电子化

2016 年 1 月,纳斯达克在拉斯维加斯 Money20/20 会议上与区块链技术企业 Chain 联合发布私募股权交易平台 Linq,想要发行股票的企业,可自行登录 Linq 平台发行股票,投资者也可登录该平台进行股票购买。该平台一方面简化了股票发行企业材料审核流程,让企业能在较短时间内融资;另一方面,企业相关信息公开透明,可供全网点监督核验,股票购买者可查看发股企业历史信息,自行购买股票。该平台减少了内幕交易,实现了私募证券登记业务电子化、自动化。

管理着 780 亿美元私募股权资产的全球资管巨头北方信托与 IBM 公司合作建立了一个私募股权区块链平台,为一家瑞士资产管理公司 Unigestion 提供服务。当下,基于企业级版本的 Hyperledger Fabric 正在运行,IBM 公司主要负责平台的硬件安全。北方信托又于 2018 年 3 月与普华永道合作推出了一款新工具,可以使得私募股权基金的审计人员快速访问区块链上储存的私人数据。

第二节　简化证券结算流程

证券结算在整个证券交易流程中一般被称为后台环节，是交易完成后证券和资金正确转移的过程。现行证券结算机制中，引入中央对手方直接或间接地参与买卖双方的市场交易之中，通过实施多边净额担保结算，显著降低了证券市场的交收风险。这套中心化的交易结算体系在资本市场发展过程中为提高市场效率、降低系统性风险发挥了重要的作用。随着市场发展，进一步提高交易完成的效率、降低交易成本的呼声日益高涨。区块链技术的出现，使得去信任机制可以省去第三方中介（即中央对手方），从而提高资本市场运作效率，尤其是交易结算效率。本节从介绍传统结算流程入手，就区块链技术在证券结算流程中的应用展开讨论，分析区块链技术可能给证券结算带来的改变。

一、证券结算流程

（一）现行证券结算流程

证券结算可以划分为清算和交收两个主要环节。清算是证券交易所按照清算交易规则计算交易各方的证券和资金的应收、应付数额的行为，属于"算账"环节。交收是指根据清算结果，按照先前约定的时间转移证券和资金以履行合约的行为，属于"结账"环节。按照证券结算过程进行的先后顺序，可以将证券结算过程进一步划分为交易数据接收、清算、发送清算结果、结算参与人组织证券或资金以备交收、证券交收和资金交收、发送交收结果、结算参与人划回款项、交收违约处理八个步骤。如图6-2所示。

深圳证券交易所和上海证券交易所都遵循以上的交易流程和原则，但是具体实施过程中又有各自的特点。在上海证券交易所，两级结算实际上是由中国证券登记结算有限责任公司上海分公司集中一次性进行的，结算公司直接完成证券在投资者之间的转移；而在深圳证券交易所，在由中国证券登记结算有限责任公司深圳分公司集中进行证券结算的同时，由证券商进行与投资者之间的结算，之后通过两级结算来完成证券在投资者之间转移。

香港证券交易所，相较于深圳证券交易所、上海证券交易所拥有更加完善的交易体系，在证券结算时也遵循以上流程。

（二）证券结算原则

证券结算遵循净额清算、中央对手方、分级结算和货银对付四个基本原则。

第六章 区块链技术在证券业的应用

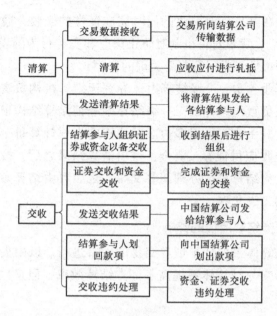

图 6-2 证券结算流程图

我国证券市场在实践中形成了基于这四个原则的结算体系。

净额清算又称差额清算，是指在一定时期内，不按照逐笔交易的发生额而是按照收支轧差后的净额来进行支付的行为，可分为双边净额清算和多边净额清算。目前的证券交易多采用多边净额清算方式，在一个清算期中，将某一结算参与人所有达成交易的应收、应付证券或资金进行轧差，计算出该结算参与人相对于所有交收对手方累计的应收、应付证券或资金的净额。这种结算方法可以简化操作手续，减少资金在结算环节中的占用。

中央对手方（Central Counter Party，CCP）是指在结算过程中，介入交易双方的交易关系中，同时作为所有买方和卖方的交易对手，并保证交收顺利完成的主体，一般由结算机构充当。

分级结算是证券登记结算机构与结算参与人之间进行一级结算，结算参与人与投资者之间进行二级结算。具体而言，证券登记结算机构负责办理证券登记结算机构与结算参与人之间的集中清算交收；结算参与人负责办理结算参与人与客户之间的清算交收⊖。分级结算制度减少了登记结算机构直接面对交收对手方，提高了结算效率，也有利于结算机构控制交收违约的风险。

货银对付（Delivery Versus Payment，DVP）指的是将证券交收和资金交收联

⊖ 中国证券监督管理委员会，《证券登记结算管理办法》，2018 年 8 月修正。

系起来的机制，指在办理资金交收的同时完成证券的交收，通俗地说就是"一手交钱，一手交货"。货银对付机制对防止买空和卖空行为的发生，维护交易双方正当权益，保护市场正常运行起着关键的作用。

在具体的结算业务中，一级结算由证券登记结算机构负责组织完成，二级结算由结算参与人负责组织完成。一级结算中登记结算结构根据业务规则作为结算参与人的中央对手方，采用多边净额清算的方式计算每个结算参与人与中央对手方累计的应收应付证券、资金，得出清算结果之后，按照货银对付的原则，以结算参与人为结算单位办理清算交收。之后再由结算参与人完成与客户之间证券和资金的二级交收。

（三）现行证券结算流程的弊端

现行的证券结算体系保证了证券交易的正常进行。以中央对手方制度为核心的中心化的证券交易结算体系提高了证券结算效率，但是也存在一些有待解决的问题。

1. 信用风险

中央对手方制度将所有结算参与人所面临的信用风险集中转移到了充当中央对手方的登记结算机构身上，在这种情况下，风险并没有得到消除或者降低，仅仅发生了转移。在实际交易中，如果交易的一方违约，不能按照约定按时足额交付资金或者证券，证券登记结算机构作为中央对手方仍然要向交易履约的一方履行应付证券或资金交收义务。在这样的制度下，一旦出现大量结算参与人违约的情况，证券登记结算机构为了维持市场交易的稳定需要垫付大量的证券和资金。若是作为整个交易核心的证券登记结算机构出现流动性风险，会引发更大的连锁反应，整个证券交易系统会面临崩溃的风险，对整个金融体系和社会经济都造成巨大的负面影响。

2. 中心化的系统带来的隐患

中央对手方的制度实际上构建了一套高度中心化的交易体系，在提高了交易效率的同时也带来了和很多中心化系统相似的风险。由于所有结算参与人的交易都要经由中央对手方才能完成，整个交易体系形成了对于证券登记结算机构交易系统的依赖。证券登记结算机构所指定的结算银行出现资金问题会使得货银对付无法实现；对于中心化的网络系统，对中心节点的网络攻击会影响到整个交易账本的安全；此外，在交易高峰期，证券登记结算系统出现系统故障，受到物理冲击，甚至出现人为操作失误等意外情况，也都会影响证券结算业务的正常进行。

3. 中间交易环节成本高

传统证券交易需要经过证券交易所、登记机构、托管银行、证券经纪商（证券公司）和结算机构才能完成，涉及跨境交易时，还会经过国际中央证券存管机构。专业化细分使得市场参与各方收获分工收益的同时，也造成市场交易结算业务中间环节多、业务流程长、处理成本高。原因在于证券的交易和结算需要以上这些机构的分工协作才能完成，但是现实生活中不同机构系统之间兼容性低、处理方式各异，会造成整个流程效率低、成本高。以美国股票市场为例，美国股票市场交易结束后结算流程涉及的参与方包括买卖双方的经纪商（相当于中国的证券公司）、托管银行、交易所以及负责交易结算的美国存管信托和结算公司（Depository Trust & Clearing Corporation，DTCC），从交易指令发出到结算结束需要 T+3 天的时间。同时中央结算机构出于防控系统性风险的需要，对结算参与人提出保证金的要求，又造成了市场参与者的资金占用，这无疑也增加了整个交易的成本。

二、区块链技术在证券结算流程的应用

前面的章节中已经讲到，区块链技术通过将点对点网络、非对称加密、共识机制等多种技术结合在一起，将自身打造为一台精密的"信任机器"。通过应用区块链技术，可以在没有中介机构的情况下，实现互不相识的证券交易双方的信任，这种去中介信任技术为解决由中心化的交易系统引发的一系列问题提供了一个充满发展前景的解决方案。

（一）区块链技术应用于证券结算

区块链技术以其去中心化、数据加密共享、公开透明、可追溯且不可篡改的特征，辅之智能合约技术，能够有效弥补目前证券结算领域的不足。

在信任建立机制上，区块链技术通过电子签名等技术来确认不同结算参与者的身份，利用自身技术搭建分布式的结构和结算参与者的共识机制，形成不同结算参与者作为节点共同参与维护的分布式数据库系统，以此实现互不相识交易各方之间的信任；在减少交易环节上，区块链技术通过将不同的交易合约转化成智能合约，在符合交易条件时，自动完成资金和证券的划转。证券清算业务和智能合约技术的结合，可以实现点对点的实时交易，大幅缩减结算所需时间，极大地提高结算流程的效率；交易完成后，系统将交易信息广播到各个节点，信息由系统自动公布，最大程度保证了信息的公开透明，减少了由于信息流转效率低而造成的信息不对称问题。区块链技术使得整个结算流程以一种

高度自动化的形式进行，最大程度减少人工操作带来的差错，提高了系统运行的稳定性。

（二）区块链技术应用于证券结算的优势

区块链技术在结算领域的应用优势，主要表现在以下几个方面。

1. 降低数据管理成本和协调成本

在区块链支撑的结算系统中，所有的交易信息通过系统进行实时广播，每一个参与的节点都可以同步更新最新的总账本。这样一来，区块链技术不但实现了价值在全体交易参与者之间的自由流动，减少了各个参与主体之间由于系统不兼容而带来的交易数据协调的需求；还使得集中维护数据这一中心化的交易体系失去必要性。这些改变可以大幅度降低证券交易成本，提高结算效率。

2. 自动清算并结算

区块链技术通过和智能合约技术结合，后台的大多数交易流程都可以实现操作自动化，省去了传统结算流程中的确认和对账环节，交易更加便捷。当一笔交易完成并且被录入已经形成的区块中，经由共识机制确认之后就无法更改。随后智能合约根据交易条件是否满足来决定是否执行交易，一旦所有条件都满足，资金和证券等交易标的便会按照合约制定的数额进行自动划转。清算和结算流程均在算法的控制下精确地、自动地执行。

3. 灵活的结算时间

在我国现行的证券交易中，A 股和 B 股都实行 T+1 的交收周期。这种交易模式下，最好的情况，证券参与者的证券和资金也要一个完整的工作日之后才能到账。在美国等境外交易市场进行的交易，甚至需要两个工作日或者更久。在以中央对手方为核心实施的多边净额清算体系中，要想实现 T+0 这样接近实时结算的交收，就需要证券结算机构预先进行大量资金和证券的准备，这对流动性管理提出了很高的要求。区块链技术的点对点网络省去了中央对手方作为第三方中介，也无须事先储备现金或者证券，交易参与方直接进行交易，极大地提高了交易的时间灵活性。

4. 安全性增强

区块链技术可以从三个维度上提高证券交易的安全性。

首先，区块链技术降低了证券交易中的单方面违约风险。中央对手方交易体系中，中央对手方承担了所有交易对手的信用风险。在区块链交易体系中，证券和资金可以实现真正意义上的"货银对付"，或者交易完成——证券和资金同时划转，或者交易失败——证券和资金都不进行划转，单方面的违约情况得到了很好的遏制。不仅如此，公钥和私钥确保所有的交易记录都无法伪造，幌骗①和裸卖空②等违法证券交易行为也得以避免。

其次，区块链技术可以提高交易的透明度，从而间接增强交易安全。区块链记录的每一笔交易都是实际进行的交易，同时由时间戳记录交易的先后顺序，保证了证券交易记录不可篡改，对于所有的资金和证券的流向均可追溯源头。整个交易账本的公开透明可追溯，为监管机构进行监管提供了极大的便利，因此也提高了交易安全。

最后，区块链上每一个节点都拥有一份完整的交易账本，构成了分布式的数据库，有效提高了系统承受单点攻击的能力。一方面，要想篡改账本必须具有全网51%以上的算力，提高了网络攻击者的门槛；另一方面，每一个参与的节点都有完整的交易记录，可以更快恢复交易数据。

（三）区块链技术应用于证券结算的局限性

区块链技术应用于证券结算可以给证券结算带来根本上的变革，但是从设想到成熟的技术落地往往需要很长的发展阶段。证券结算是金融行业一个核心的业务内容，只有成熟的、经受实践多次检验的技术才能得以采用。区块链技术在大规模投入商用之前，需要解决以下几个问题：

1. 技术发展滞后带来的成本增加

虽然数据库技术、哈希算法、共识机制、工作量证明等区块链基础技术早已存在，但区块链技术的发展仍处在初级阶段，实际应用方面仍面临着多种需要攻克的技术瓶颈。实际证券交易中每天的交易量十分巨大，然而区块链中每个区块的容量限制了一个区块上记录的可交易笔数，为了记录所有的交易记录就需要产生更多的区块。但是每产生一个区块都需要占用一定的存储空间并且耗费大量时间，从而提高交易成本并且降低交易效率；如果扩大区块容量来达到记录较多交易记录的目的，最终整个区块链账本所占空间会非常大，带来额外的数据存储成本。

2. 通信延时问题

区块链技术的另一技术瓶颈是通信延时问题。区块链采用网络广播的方式

---

① "幌骗"是一个金融术语，是指在股票市场或者期货市场交易中虚假报价再撤单的一种行为；即先下单，随后再取消订单，借此影响股价。

② "裸卖空"（Naked Short Selling），是指投资者没有借入股票而直接在市场上卖出根本不存在的股票，在股价进一步下跌时再买回股票获得利润的投资手法。

发布交易信息,4G 技术下交易信息发送至全部节点需要耗费一定时间,节点会随着平台参与人的增多不断增加。当网络使用率较高且带宽资源紧张时容易出现信息传输阻塞,导致交易信息不能及时地传递到结算参与人。

3. 监管风险

区块链在越来越多的金融场景落地,逐渐从小规模的前沿探索走向大规模的商业化应用。带来便利的同时,也给现有制度和法规带来了全新的挑战。法律法规有着固有的滞后属性,关于金融资产在区块链登记、结算等流程中结算参与各方所拥有的权力以及需要履行的义务,现有的法律并未明确规定。要想健康茁壮的成长,区块链技术需要从法律监管的灰色区域走出来,接受更全面的监管。

综上所述,可以将区块链技术应用于证券结算之后的区块链结算系统和当前未应用区块链技术的结算系统做一个对比,如表 6-1 所示。

表 6-1　现行结算系统与区块链技术结算系统的比较

不同点	现行结算系统	区块链结算系统
数据存储方式	集中式;存储于各金融中介系统	分布式;多份副本存储于结算参与方
数据一致性	各自保存自有数据;后台调整	数据同时更新;自动保持一致
证券持有方式	间接持有	直接持有
结算机制	中央对手方	智能合约
结算周期	T+1,T+2,T+3	近乎实时结算
数据管理	独立的数据库管理系统	由有权限的节点维护
透明度	仅特定机构可见部分交易记录	可追溯券款历史记录

应用案例 6-3

区块链技术在证券结算流程的应用

据 IDC 数据显示,在 2018 年全球区块链市场的份额构成中,金融业占 60.5%,而证券行业则成了继银行业之后部署区块链应用的第二大市场。

Overstock 公司开发出基于区块链的股票交易平台 T0,于 2015 年 12 月获得美国证券交易委员会(SEC)批准,可以在 T0 上公开出售股票,并于 2016 年 12 月利用区块链 T0 平台成功发行 190 万美元股票。目前 T0 只能用来交易 Overstock 的股票,未来该平台可能会开放"定制功能",上线其他公司的股票。

与此同时,各大证券交易所在现有的证券平台基础上,积极探索区块链在证券交易结算中的应用。例如,澳大利亚券交易所 ASX 与区块链技术初创公司 Digital Asset Holdings(DAH)合作,开发基于区块链技术的登记结算系统。美国存管信托和结算公司 DTCC 也与 DAH 合作推进区块链解决方案,进一步改善回购市场清算流程。2016年11月，日本交易所集团JPX成立联盟，推进区块链技术在资本市场基础设施领域的概念验证测试，联盟成员包括三菱UFJ银行、瑞穗银行、乐天证券、大和证券、日本证券存管中心等市场主体，以及日本银行、日本金融厅、日本证券业协会等相关机构。

第三节　化解结算风险

证券结算过程中存在许多风险，其中最重要的风险是信用风险。当前我国结算模式下，信用风险主要通过中央存管机制解决，由存管机构担任买卖双方的中央对手方，负责证券结算，承担信用风险。货银对付原则有利于证券结算各方当事人利益的维护，并大幅节约成本、降低风险。但由于中央存管机制模式效率较低、信用风险大，涉及法律关系复杂，货银对付原则难以实现。区块链技术是去中心化的数据库技术，"点对点"传递信息迅捷，过程公开透明，是重塑证券信用机制的最佳选择。一些国家的资本市场已经开始利用区块链技术改造其证券登记结算系统，这也应该成为我国资本市场的改革方向。

一、证券结算过程中面临的风险分析

结算机构在结算中面临多种风险，根据风险的成因，可以分为信用风险、市场风险、操作风险、流动性风险、声誉风险等。

信用风险指的是交易一方不能履行或不能全部履行证券和资金的交收责任，是由证券交割与资金支付不同步所造成的。这种风险对风险承担者来说，又可分为两个方面：一为本金风险（Principal Risk），指先期进行证券交割或资金支付的一方未收到对方相应的资金或证券造成的全部资本损失的风险，该风险是由证券交割与资金支付不同步所造成的；二为重置成本风险（Replace-cost Risk），指交易的一方没有履行证券交割或资金支付的义务，也没有采取任何补救措施而给另一方造成的不能再按已达成的价格进行另一次交易的风险，该风险是由交易达成至交易结算时间差内市场价格发生变化所导致的。信用风险的承担者实际总是同时承担着重置成本风险和本金风险。结算机构之所以会产生这种风险，是因为在中央存管机制下，中央结算机构介入了投资者的"承诺"，成为证券买卖合同的当事人。

市场风险是指因市价的不利变动而使结算机构发生损失的可能性。市场风险一般包括利率风险、汇率风险、股价风险和商品价格风险。其中涉及结算机构的主要是股价风险。例如结算结构收取用作质押的股票，若股价下跌则可能

导致担保额不足，从而给结算机构带来损失。

操作风险是指因结算机构操作失误而带来损失的可能。2013年8月16日，光大证券公司策略投资部的套利策略系统由于设计缺陷出现故障，出现价值234亿元人民币的错误买盘，成交约72亿元。这一数额远超光大证券公司备付金账户的余额，虽然事后光大证券公司补足了资金，但这一事件说明操作风险的出现无法提前预知并采取防范措施。

流动性风险是指因无法及时满足交付资金的需要而带来的损失，如结算机构在特定时期内无法足额拿出现金以向交易对手方交付从而可能给自己带来损失。

国家风险是指结算机构在与境外的交易对手方结算时，因对方国家的政治、经济、社会等方面发生变化而导致交易对手方无法将资金汇回我国而带来损失的可能。目前这种可能性主要发生在B股的结算中。

声誉风险是指因意外事件、政策调整、市场表现或日常经营活动所产生的负面结果，可能对结算机构的声誉造成影响从而导致的损失。如结算机构出现大量亏损的消息传出，则可能使交易对手方对其信用产生怀疑，从而拒绝与其交易，进而导致结算机构的损失。由于我国结算机构只有中国证券登记结算有限责任公司一家，长期来看，投资者不大可能拒绝与其交易，但投资者却可能在传出结算机构深度亏损时暂停交易，从而给结算机构的收益带来损失，这同样是声誉风险的体现。

法律风险是指结算机构在日常经营中因违法违规而招致诉讼或监管部门行政处罚而可能带来的损失。这种情况在法制不健全时尤为多发。

战略风险是指结算机构在发展中因不适当的战略规划而给自己带来损失的可能。结算机构在某一区域内对自己将来的定位失误，在结算机构全球化整合的情况下，可能会在将来带来损失。

结算机构面临的风险其实远不止此，唯以这八种风险最为常见。在这常见的八种风险中，又以信用风险最为频发，给结算机构造成的损失最大，具体分析如下。

目前，世界各国的绝大多数证券交易均通过特定的电子系统进行，交易方式一般采用集中竞价模式。证券交易达成后，必须要经过证券清算交收程序㊀。证券和资金都不是在买卖双方之间交付的，双方"背靠背"交易，无须了解对方的真实信息。交易过程由系统自动运行完成，证券过户和资金交付都通过特定的登记结算系统进行，无法做到"一手交钱、一手交货"。

㊀ 《证券登记结算管理办法》第78条规定："交收，是指根据确定的清算结果，通过转移证券和资金履行相关债权债务的行为。"

因此，证券登记结算的状况决定着证券交易目的是否可以实现，结算状况本质上取决于证券交易的信用机制。当下世界各国资本市场证券交易的信用制度保障主要是中央证券存管体系，程序较为烦琐，涉及的法律关系也极为复杂，包括证券交易双方的买卖关系、交易双方、证券结算参与人、中央存管机关以及托管银行之间的委托关系、存管关系以及托管关系等。在这个繁复的结算体系下，任何一个中间机构出现问题都可能会产生证券无法交付或者资金无法兑付的信用风险。

为此，近年来一些国家（地区）的资本市场，如澳大利亚证券交易所（Australian Securities Exchange ASX）、欧洲中央银行（European Central Bank, ECB）开始尝试利用新的技术来改造原有的证券交易结算机制。区块链及其他一些分布式账本技术（Distributed Ledger Technology, DLT）是最受青睐的，它们所具有的去中心化、分布记账以及"点对点"（Peer to Peer）等特点，可以为证券登记结算系统提供公开透明的即时交易，不仅大幅降低了信用风险，还提高了效率、节约了成本。本节讨论证券交易的信用制度构建，分析各方主体的相应权利义务关系，探讨利用分布式账本技术构建一个新的证券登记结算信用机制，以降低证券交易中的信用风险、保护投资者利益、维护资本市场的正常秩序。

二、中央存管机制下的信用风险

在拥有众多上市公司的资本市场中，证券交易的顺利进行依托第三方机构存管投资者的证券并为交易提供担保，通常交易的最终完成还要由此存管机构负责证券结算，这体现为证券交易的中心化信用。

（一）中央存管机制介绍

中央存管（Central Securities Depository CSD）机制下，证券交易与结算程序较为复杂，涉及多方主体。

1. 中央对手方成为合同当事人

中央对手方（Central Counter Party, CCP）是在外汇、证券、期权和衍生合约交易中提供清算和结算服务的金融机构，承担交易各方之间的交易对手信用风险。在 CSD 机制下，所有投资者均通过证券经纪公司在中央证券存管机构开立证券账户。在中央存管体系下，证券交易的信用机制并不是建立在投资者之间的。以我国 A 股市场为例，股票买卖中交易的担保中央对手方是中国证券登记结算有限责任公司，投资者开户的证券公司和其他投资者都不是股票交易的对手方。各个证券公司只是结算参与人，并不保证交易目的的实现。因为所有投资者的股票账户均存管在中国结算，投资者在发出买卖股票的指令后，只要其账户的资金或者股票额度足够，交易自动完成，体现为股票和资金账户余额的变动，背后的结算与清算由中国结算处理。中央对手方在证券结算环节，会对此合同关系进行变更，根据结算规则和其与投资者、证券经纪公司等结算参与人的协议，替代原买卖合同当事人，成为买卖双方的交易对手。买方和卖方之间的原始合同将被取消，由两个新合同取代：一个是在 CCP 和买方之间的，CCP 成为卖方；另一个是在 CCP 和卖方之间，CCP 成为买方。在股票交易系统中，当买方和卖方就股票交易达成一致时，CCP 会自动立即介入他们的交易中。原有合同因为被新合同取代，买卖双方的一个信用关系变更为两个：卖方与 CCP 的信用关系；买方与 CCP 的信用关系。证券交易的信用风险因为 CCP 的介入而大大降低。

2. CSD 机制下不同证券持有模式

以是否登记作为证券持有模式的判断标准，证券持有模式可分为直接持有模式与间接持有模式。这里所谈的证券持有模式主要是指投资者是否以自己的名义在 CSD 开立账户，并直接介入到证券结算中去。如果是则是直接持有模式，反之则是间接持有模式。

在直接持有模式下，证券持有人的证券权益是完全的、可溯源的权利，证券经纪人或其他中介人破产清盘时，不会直接影响到投资者的利益；同时，证券的质押也较为便利。在直接持有模式下，CSD 直接为投资者开立账户，结算法律关系是直接发生在 CSD 与证券交易人之间。

在间接持有模式下，投资者将其名下的证券委托给证券经纪公司保管，CSD 结算的对手方是该经纪公司。由此而形成了二级托管体系，股票持有人的明细账户保存在经纪商那里，中央存管机构的簿记上只有经纪商的明细账户，只有经纪商才能直接命令中央存管机构变更簿记载。

（二）中心化信用机制证券结算的信用风险

CSD 作为中心化信用机制，为证券交易的安全提供了保障，成为世界各国资本市场的普遍选择，被认为是全球托管结算体系建设中最主要的创新。不过，在传统的制度设计下，安全与效率难以兼顾，信用风险的降低是以一定的经济成本和时间成本为代价的，而且使得本来仅存在于买卖双方之间的证券交易因为 CSD 的介入而变得复杂、烦琐。具体来说，CSD 主要存在以下几个方面的信用风险。

1. 运行效率较低导致的信用风险

在一级存管体系下，证券买卖双方当事人在达成交易之后，不能马上履行合同，要等待 CSD 在一定时间内对系统内所有证券交易进行结算。在二级存管体系下，CSD 证券交收的对手方是买卖双方各自的证券经纪商，它们之间结算完毕后，证券经纪商再与自己的客户进行清算。这还仅仅是证券账户的变动，再加上资金结算，流程将更为复杂，势必导致整个证券交易过程效率低下。从理论上说，结算周期与信用风险成正比，周期越长，对当事人而言风险越大，周期越短风险越小。CSD 的结算过程必须花费大量时间和资源，以确保当事人实现证券交易目的，这使得证券交易成为耗时长、风险大的商业活动。

2. 难以实现货银对付导致的信用风险

在 CSD 机制下，投资者必须开立专门的资金结算账户，二级存管体系下，证券经纪商也必须在指定银行同时开立结算资金专用账户、清算备付金账户以及保证金账户。中央证券存管机构必须将投资者或者证券经纪商存入的清算备付金全额存入清算备付金专用存款账户。因为证券结算程序复杂，资金收付与证券交割不能同时完成，通常在成交日的下一个或者几个营业日才能完成，卖方一般不能在交易达成当日从账户中提取现金。在复杂的证券交收、资金清算流程中，资金占用周期较长、成本较高，也使得货银对付原则难以实现。

3. 相关主体多导致的信用风险

在 CSD 机制下，涉及作为买卖当事人的投资者、负责证券结算的中央证券存管机构、接受客户委托的证券经纪商以及负责银行账户开立和监督的商业银行等多方主体，形成较为复杂的委托、行纪、保管等信用关系，因而增大了信用风险，也会增加各方主体的负担。例如，中国证券监督管理委员会颁布的《客户交易结算资金管理办法》（3 号令）第 3 条规定："从事证券交易结算资金存管业务的商业银行、证券登记结算公司依照本办法对客户交易结算资金、清算备付金的定向划转实行监督"。

三、去中心化的 DLT 对传统 CSD 下结算体系的改进

2018 年 1 月 16 日，澳大利亚证券交易所（Australian Securities Exchange ASX，以下简称"澳交所"）发布公告称将使用区块链技术取代其现有清算及结算系统，成为全球首家利用分布式账本技术（DLT）取代原有 CSD 的证券交易所。欧洲中央银行认为，在过去，信息技术为金融市场的发展做出了重大贡献，

但没有彻底改变金融机构相互作用的方式。而 DLT 可能成为革命源头。那么，区块链技术是否可用于证券结算领域？与 CSD 相比，其具有哪些优势？可否替代 CSD，成为资本市场结算系统的更优选择？

（一）澳交所区块链结算系统的运行机理

澳大利亚现行证券登记结算制度是典型的中央存管模式，澳大利亚证券交易所在《公司法》（Corporations Act 2001）框架下制定了《ASX 结算和转让私人有限公司（ASTC）结算规则》，该规则详细规定了澳交所市场的结算流程。澳交所清算公司（ASX Clearing）作为中央对手方，成为每个卖方的买方和每个买方的卖方，处理澳交所所有证券交易的清算事宜。澳交所结算公司（ASX Settlement）通过运行 CHESS（Clearing House Electronic Subregister System）系统进行证券结算。结算授权经纪人、托管人、机构投资者以及结算代理人等结算参与者通过 CHESS 系统结算自己或其客户进行的证券交易。通常在买方和卖方达成交易后的三个工作日内，实现货银对付。经过 20 多年的完善，CHESS 系统已经成为世界上较为先进的证券交易结算系统，为澳交所主要业务的效率提高和交易安全提供了强有力的保障。虽然几经改进，但 CHESS 系统在交易效率上仍然有很大的提升空间。例如，CHESS 原有证券结算周期为 T + 5，2016 年 3 月提高到 T + 2。CHESS 较为复杂的程序设计以及硬件要求，也使得其运营成本比较高。因此，澳交所于 2015 年就开始评估 CHESS 的替代选择。2016 年 1 月，澳交所选择 Digital Asset 作为技术合作伙伴，使用区块链技术开发新的证券结算系统。2017 年 12 月，澳交所完成了对该技术的分析和评估。替代 CHESS 的新系统建立在经过许可的分布式账本上，直接参与节点的所有用户都需要接受由澳交所管理和控制的业务流程。节点允许用户实时查看与其相关的结构化数据，包括客户端和参与者位置数据，存储在分布式分类账本上。用户可以根据需要复制和查询这些数据，从而节省来自不同来源的外部数据的协调过程。当然，该系统还有很多复杂的技术细节不得而知。不过，其在设计原理上就是区块链技术在证券结算上的应用，这一技术可以使证券结算流程更简便、更快速和更经济。分布式账本技术将使和解流程变得多余，参与者可以实时访问正确的数据，而无须咨询证券交易所。此外，基于区块链技术的系统将降低风险和成本以及复杂性。澳交所的 CEO Dominic Stevens 估计，该系统可以为上市公司和投资者节约大概 5% 的成本，节约的总成本高达 230 亿美元。

（二）区块链技术下的证券交易信用机制

利用区块链技术的证券结算系统，其信用机制的基础是证券交易人的"自我信任"与"技术信任"，区块链因其去中心化特点，实现了结算系统的扁平化架构，结算程序简单，法律关系更为清晰明了。

（三）DLT本身就是一种信用机制

区块链为代表的分布式账本的技术特点就是可以使得处理系统和管理流程公开化、透明化，所有的节点均可参与到系统信息的录入和验证工作中来，对其享有充分的知情权。DLT的信用是直接建立在当事人之间的，无须通过第三方机制保障。所有参与者的账户分布在DLT信息链条上，无须借助中央银行、商业银行及其他任何第三方组织，即可在交易双方之间直接完成支付。可以说，以区块链技术为代表的DLT技术，利用分布式账本的记账方式和智能合约的执行，实现了信用脱离传统意义上的个体证明和第三方认证，而且凭借基于去中心化的多点记账和自动算法构成的共识机制，创造了一个可以避免人为操纵和篡改的资产交易记载和证明体系。

（四）证券持有模式以直接持有为主

DLT系统下，所有投资者"面对面"交易，其买卖行为无须第三方确认或担保，每个节点的信息在保护当事人隐私的前提下都由该节点直接记载，这就要求证券应该由投资者直接持有，无须进行托管。直接持有模式下，所有信息可以准确地溯源到投资者，证券结算也直接在买卖双方之间进行，无须通过经纪公司或其他第三方介入。开户银行作为结算参与者，在收到系统证券交易信息后，自动执行资金划拨。这使得证券交收可以实时结算，真正实现货银对付。

（五）证券交易无中央对手方，无须合同替代

CSD模式下的证券交易是极端中心化的，所有的买卖行为都需要中央存管机构充当买卖双方的中央对手方。因此，如前所述，原有存在于投资者之间的一份买卖合同被买卖双方分别与CCP之间的两份买卖合同所替代，这在法理上与传统合同法冲突。DLT系统下，这些问题因为投资者之间的直接交易迎刃而解。DLT下的交易减少了诸多环节，不但节约了成本，还分散了风险，风险承担机制由中央对手方担保变为由交易双方当事人自我承担，以前集中在集中式分类账中的数据和风险分散到了所有参与者（"节点"）身上，既公平合理，又符合法理。

基于区块链技术的结算系统是金融科技在证券交易业务中的革命性创新，颠覆了传统观念和技术，对既有机制带来很大的冲击和改变。当然，CSD作为成熟的证券结算系统和证券交易信用机制，其安全性和稳定性长期以来已经被验证，短期内是不可能完全被区块链系统取代的。当下，区块链的技术优势已

经被各国（或地区）的证券交易所、监管机构认识到，他们中一部分人开始积极响应 DLT 的冲击。一些 CSD 以及证券结算环节中参与者正在改变他们对这些新技术及其在区块链世界中未来地位的看法。不断增加的监管，陈旧的系统和成本压力是 CSD 采用区块链在某些方面应用的驱动因素。他们越来越多地将技术视为更有效处理现有业务和创新服务的推动者，而不是对其现有体制存在的威胁。

【本章小结】

完整的证券交易过程由证券登记和证券结算组成。现行的证券登记业务采用的电子账本，由传统的纸质登记凭证发展而来。证券登记的电子化实现了集中管理，提高了效率，但是仍然存在许多可以改进的地方。将区块链技术应用于证券登记业务，可以进一步降低证券登记业务的成本，提高证券登记的安全性。同时有利于推动实现私募证券的电子化，进而推动私募证券登记统一。

现行的证券登记流程经过多年的发展，已经有了一个比较成熟的模式。但是现行的证券结算流程并不高效，并且该模式下存在一些难以解决的风险。区块链技术点对点分布和去中心化的特点应用于证券结算流程，有助于解决当前证券结算流程存在的弊端，化解结算风险。

区块链技术的应用和发展有望为证券业带来巨大的变革，是目前相关从业者关注的重点，但是除了关注区块链技术自身的发展以外，新技术发展带来的监管问题仍然不可忽视。

【关键词】

证券登记；登记业务电子化；证券结算；效率；结算风险；中央存管机制

【思考题】

1. 当下证券登记业务面临哪些问题？
2. 区块链技术将从哪些方面影响证券登记业务？
3. 简单介绍现行的证券结算流程。
4. 区块链可以从哪些方面改善证券结算流程？
5. 当前证券结算流程存在哪些风险？
6. 现行中央存管机制的哪些不足会引发信用风险？
7. 区块链技术如何化解证券结算风险？

第七章
区块链技术在供应链金融的应用

【学习目标】

1. 熟悉供应链金融的发展历史；
2. 了解供应链金融的产业规模；
3. 熟悉供应链金融发展的制约瓶颈；
4. 掌握区块链技术如何完善供应链金融的不足；
5. 熟悉区块链技术在供应链金融中的应用场景；
6. 了解区块链技术和供应链金融 ABS 的结合方式；
7. 掌握区块链技术赋能供应链金融平台的具体结构；
8. 了解"债转"平台的运行流程；
9. 熟悉"债转"平台解决的问题。

【导入案例】

供应商的"悲伤"

永辉超市成立于2001年，是一家实力雄厚的上市公司。截至2014年，永辉超市在17个省市已经有293家连锁超市，经营面积达350万平方米。永辉超市的福建供应商有571户，产品分为四大类型：生鲜及农产品、食品用品、服装及加工产品。

小睿就是永辉超市的福建供应商之一，负责给永辉超市提供生活用品。随着永辉超市的规模不断增大，小睿的订单量也与日俱增，由于永辉超市的应收账款账期为55天，小睿在收到永辉超市支付的货款后，并没有多余的钱周转用于扩大自己的产量。小睿跑去银行贷款，银行要求小睿出示不动产证明抵押贷款,但是小睿是租用厂房生产,并不能抵押不动产贷款。最后实在没有办法,小睿只能被迫放弃部分订单量,失去了扩大公司规模的绝佳机会。

2007年永辉超市新增了服装的业务品种,小虎最近创立了一个服装制作公司专为永辉超市提供服装。由于小虎的公司是初创公司,各方面花费都挺高,资金较为紧缺。永辉超市并不会一次性将钱支付给小虎的公司,前期服装的材料费都需要小虎公司自己垫付,这对本就资金紧缺的公司无疑是雪上加霜,资金周转困难。无奈小虎去寻求银行贷款,银行由于小虎没有不动产不给小虎贷款。最后小虎公司无奈只能到借贷平台上贷款,由于高额的利率,导致后期小虎公司入不敷出,无奈倒闭。同样永辉超市服装业务的供应商中有很多和小虎公司一样的情况,最后发展起来的供应商少之又少,对永辉超市服装业务的开拓产生了严重的影响。

问题:银行为什么不敢贷款给小睿和小虎的公司?怎么解决中小企业的融资问题,帮助类似小睿、小虎这样真正需要资金的企业发展?

第一节 供应链金融的发展介绍

供应链金融的发展是随着企业发展不断完善的一个过程,供应链金融概念最先是在西方发达国家兴起的。之后经过多年完善才流行起来。国内对供应链金融的定义为:以核心客户为依托,在真实贸易的背景下,运用自偿性贸易融资方式,通过应收账款质押登记、第三方监管等手段封闭资金流或者控制物权,为供应链上下游企业提供综合性金融产品和服务。本节将介绍我国供应链金融经历的三个发展阶段。

一、供应链金融的发展历史

供应链金融的第一阶段为"1+N"模式如图7-1所示,2006年由深圳发展银行率先推出。"1"表示的是核心企业,供应链金融围绕某一核心企业,从原料采购,产品生产到销售,形成完整的一条供应链。这条供应链分别连接着供应商、经销商、零售商和消费者,并且为上下游企业提供融资服务,由此提升整条供应链上的企业价值。"1+N"模式的供应链金融如图7-1所示。图示的供应链结构中,不同的主体对应着不同的金融服务模式。核心龙头企业,由于自身拥有众多资源,竞争力较强。因此,对于核心企业的供应链金融一般是企业信用贷款、短期优惠利率贷款。上游供应商依托与核心龙头企业的交易关系而获得信用支持,包括合同、订单、应收账款等。下游经销商与核心龙头企业大多采用先付款后发货的方式,有时采用信用额度内的赊销方式,所以下游经销商一般以动产或者货权质押的预付款融资为主。

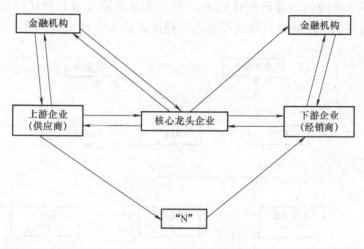

图7-1 "1+N"模式

传统的金融服务模式下,信用评估主要基于单个企业的信用等级、盈利能力和担保抵押等,而"1+N"供应链金融模式授信评估采用新的视角,从整个供应链交易出发,整体的信用等级和盈利实力降低了金融服务中的风险,同时扩大了金融服务的范围,实现了效益最大化。但这一阶段的供应链金融是线下模式,效率低下,不利于供应链金融的发展壮大。

供应链金融第二阶段与第一阶段的最大差别是第二阶段通过虚拟的互联网将"物流""商流""资金流""信息流"融合到一起,形成了"四流合一"。物流、信息流和资金流等都不再采用线下方式,减小了信息在传递过程中的波动,即减少了牛鞭效应⊖的影响。在供应链第二阶段资金提供方得到了极大的丰富。不仅银行、物流企业、大数据互联网公司,所有拥有线上交易平台的企业都能参与供应链金融资金提供。除了资金提供方的增加,在传统金融机构中,应收账款融资产品转变为"池融资",通过将供应链上各企业的应收账款信息汇聚在一起,以此得出授信额度。

如图7-2所示,供应链金融第二阶段不再拘于一根链条上的融资,而是形成了一张网,产生了多个节点,使得各个节点上的企业都可以获得融资,金融服

⊖ 牛鞭效应:指供应链上需求信息在从客户端向上游传递,抵达供应商端的过程中,需求信息不断扭曲,出现较大的波动,这一情形在图上很像一根甩起的牛鞭,故而得名。

务面向的对象变得更多元。总的来说，供应链金融第二阶段的互联网化使得金融机构获取信息的速度得到了提升，放贷速度加快，操作得到简化。然而第二阶段的供应链金融仍然存在些许缺陷，由于信息的整合依旧处在初级阶段，重要的核心数据仍难以统一，导致没有办法精确评估中小企业的信用风险。

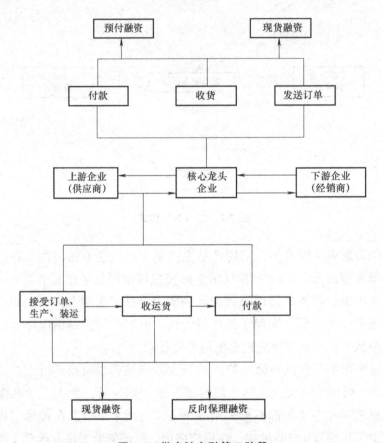

图 7-2　供应链金融第二阶段

供应链金融的第三阶段为"N+1+N"平台发展模式，此阶段互联网技术与供应链金融高度融合。这里的"1"不再是指核心龙头企业，而是指组建的供应链综合服务平台。各产业链的参与主体依托互联网技术组建成平台，进而实现金融借贷的"去中心化"，有效地解决了信息不对称、产能和金融配置缺位以及资金链断裂的问题。第三阶段的区块链不再局限于单个供应链，出现了开放特质，形成了新的商业模式。该种模式可以有效地整合供应链平台的各个环节，更多地运用场景得以构建，更多的底层数据能被收集，以此为基础构建的大数据与征信系统可以实现供应链金融对企业的全面渗透，从而真正达到中小企业和不同风险偏好资金的无缝对接，实现资金的高效周转，同时提升供应链的运营效率。

二、国内供应链金融的产业规模

供应链市场的规模近年来备受关注。根据国家统计局的数据，企业应收账款总额不断增加，融资需求进一步加大。但是从具体的业务种类来看，我国商业保理业务量却只有 5000 亿元。可以看出我国的供应链金融市场具有很广阔的发展空间。根据普华永道的测算，我国供应链金融的市场规模将会继续保持增长，报告称从 2017 年到 2020 年，年均增长速度在 5% 左右，到 2020 年供应链金融的产值将达到 15 万亿元的数量级，如图 7-3 所示。

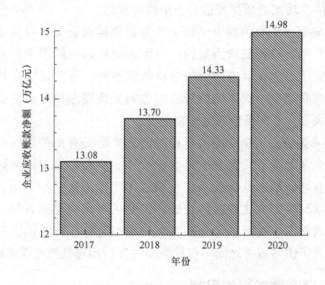

图 7-3　供应链金融历史规模数据

三、供应链金融的融资模式

资金流是企业的血液，资金流的状况将会决定企业的命运。因为企业资金的支出和收入不同时进行，资金收入滞后就会导致运作过程中出现现金流缺口。一般来说，中小企业的现金流缺口发生在采购、经营和销售三个阶段，在这个业务过程中上下游中小企业产生相应的融资需求。针对它们无可抵押不动产、无有效担保机构的难题，供应链金融基于真实贸易背景，关注动态交易数据、强调供应链整体观念、围绕核心企业打包授信，发展出基于不动产特点的三种融资模式，即预付账款融资、存货融资、应收账款融资；以及一种新兴的供应链金融融资模式——战略关系融资。

1. 预付款融资。预付类融资主要为核心企业的下游经销商提供,以经销商对核心企业采购需求形成的预付账款为起点,为经销商提供用于贸易项下的货物采购融资,并以合同项下商品销售回款作为还款来源。通常发生在核心企业对下游中小企业的产品销售阶段。预付款融资主要分为先票/款后货授信、担保提货授信、进口信用证项下未来货权质押授信、国内信用证、附保贴函的商业承兑汇票。

2. 存货类融资。存货类融资授信主体一般为下游经销商,通常发生在核心企业对下游中小企业的产品销售阶段。主要为经销商持有的质押存货提供融资服务,并以货物未来的销售回款作为还款来源。存货类供应链融资主要分为:静态抵质押授信、动态抵质押授信、仓单质押授信。

3. 应收类融资。应收类融资是指企业为获得运营资金,以买卖双方签订的真实贸易合同产生的应收账款为基础,为卖方提供以合同项下的应收账款作为还款来源的融资业务。在供应链中的应收账款融资,通常发生在核心企业对上游中小企业的产品或原材料采购阶段,应收类供应链融资业务主要分为:保理业务、保理池融资、反向保理票据池授信等。

4. 战略关系融资。上面介绍的三种融资方式都是有抵押物前提下的融资行为,和传统的企业融资方式存在一定的相似性。然而在供应链金融融资模式中存在着基于企业之间战略伙伴关系、长期合作产生的信任融资模式,称之为战略关系融资。这种融资方式的独特之处在于要求资金的供给方和需求方要非常地信任彼此,通常发生在有多年合作关系的战略合作伙伴之间,战略关系融资更多意义上代表了供需双方之间不仅依靠契约进行治理还需要关系治理。

四、供应链金融发展的限制

理论而言,供应链金融的应用对整个产业链的升级有着重要的作用,但是在市场上具体的实际应用和发展中,还存在很多的不足。

(一)供应链金融信息方面的限制

供应链金融涉及的领域很广,其中包括物流、商流、资金流、信息流。其中主导供应链金融的关键是对信息流的掌控,信息流影响着供应链金融的各个方面,是限制供应链金融进一步发展的最大瓶颈。对信息流良好的把握能够整合供应链,提高供应链的运行效率,促进供应链发展。当下金融机构和上下游中小企业之间存在信息不对称的问题,主要原因是我国产业征信制度不够完善,金融机构很难确认产业链内多级供应商、经销商的信用状况,即便是供应链中核心龙头企业能够获得相对准确的信息,也仅限于与其有着直接接触的一级供应商,同样无法为有着融资需求的二、三级供应商提供同样的信用担保。产业链越长,信息不对称就越严重,信息不完整、不及时甚至不能判断信息的真实性,核心企业的担保风险也会越高。由于交易过程不透明,供应链金融每个参与主体只能查看自身参与的交易信息,而对其他环节的信息无从得知或者是事后得知,从而会影响决策。另外,信息孤岛有待整合,供应链企业的信息化程度参差不齐,供应链中各个主体使用的系统也五花八门。特别是中小企业信息管理能力较弱,容易形成信息的孤岛和洼地,无法与供应链上的其他主体进行数据共享,不仅影响效率还浪费资源。

(二)供应链金融信用管理方面的限制

与对信息流的掌控一样,企业对信用的管理也是供应链金融中的重要内容,对整个供应链的发展起着十分重要的作用。信用的问题可能会引发更大的金融问题,从而会使得整个供应链受到影响。

具体来看信用管理问题主要体现在三个方面,分别是企业和个人的诚信意识不够强、缺乏相应的失信惩罚机制、国内信用系统的建设尚处于初期阶段,如图7-4所示。

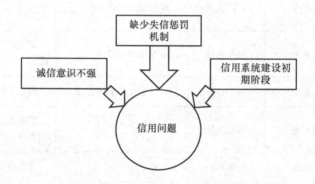

图 7-4 供应链金融信用管理问题

首先,企业和个人的诚信意识不强,并且缺乏相应的信用管理和信用风险防范制度措施,导致很多中小企业经常出现拖欠债务、商业欺诈等现象。这使得供应链上各主体之间缺乏信任,也没有可靠的信用保障。其次,缺少失信惩罚机制,现存的规则制度很难对各主体机构形成约束,让其忽略失信行为带来的后果,对形成健康的供应链关系带来不利影响。最后,社会信用系统建设尚处于初期阶段,这样导致没有办法收集个人与企业的信用信息,也就不能准确进行评估,从而引发对失信企业审核的疏漏,增大了融资风险。

（三）供应链金融风险管理方面的限制

首先，这与行业特点和供应链管理水平密切相关，只有少数行业核心企业能够全局掌控供应链业务。其次，供应链金融各参与方之间不信任，导致风险评估与控制成本高居不下。最后，从传统的融资模式上看，银行作为主要资金提供者和风险管理者，更为关注供需企业的信用状况和真实的贸易背景。而在供应链金融中，不仅需要考虑监控供应链条上的各环节风险，关注链上企业的信用风险，还要关注融资审批、信息审核、出账以及授信管理等操作风险以及价格波动的风险等。国内供应链金融的风险管理机制还不健全，难以对上述如此多的风险做出风险防范。随着风险管理者的多元化，各个主体在风险管理中面临的障碍也各不相同，如表7-1所示。

表7-1 风险管理中各主体面临的障碍

主体	风险管理者	风控类型	优势	瓶颈
第三方机构	信息平台	数据风控	具有较强的数据掌控能力	存在资金方信任问题，对行业业务不熟悉
	物流平台	货控风控	对货物监管能力强	资金规模小，行业业务不熟悉
	综合服务平台	业务风控	业务整合能力强	流程冗长，标准化难度高
供应链	核心企业	掌控力风控	对整个行业掌控力强	覆盖率低，自身存在风险
金融机构	网贷平台	系统风控	效率高	成本高，行业业务不熟，高风险
	商业保理	关系风控	业务专注	成本高，难以规模化
	商业银行	抵押风控	风控能力强	行业业务不熟，成本高，过于保守

（四）供应链金融资金方面的限制

首先从资金维度来看，供应链金融资金来源单一、资金端存在较大缺口。银行方面虽然资金成本低、规模大但是往往过于保守。小借贷公司或者网络信贷方面资金来源成本过高，利息也过高，供应链中上下游中小企业往往不能承担。保理公司利息合理但是资金规模却不大，覆盖范围不大。其次是支付环节不能够自动履约，违约的风险高。另外票据融资环节复杂，流程冗长、费时费力,加之有第三方抽取相应服务管理费用,使得成本更高。最后在应用实践中,由于商票不能拆分支付,使得资金价值传递有限,相较于核心企业,上游中小企业的单笔支付额度更小、对象更多。当核心企业使用商票支付时,中小企业只能完整地背书转让,不能对商票进行拆分。因此不能进一步为其上游的多级供应商提供融资便利,使得核心企业信用不能传递。

第二节 创新供应链金融业务场景

关于区块链技术的应用场景,目前区块链行业有一个共识,就是要把技术落在更有价值的应用上,那么什么样的场景适合用区块链技术实施呢?在业界普遍认为需要符合四个特点:①涉及多个联系紧密的信任主体;②主体之间有去信任中介的需求,主体之间在中介方面花费巨大,急需一种减少巨大中介费用的技术;③中低频交易,受目前区块链技术发展限制,交易频率过高目前不太适合采用工作量证明机制区块链技术;④本身拥有完备、可持续的商业模式。

供应链金融是银行、物流公司、平台、核心企业等多方参与的财富管理和信用创造的活动,是不同节点之间的资产交易行为。供应链金融业务需要对链上主体的"责、权、利"做出明确的界定,并且记录主体在融资贸易过程中的行为轨迹作为日后发生争议维权的证据。供应链金融多属于间接融资,涉及多个机构之间的融资借款行为,比传统信贷更加复杂多样。金融科技的发展目标之一就是减少业务的复杂度,进而降低融资成本,提高融资的便利性,使供应链金融服务能更大程度地满足市场需求。区块链是点对点通信、数字加密、分布式账本、多方协同共识算法等多个领域的融合技术,具有不可篡改、数据可溯源的特性。特别适用于多方参与的供应链金融业务场景。所以区块链技术与供应链金融有着相当高的匹配度。表7-2是传统供应链金融和区块链供应链金融的对比,下面将阐述区块链技术对供应链金融业务的助益。

表7-2 传统供应链金融和区块链供应链金融的对比

类 型	传统供应链金融	区块链供应链金融
信息流通	信息孤岛	全链条贯通
信息传递	仅仅局限于一级供应商	可以达到多级供应商
汇款的控制	不可控	封闭可控
业务场景	核心企业和一级供应商	全链条渗透
中小企业的融资	融资难、融资贵	便捷、低价

一、区块链技术完善供应链金融

(一)区块链简化业务模式建立强信任关系

传统的供应链金融业务平台数据库,无论是集中式还是分布式,采用的是中心化管理的技术架构,即存在一个中心节点,通过中心节点来实现对整个供应链链条数据库的全局管理。数据库的各个参与节点之间的相互信任关系由中心节点维护,中心节点也就成了"中介"。但随着参与交易节点类型和数量增加,融资链越来越长,越来越复杂。依靠一个第三方机构处理交易数据的成本越来越高且效率越来越低。与传统数据库中心化管理不同,区块链是由大量权利和义务均等的节点共同组成的点对点网络,其中的每个节点都拥有管理数据库的权利,此外,由于各节点数据保持一致,在部分节点遭受损坏的情况下,整个区块链的运作并不会受到影响,其安全性得到极大提升。另外不同的参与者使用一致的数据源,而不用单独去寻找分散在各节点各系统的数据。避免了反复审查和反复效验的过程,相较于现在的人工流程可以减少60%-80%的工作量,因此将简化供应链金融越来越复杂的业务模式。

供应链金融中,银行需要与供应链条上每家企业打交道,掌握完整、全面、实时的信息,降低信贷风险。在区块链的架构下,融资业务驱动的数据在全网节点进行公开,形成包含基础合同履行、单证交收、支付等结构严密、完整的交易记录。区块链采用一种基于数学算法的共识机制,通过共识机制,参与方不必知道交易对手是谁,更不需要借助第三方机构来进行交易背书或者担保验证,只需要信任共同的算法就可以建立互信,达成共识。并且基于区块链的广播机制,每个参与节点对区块链的所有管理行为都会传播给所有其他参与节点,这为供应链金融中的各参与银行、政府职能部门和企业等主体提供了平等可信的信息互换环境,提供强信任关系的保证。

(二)区块链保障数据安全

分布式账本技术可以将平台上所有的交易按照时间顺序进行记载,通过区块链加密技术,并且在参与方签署的情况下,在区块链上形成不可篡改的信息记录,记录的信息几乎不可能受到损害。存储在区块链中的所有数据都会被打上一个时间戳,能够准确记录每个交易活动的发生时间,反映各个交易之间的先后顺序,使得所有交易都能够进行溯源。可溯源性可以为风险监控等场景提供有效支撑。由此区块链技术使得供应链金融中的数据无法篡改和可追溯,使之达到金融级别的安全性,从而解决现实中存在的单证伪造、遗失等问题。

（三）区块链创新供应链金融的交易制度

区块链技术使得全网的每一笔资产交易都由全网节点共同背书，所以交易过程中进行参与方身份核实、单证审查都变得没有必要，由此可以减少征信成本。通过区块链智能合约，将合同和需要执行的条款通过编程的方式编入区块中，在资产交易时，智能合约执行条件满足后，机器自动执行，可以避免人工执行的误操作风险。智能合约和共识机制确保交易满足合同条款并且达成共识，极大地提高了交易信任度和交易效率，在供应链金融的发展历史上是一种交易模式、制度的创新。将区块链技术作为供应链金融的底层技术，可以为复杂场景下的融资业务构建清晰的业务模式，打造高信用的技术环境，创新供应链金融的商业模式，从而扩大供应链金融的市场。区块链技术的创新能够使得供应链金融以更快的速度接近最终的发展目标，从根本上解决小微企业融资难、融资贵的问题。

二、区块链技术赋能供应链金融

如图前所述，供应链金融目前在很多方面存在不足，将区块链技术应用到供应链金融中，能够强化供应链结构中的信用价值。区块链可以记录资产交易的整个过程中的资产流动，所有参与人实时见证，保证交易的真实性、不可篡改性，不需要第三方机构参与。区块链技术使得交易模式从中心化过渡到去中心化，并且由于记录的不可篡改性和可追溯性，可以实时监管资金流、信息流等，供应链上的各个主体不必担心某一方私自篡改合约或者数据库。区块链建立机器信用、计算信用，其分布式、可追溯、自组织性等特性有效弥补供应链金融信用机制缺陷，这是解决供应链金融中融资问题的根本方法。区块链在供应链金融中的运用，主要基于如下四个方面。

1. 基于存证的交易真实性证明

交易的真实性是开展金融服务和风险控制的基础，它的证明被要求记录在虚拟世界的债券信息中，并且必须保证虚拟世界和真实世界信息的一致性。供应链金融需要确保参与人、交易结果、单证等是以真实的资产交易为基础的。传统交易的真实性证明采用人工的手段进行验证，成本高，效率低下。解决交易的真实性问题，需要在虚拟的环境下，从交易网络中动态实时取得各类信息，进行信息的交叉验证来检验交易的真实性，是目前供应链金融的关键技术之一。

信息交叉验证是通过算法来验证并遍历交易网络中的各级数据，其中各级数据主要包括：各节点计算机系统、操作现场、社会信用系统等截取的数据，中间件、硬件等获取的节点数据。主要的验证方式是：①链上交易节点数据遍历，验证链上数据合理性；②交易网络中数据遍历，验证数据的逻辑合理性；③时序关系的数据遍历，验证数据的逻辑合理性。通过上述三重数据验证，可以全面检验交易数据的真实性，获得可信度极高的计算信用结果。

要验证应收账款的真实性，需要涉及主体、合同、交易等要素。真实性的逻辑关系包括：①主体的真实性，主体必须是真实而且合法的；②合同的真实性，不能是虚假合同，必须合法、真实；③交易的真实性，必须发生实质的交易。但是真实的合同也可能产生虚假的应收账款，例如虚开交易单证或者虚报交易金额以获得更多的贷款，就是虚假的应收账款。因此在开展线下业务时，需要对主体身份、合同、交易的真实性进行验证，但是签章的真实性、单证的真实性受到技术条件的限制，会产生风险。

通过将区块链、互联网、物联网与供应链场景的结合，基于交易网络中实时取得的各类信息多维度印证数据，可以提高主体数据的可靠性，例如物流数据和采购数据的匹配性、库存数据和销售数据的印证、核心企业数据与下游链条数据的可靠性。

2. 基于加密数据的交易确权

区块链为供应链上各个参与方实现动产权利的自动确认，形成难以篡改的权利账本，解决现有权利登记、权利实现中的痛点。以应收账款权利为例，通过核心企业 ERP 系统数据上链实现实时的数据化确权，避免现实中确权的延时性，对于提高交易的安全性和可追溯性具有重要的意义。基于加密数据的交易确权，可以实现确权凭证信息的分布式储存和传播，提高市场数据信息安全性和可容错性；可以不需要借助第三方机构进行交易背书或者担保验证，而只需要信任共同的算法就可以建立互信；还可以将价值交换中的摩擦边界降到最低，在实现数据透明的前提下确保交易双方匿名、保护个人隐私。

3. 基于智能合约的合约执行

智能合约为供应链金融业务执行提供自动化操作的工具，依托高效、准确、自动地执行合约，可以缓解现实中合约执行难的问题。以物权融资为例，完成交货即可通过智能合约向银行发送支付指令，从而自动完成资金的支付、清算和对账。不但提高了效率，也在一定程度上降低人为操作带来的风险和损失。目前智能合约开发平台有：区块链智能合约系统（IBM）、Corda 智能合约平台（R3 联盟）、以太坊智能合约平台等。

4. 基于账本的信用拆解

供应链金融目前难以全面覆盖上下游中小企业，融资难、融资贵的问题在供应链金融中只有部分得到缓解。一般来说,一个核心企业的上下游会汇集成百上千的中小供应商和经销商。采用区块链技术可以将核心企业的信用拆解后,通过共享账本传递给整个链条上的供应商和经销商。核心企业可在该区块链平台登记其和供应商之间的债务关系,并将相关记账凭证逐级传递。该记账凭证的原始债务人就是核心企业,那么在银行或保理公司的融资场景中,原本需要去审核贸易背景的过程在平台上就能一目了然,信用传递的问题就迎刃而解了。

三、区块链+供应链金融资产证券化

(一)供应链金融资产证券化

供应链金融领域的资产证券化(Asset-Backed Securitization,ABS),指的是以核心企业上下游交易为基础,以未来可以带来的现金流收益为保证,通过在资本市场发行债券来募集资金的一种项目融资方式。供应链金融不同融资方式下的产品很多都可以跟资产证券化产品结合,以期得到更低成本的资金,或者说批量操作供应链金融业务。目前供应链金融ABS多是应收类供应链金融融资方式下的产品与资产证券化结合的产物。

供应链金融是一种独特的信用风险控制方法,而资产证券化具有很好的金融效应,两者之间可以完美结合,供应链上的企业都处在同一个链条上,如果其中一个或几个企业发生了资金流动性危机,就会对链条上其他企业发生传导作用,将危机蔓延至整条供应链上的企业。商业银行提供的金融产品并不能完全有效地规避这些风险,因此需要利用直接融资的优势,将其中的某些资产分散和转移到资本市场中。这个资产转移的过程实际就是资产证券化的过程,券商为供应链企业提供资产证券化服务,对中小企业的健康发展具有积极意义。总的来说供应链金融的证券化能够降低投资、融资的成本,主要体现在降低风险控制成本和规模效应带来的成本降低。同时资产证券化能够降低发起人的进入门槛,吸引巨额的机构资本和民间资本参与,改善资本结构;可实现快速的预期收入变现,使企业的财务状况得到改善;提高资金周转率,使资金能更快、更有效地投入到再生产中,进入价值创造的良性循环中。

(二)传统供应链金融ABS基本流程

传统供应链金融ABS的基本流程如图7-5所示。首先由多个企业的融资资产构成资产池,可证券化的基础资产包括票据和订单等,当基础资产达到了银行设定的可证券化的标准后,就可以真实出售给特殊目的载体(Special Purpose Vehicle SPV),SPV委托银行对现金流和资产池进行管理,银行需要提前把证券化的收益垫付给企业,另外SPV对证券化资产进行不同的组合,并且聘请相应

的信用增级机构和评级机构对证券增级和评级，然后再通过证券承销商机构发行证券。投资者依据自己能够承受的风险购买相应的证券，募集够资金后 SPV 需要支付给银行转账业务的费用，还需要以资产池中的现金流偿还投资者的本息。具体的证券化分为如下五个阶段。

1. 选择证券化资产

银行从风险防控的角度制作相应的评价体系，然后供应链上的企业按照银行制定的可证券化预期收入的标准，把与核心企业有关的质押合同，应收账款等交付到银行。因为后续证券化发行的成功与否，与制订的合同预期收入的标准有很大的相关性，并且发行的证券是以合同未来产生的现金流为支持的，所以要考虑合同期限、预期收入特征、支付能力、盈利水平等。

2. 创立 SPV

SPV 是特殊目的载体，作为发起人和投资人之间的中介机构，它的职能是购买、包装证券化资产和以此为基础发行资产化证券。SPV 能够保护投资人的利益，实现证券化应收账款与发起人破产隔离。

3. 信用增级

经过证券化的合同收入证券，很大程度上依赖合同收入在未来能否产生相应的现金流。因此风险从发起人转移到了投资者身上。为了控制交易风险吸引投资人，就需要通过信用增级机构来提高信用级别，信用增级的方式主要有超额担保、现金储备账户和金融担保等。另外 SPV 需要邀请主流的评级公司，对证券进行发行评级，提高证券信用的公信度，才能吸引更多投资者。

4. 证券设计和发行

SPV 委托证券商进行具体的设计，机构资本和民间资本都可以参与到其中来。因为证券市场上存在着各种风险偏好和投资目的的投资者，满足他们差异化的需求就需要对证券化的产品进行设计，当设计好的证券能够满足投资者的需求时，证券产品的发行成功率会有较大幅度的提高。所以证券设计应该进行充分的市场调研，了解投资者的投资意向，有针对性地进行设计。另外 SPV 需要选择声望高、经济实力雄厚、经验丰富的证券公司作为承销商，负责证券的发行。

5. 现金流管理和清算

证券发行后，SPV 将会委托服务商对收入款项进行收集和管理，持续为投资者带来稳定的收益，将收集到的款项汇到指定受托人的账户，由受托人支付到期证券的本息。图 7-5 为供应链金融资产证券化流程与交易结构。

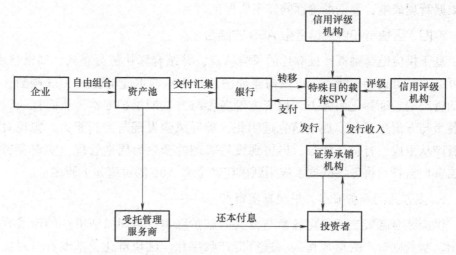

图 7-5　供应链金融资产证券化流程与交易结构

（三）传统供应链金融 ABS 业务痛点

资产证券化是一种复杂的融资形式，具有复杂的交易结构。参与交易的机构很多，并且存在众多机构之间的清算、对账等问题。传统业务模式主要存在以下痛点。

（1）资产证券化特别需要信息数据的披露，由此来保护投资者利益，防止出现证券欺骗。根据美国证券交易委员会的设定，需要公布借款人信息、证券信息、机构信息、交易结构信息等，并且要披露基础资产数据。信息披露是对风险识别、分散和防范的前提，是资产有效配置的要点之一，但是传统业务模式下披露信息的质量往往会出现问题，投资人和监管方对基础资产质量和披露信息的真实性等存在信任度问题。由于 ABS 的信息披露并不充分，一般银行间的 ABS 主要参考中债估值，交易所 ABS 主要看中证估值，这两个估值工具偏离度有时很大。

（2）整个供应链金融 ABS 流程中参与方众多，包括资产方、信用中介、SPV、行业监管和资金方等，各部分之间协同难度大，办事效率低，增加了证券化的成本。

（3）数字化程度低，底层资产信息没有摆脱纸质验证的束缚。目前很多线上操作仅仅停留在纸质表单的扫描件上。

（4）传统 ABS 是通过人工逐笔进行核对。人工核对费时费力，可能产生操作风险和道德风险，并且当交易量增大、交易频次增大，信息传输的准确性也不能保证。各个参与方的业务系统也各有不同，管理不同系统中的数据，会增加数据管理成本，数据准确性同样不能保证。

（四）区块链和供应链金融 ABS 的结合

基于供应链金融资产证券化的风险特点，并结合区块链分布式、加密技术、不可篡改、可追溯等特点，可以构建如图 7-6 所示的供应链金融 ABS 联盟，让基础资产端、证券化服务方、投资方等各参与方共同维护账本，从而打通供应链各参与方信息孤岛，促使信息透明化，提升风险发现与控制能力，实现对底层资产从生成、打包、评级、出售到投后管理的全生命周期管理，实现穿透式底层资产监管。将区块链技术应用到供应链金融 ABS 的价值如下所述。

1. 多方共同维护账本，呈现真实资产

供应链金融资产证券化各参与方共同维护账本，共同见证资产的形成直至退出。从基础资产的形成切入，进行资产数字化、区块链化，基础资产对应的贸易交易数据上链，在区块链实现资产交叉验证，从源头确保资产的真实性。上链后的数据不可篡改，确保存续期间资产的真实性。链式存储账本，实现资产可追溯性，从而防止欺诈行为、提高风控能力、增强投资方信心。

2. 穿透式底层资产监管

对底层资产进行穿透式监管，并使资产透明化，让各参与方直接面对最底层、最真实的资产，回归资产本质。最大程度消除投资方对资产的不信任、对评级机构的不信任，同时也减少发行方、会计、律师所、评级机构等服务方尽职调查的难度。

3. 供应链资产数字化，奠定资产证券化基础

供应链金融资产数据上链后，资产具有数字化、区块链化等特性，便于资产的流通和监管。同时，通过区块链对资产数据进行标准化，满足交易所的监管要求，便于监管审查，为实现资产证券化奠定基础。

4. 实现供应链金融资产 ABS 的全生命周期监控

通过管理平台，实现基础资产和资产证券化的全生命周期管理。首先，从每笔进入资产池的基础资产的形成到退出，全程实时监控各个机构的信息储存和资金的流动记录。通过区块链技术的分布式账本和共识机制保持实时同步，可以有效地解决各机构之间的清算问题；其次，从资产证券化的尽职调查、产品设计、审计、评级、发行、购买、存续期管理等环节进行全生命周期的监控。实现对动态资产池的质量、风险的监测。图 7-6 为区块链 + 供应链金融 ABS 结构图。

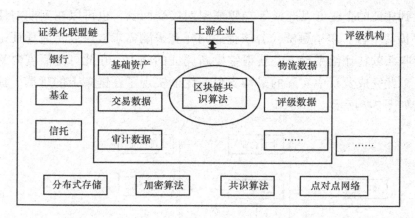

图 7-6 区块链 + 供应链金融 ABS 结构图

第三节 赋能供应链金融平台

供应链金融在企业融资尤其是中小企业融资过程中具有广阔的应用空间，是一个十万亿级的市场。但是由于信息不对称、信任传导困难、流程手续繁杂、增信成本高昂等问题，发展一度遭遇瓶颈制约。区块链技术作为一种分布式存储技术，天然具有信息不易被篡改、去中心化、开放、可视化等特征，可有效解决传统供应链金融中存在的诸多痛点。

以区块链技术为基础的"债转平台"，可以穿透贸易过程中各种壁垒，准确、完整地记录企业贸易数据，真正展示交易的具体形态，从而更直观地反映企业运行情况。另外，将应收账款要素提炼并标准化为债权凭证，可以最大程度隐藏贸易双方商业层面的各种数据和机密，兼顾了真实性和私密性，打消了企业的各种顾虑。"债转平台"不仅有效解决了中小企业融资难、融资贵的问题，还提高了其资金管理能力，将科技要素融入其生产经营过程中。本节是关于区块链平台结构和模式的介绍。平台实际在企业中的应用见案例部分。

一、平台结构

"债转平台"是一个开放式的系统架构，供应链上各个企业能够实现灵活的对接，链条上的交易记录全部被真实完整地记录。"债转平台"根据各个供应商和核心企业在贸易过程中产生的应收账款池情况，结合风控模型，为供应商核定一定比例的动态可用融资额度，供应商可以根据自己的实际需求，签发债权凭证作为对该笔采购的支付信用凭证，该凭证由"债转平台"提供信用背书。

收到凭证的企业可以选择等待凭证到期接受回款，也可以在到期前任意时间向"债转平台"申请融资，若该企业同样有采购需求，可以将此凭证记载的对应应收账款转让给平台方，获得签发新凭证的额度，在此可用额度内签发新凭证，以此完成贸易中实际的采购支付。凭证实现了在链条上的延展。具体平台结构如图 7-7 所示。

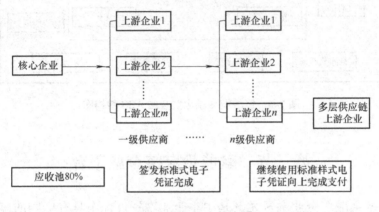

图 7-7 "债转平台"结构

二、"债转"平台运行流程

1. 凭证签发阶段

供应商依据核心企业的应收账款，向平台方申请融资。与平台方签订业务合同，约定供应商可以通过转让核心企业的应收账款签发债权凭证。供应商按照付款需求设定债权凭证的收款人、金额、期限等要素信息，并签发给其上游企业。

2. 凭证的流转阶段

供应商的上游企业在"债转平台"的系统上接受债权凭证。系统根据上游企业接收到的凭证金额为上游企业核定一定的额度，在这个额度范围内，上游企业可按照付款需求要求签发新凭证，完成采购支付。

3. 凭证的融资阶段

债权凭证的持有人可以通过转让凭证对应的应收账款向平台申请直接融资，按照申请日距凭证到期日的期限和凭证记载的融资利率计算利息，平台扣除相关利息后将剩余金额一次性进行发放。

4. 凭证到期阶段

持有债权凭证到期,并未贴现的企业,将获得签发人支付的应收账款金额。在平台申请融资的企业,到期后,签发人将应收账款直接支付给债转平台。

三、"债转"平台解决的问题

1. 为中小企业提供新的融资渠道

中小企业的融资问题是一个全球性难题,通过一个运用区块链技术架构的"债转平台",实现供应链贸易过程中的信用传递,成功地将大型企业的商业信用传递到了较为弱势的中小企业上,为中小企业提供了全新的融资渠道。

2. 全新的供应链金融服务模式

"债转平台"重构了传统供应链金融融资的结构方案。首先,"债转平台"将不同行业、不同规模、不同经营模式的企业拥有的应收账款进行处理,剔除掉个性化信息和商业机密,保留标准化应收账款数据,使得不同应收账款可以最终形成统一的标准化数据。其次,平台利用区块链技术、大数据技术以及风控模型,筛选贸易过程中的关键节点和活动数据,剔除无效信息,最大程度还原贸易的真实性,弱化主体信用在融资活动中的作用,在确保贸易活动真实有效的基础上,结合企业各种经营活动的佐证,客观科学地评估应收账款的风险。

3. 加强了中小企业管理资金的能力

中小企业由于自身规模,资金管理能力普遍较弱。通过区块链技术、大数据技术和模型将应收账款进行标准化,方便企业直观地掌握资金的实际情况,并且真实可信不可篡改,同时可以穿透贸易看本质,直视资金的使用效率,客观反映出企业资产及负债的情况、资金周转的情况等。企业可以通过定期的数据统计掌握资金流向,避免出现意外导致资金链的断裂。

【本章小结】

传统场景下的业务痛点,正是区块链等新兴技术的施展之处。区块链是点对点通信、数字加密、分布式账本、多方协同共识算法等多个领域的融合技术,具有不可篡改、链上数据可溯源的特性,非常适合用于多方参与的供应链金融业务场景。通过区块链技术能够确保链上数据可信、相互流通,传递核心企业信用,防范履约风险,提高操作层面的效率,简化交易流程,降低业务成本。同样在供应链金融 ABS 中,采用去中心化的结构,既能够安全的储存交易数据,也能确保数据的真实性,能够实时掌握并验证账本的内容,在相应的权限内实时披露基础资产信息,能够很大程度上提高资产证券化的透明度和可追责性,这都对该行业具有颠覆性的作用。"债转"平台作为将区块链技术应用于供应链金融领域的有益尝试,为区块链技术在金融行业的应用提供了实践经验,相信今后会有更多的落地项目,推动科技与金融的跨界融合,助力金融脱虚向实,服务产业经济。

【关键词】

供应链金融;供应链金融 ABS;区块链的应用;"债转"平台

【思考题】

1. 当下供应链金融面临的问题有哪些?
2. 当下供应链金融 ABS 面临的问题有哪些?
3. 区块链技术如何促进供应链金融的发展?
4. 区块链技术如何促进供应链金融 ABS 的发展?
5. "债转"平台如何运行和解决了什么问题?

【案例分析】

联易融供应链金融微企链平台

背景介绍

当前全球应收账期延长,我国企业资金压力巨大,据统计,2017 年全球平均应收账期增长到 66 天,比 2016 年增加了 2 天,相较于其他欧美国家,中国的账期天数最长,资金压力巨大。

国内小微金融市场空间巨大,小微企业融资需求强烈。一是国内小微企业融资需求大且复杂,根据《中国小微企业白皮书》调查显示:48% 的小微企业每年会出现 1~2 次资金缺口,所有小微企业资金缺口总和达到了 20 万亿左右,融资困难已经是制约小微企业发展的障碍。二是金融机构覆盖有限,受限于小微企业本身信用状况以及传统金融机构服务模式和风险偏好,供应链小微金融服务尚有大量空白待填补。

近几年国家连续出台政策推动供应链金融的发展,并鼓励通过金融科技特别是基于大数据、区块链、物联网的相关技术创新供应链金融模式,协助缓解中小企业融资难、融资贵的问题,目前众多企业都在布局供应链金融业务,为开展供应链小微金融创造了良好环境。

面临的挑战、痛点

1. 供应链上存在信息孤岛

同一供应链上企业之间的 ERP 系统并不互通，导致企业间信息割裂，全链条信息难以融会贯通。对银行等金融机构来说，企业的信息不透明意味着风控难度增大，对企业融资与金融机构渗透都是巨大的障碍。

2. 核心企业信用不能传递

信息孤岛问题导致上游供应商与核心企业的间接贸易信息不能得到证明，而传统的供应链金融工具传递核心企业信用能力有限。银承准入条件比较高，商业汇票存在信用度低的问题，导致核心企业的信用只传递到一级供应商层级，不能在整条供应链上做到跨级传递。

3. 缺乏可信的贸易场景

在供应链场景下，核心企业为可信的贸易背景做背书，银行通常只服务核心企业及其一级供应商的融资需求。而供应链上的其他中小企业缺乏实力来证实自身的还款能力及贸易关系的存在，在现存的银行风控体系下，难以获得银行融资；相对地，银行也很难渗透入供应链进行获客和放款。整体来讲，可信的贸易场景只存在于核心企业及其一级供应商之间，缺乏丰富的可信贸易场景。

4. 履约风险无法有效控制

供应商与买方之间、融资方和金融机构之间的支付和约定结算受限于各参与主体的契约精神和履约意愿，尤其是涉及多级供应商结算时，不确定性因素较多，存在资金挪用、恶意违约或操作风险。

5. 融资难融资贵

在目前赊销模式盛行的市场背景下，供应链上游的供应商往往存在较大资金缺口。但是，如果没有核心企业的背书，他们难以获得银行的优质贷款。而民间借贷利息成本往往很高，导致融资难、融资贵的现象突出。

项目主要内容

联易融于 2016 年 2 月在广东省深圳前海蛇口自贸区成立，并于 2018 年 12 月完成超过 2.2 亿美元的 C 轮融资。该平台引入众多科技技术手段，整合多方数据与资源，线上操作，实现资产客户端、资金渠道端在微企链的无缝对接。该平台的大体框架如图 7-8 所示。

该平台能够使核心企业信用沿着供应链传导到末端，实现债权持有期间流转、贴现和到期兑付。如图 7-8 所示，银行给核心企业首先支付应收款，核心企

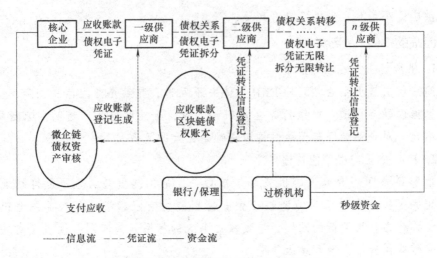

图 7-8 联易融供应链金融区块链服务平台

业可以给一级供应商开具债权电子凭证，一级供应商能够将该债权电子凭证拆分，从而转让给二级供应商，二级供应商又可以将从一级供应商得到的债权电子凭证拆分转让给三级供应商，一直到 n 级供应商，各级供应商通过电子凭证可获得过桥资金，从而保证整个链上的供应商都有融资，解决了中小企业融资困难的问题。通过区块链技术实现核心企业信用传递保证了整个链上资金的正常流转。同时区块链将所有应收款数据记录下来，确保链上的每个企业都能实时获取信息，杜绝了供应链上存在信息孤岛的问题。同时微企链债权资产审核系统可以对 n 级供应商出示的应收账款进行资质审核，能够降低平台运营风险。

如图 7-9 所示，具体到某类企业如车企中可以将一级供应商（轮胎企业）和核心企业（车企）之间的应收账款，通过资产网关进行全线上化电子审核，

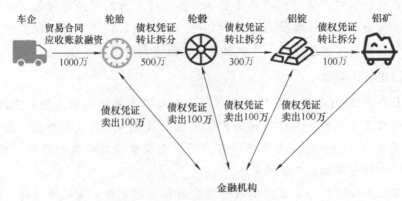

图 7-9 联易融供应链金融区块链服务平台基本模式

确保贸易背景的真实性，核心企业对该笔应收账款进行确权后，进行数字化上链，形成数字债权凭证，后面可以将凭证在微企链平台中进行拆分转让。每一级供应商均可以按业务需要选择持有到期、融资卖出或转让来满足自己的资金诉求。

项目的创新点

联易融提供的供应链金融区块链服务平台与普通供应链金融服务平台相比，该平台通过引入数字签名、分布式账本协作机制、智能合约，实现了各机构的高效协作和信息共享。同时区块链技术为债权凭证拆分转让提供了安全技术保障，为各参与方提供公允有效账本。区块链技术的去中心化使整个网络由各节点集体维护，保证了在资金流转过程中的公开透明，同时分布式可靠数据存储使每个节点都能获取完整数据副本。区块链技术为链上各企业带来了颇大益处。

核心企业：①改善了现金流和负债表，让账期充裕、经营性现金增加；②降低供应商融资成本，提升融资效率，稳定供应链条；③核心企业旗下金控、财务、保理等公司，可以通过资金参与实现投资利润；④基于区块链条，可以对供应商进行画像，加深客户关系管理，优化供应链体系。

小微企业：将借助核心企业信用，传递到产业生态链上的小微企业，从而降低融资成本，提升融资效率。

银行：银行急需新的抓手来整合全行金融能力、将服务渗透到核心企业的生态链，"微企链"成为银行业务渗透到中小企业的战略抓手。

项目的经济效益

通过该平台，降低小微企业融资成本，满足小微企业经营所需的资金需求，为银行、保理机构等资金供给方提供利息收入，联易融通过该平台能够获得链上交易总额1%的服务费。

简单汇供应链金融平台

背景介绍

国家统计局数据显示，我国中小企业占企业总数99%以上，解决了75%的就业，是我国经济的重要组成部分。但由于企业规模小、资信水平差、可抵押资产少等方面的问题，导致融资难、融资贵，成为发展的一大障碍。

供应链金融依托供应链上各个主体之间的真实交易，帮助小微企业盘活流动资产，提高生产效率，有效地解决中小企业融资难、融资贵的问题。

2017年10月13日，国务院办公厅发布了《关于积极推进供应链创新与应用的指导意见》，明确指出要积极稳妥地发展供应链金融。另一方面，2017年的消费金融风口也因为监管的入场而遭遇阻力，市场逐渐将视线从C端资产移开，转向主要针对B端市场的供应链金融领域。政策红利加之市场回归标志着供应链金融迎来全新的发展机遇。

项目面临的挑战

1. 企业无法自证偿还能力

传统模式下，融资人主体信用评审是无法绕过的一个环节。中小企业受制于管理水平、经营规模等因素，往往很难获得较高的信用评级，给应收账款质押融资造成了非贸易因素的干扰。

2. 交易本身的真实性难以验证

除了企业的资质、信用之外，交易本身是否真实存在也是供应链金融提供者特别注重和关心的问题。为了防止企业之间相互勾结，篡改交易信息，金融机构一般不会直接采信企业提供的信息，因而需要投入额外的人力物力校验信息的真实性，从而增加了风控成本。

3. 信息相互割裂、无法共享

在传统模式下，供应链中各个参与方之间的信息相互割裂，无法共享，从而导致信任无法传递。出于风控考虑，金融机构一般仅愿意对核心企业的第一级上游供应商或下游经销商提供融资服务，这就导致了二、三级供应商/经销商的巨大融资需求无法得到满足。

4. 履约风险无法有效控制

供应商和买方之间、融资方和金融机构之间的支付和结算受限于各参与主体的契约精神和履约意愿，尤其是涉及多级供应商结算时，易出现挪用、恶意违约或操作风险。

项目的主要内容

TCL是全球知名的家电制造业，产品分布全球各地，其背后拥有庞大的供应链，因此也具备了做供应链金融的基础，而简单汇就是在产业+金融的基础上孵化出来的金融科技公司，因此天生具备了懂产业、懂金融的基因，经历了圈内业务的打磨后，平台逐步向圈外发展，目前已经服务了上万家的企业，交易额达到了2400多亿，简单汇是一家帮助核心企业把优质信用传递到深层供应链来帮助N级供应商进行融资的科技公司。

简单汇也在不断探索新的科技手段，来加强平台的安全和效率，以下是简单汇在区块链上的实践，如图7-10所示，核心企业将贸易合同、应收账款等数据加密写到链上,简单汇通过对接相关系统验证工商信息,发票信息并登记到中登网,然后把验证的结果写到链上,增强数据的可信度(本来工商、发票、债权转让等信息需要由其他可信主体来写入的,由于他们未加入区块链节点,这里由简单汇对接他们系统后代为写入),根据链上验证的数据,简单汇为核心企业发行数字凭证,核心企业把数字凭证开立给供应商后,就可以在供应商之间转让,也可以进行融资,融资的时候,保理公司通过链上的数据,很容易验证数字凭证的真实性,在这个区块链架构上简单汇还做了两件事:①加密,数据在链上是加密的,只有数据拥有者或授权的机构(监管机构、保理公司等)才有权查看,可以根据业务需要灵活授权;②编写了一些供应链金融通用的智能合约,例如,实现了 KYC/AML 的资产标准等,提升了供应链金融平台的运转效率。

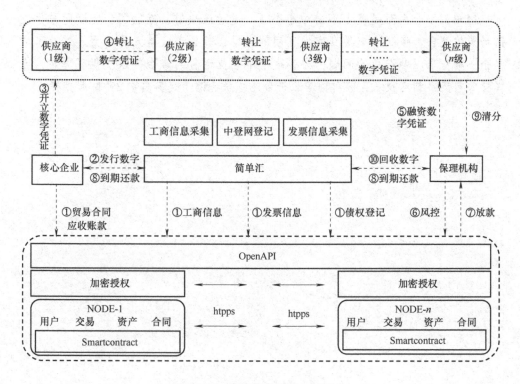

图 7-10 简单汇供应链金融平台

项目的创新点

1. 降低系统互联成本

传统模式下,系统 A 与系统 BCD 有业务交互时,需要彼此开发接口对接,而通过区块链,结点间是通过 P2P 广播来自动同步数据的,不需要人工干预,业务系统只要对接一个节点，就可以拿到各个系统的数据，而且数据不再需要额外做灾备，整个网络天然具备了灾备的功能。

2. 防篡改可追溯

由于区块间hash指针的约束，数据的篡改会导致一系列的连锁反应，篡改的成本非常高，特别是当可信主体的数量增多时，篡改难度会大大增加。

3. 快速验证

由于每个业务环节的数据是由各个可信主体写入的，根据每个可信主体公开的公钥，很容易验证数据写入者的身份，确定了身份的真实性，也就间接确定了数据的真实性。

项目的经济效益

简单汇平台全面覆盖上下游中小企业，通过区块链、互联网、物联网与供应链场景的结合。降低了交易真实性证明的成本，节省了大量人力物力。解决了中小企业融资难、融资贵的问题，为解决中小企业运营的资金需求提供了方案，为保理公司提供利息收入，同时简单汇平台能够获得链上交易总额2%的服务费。

第八章

区块链技术在其他金融相关场景的应用

【学习目标】

1. 了解区块链如何完善会计模式；
2. 熟悉传统审计与实时审计存在的问题；
3. 掌握区块链如何完善审计模式；
4. 熟悉我国征信行业发展存在的问题；
5. 掌握区块链技术如何解决征信行业存在的问题；
6. 熟悉区块链技术在银行资产管理业务的前景；
7. 熟悉区块链技术在保险资产管理业务的前景；
8. 熟悉区块链技术在信托行业资产管理业务的前景。

【导入案例】

HyperQuant——基于区块链的资产管理平台[1]

HyperQuant 是基于尖端 AI，风险管理，区块链技术和快速订单交付协议的自动加密交易，资产管理和 dApps 创建的专业平台，集撮合交易平台、算法交易平台、AI 风控等技术于一体，其以区块链 Proof of Existence 为基础进行改进，根据交易频率调整出块速度，同时其"跨链"协议能同时连接不同交易所进行买卖。HyperQuant 是一个进展了多年的项目，项目从 2015 年开始设计立项，2016 年着手撰写白皮书、开发交易策略、收集市场数据，2017 年 Alpha 版本已经公布，目前已经可以下载到 Android 版本的 APP 进行体验使用。它是由专业的

---

[1] 比特克. HyperQuant：一支你不敢想象的团队在做区块链与人工智能 [EB/OL]. (2018-06-12) [2019-09-02]. http：//www.sohu.com/a/235411349_100117189.

定量交易者对资本管理行业进行全面了解。进行全面的了解后，涉及的所有市场参与者（包括小型加密投资者到专业资本经理，风险投资和对冲基金等）都可以访问各种涵盖加密投资和加密交易流程各个方面的智能解决方案。人们的交易很大程度上受到情绪左右，这也就是为什么当恐慌情绪出现时往往会引起市场的连锁反应。尽管人们都颇为熟悉"不要把鸡蛋都放在一个篮子里"，但在利益面前能坚定执行这一策略的投资者往往少之又少。HyperQuant通过创建智能合约来确保交易策略和算法策略被稳定执行，使用算法策略进行交易给予使用者足够的风险回报比率。通过组合各种资产、算法和量子交易策略，用户能够创建一个良好的投资组合，一次实现在不同的市场阶段中最小化风险并最大化盈利。

问题：区块链给资产管理带来的改变有哪些？

第一节　开创会计审计新模式

财务和金融可以说是一体两面的关系，金融机构除了常见的银行、证券等机构外，还包括财务公司等。金融产业链中，信息是整个产业的重要基础，会计审计所提供的信息事关整个金融发展生态，是金融市场中两个重要的应用场景。在信息化建设快速发展的今天，会计审计也迫切需要提升信息披露质量、风险防控能力、业务创新能力。区块链技术的出现为会计提供了变革机遇，甚至可能重塑会计审计模式。

一、区块链在会计中的应用

会计作为记录、反映、核算一系列经济交易活动和价值运动的重要方式，对人类的生产、生活方式无时无刻不产生着重要影响。随着技术进步发展，会计学也在不断地完善，特别是随着计算机、大数据、云存储技术的应用，会计领域正进行着一场重大的数字变革。

（一）传统会计面临的问题

传统会计模式受发展水平的限制，存在着一系列的"顽疾"。首先，从会计信息质量看，企业内部会计信息产生流程缺少有效监督，往往存在着会计核算不实的问题，披露信息质量差，信息失真问题严重。其次，诸如购物发票、货币收据、银行的支票、汇票、提货单、产品运输单、材料领用单等会计原始凭证复杂错乱，难以分辨，虚假报账、非法洗钱等屡禁不止，进一步加剧了市场的信息不对称，投机炒作、内幕交易、市场操纵等行为难以遏制。同时，传统会计信息容易受到干扰。有些企业的管理者为了达到偷税逃税、吸引潜在投资者投资、顺利贷款、提高管理业绩、获得上市公司资格、挥霍公款、贪污、行贿等目的，弄虚作假，并滥用职权教唆、强迫会计人员进行违规操作。

会计信息系统也存在诸多需要完善的不足。目前企业资源计划（Enterprise Resource Planning，ERP）系统普遍采用集中式记账模式。基本的设计是不同职级和不同岗位拥有不同权限，各级子账本都要接受上级监督，各终端、次中心以及总中心的管理职能分设，这样的架构需要层层授权、审批和复核才能保证可靠性和规范性。在此模式下，节点与节点的地位不平等，权限不相同，有且仅有一个最高权限分派者。所以，集中式记账模式以管理权限设置为基础，授权机制发挥作用，并形成中心化账本。虽然实现了从手工账簿到信息化的转变，但自动化程度低并且管理理念依然以授权和审批为主导。报账程序复杂，财务人员工作量大，效率低，并且也没有和外部交易系统建立连接。在技术发展上仍然存在限制，并且在本质上，没有跳出会计的传统框架，仍然存在信任风险。

分工协作的大趋势，使会计行为由生产职能的附带部分转变为一种独立的授信行为。会计信息化时代的到来，使得区块链进入会计的视野，成为针对大数据的一种先进记账方式。分布式记账和存储允许不同地理位置的多个参与人员同时开展交易，每个参与者的权利和义务平等，即使某些节点出现问题，也不会影响整个系统的持续运转，极大地提高了系统的容错能力。

（二）区块链对会计的重塑和改善

区块链技术下的集体维护和监督容许每个节点在获得真实的账簿副本后，对每笔会计信息的真实性进行审查和校验，记录一经确认，便会在区块链中形成无法修改的数据信息，减少了会计舞弊空间。非对称密钥和签名可以保护交易者的隐私，再加上时间戳，区块链记录的信息就像是在时间轴上描点，时间轴随发展延伸，由于轴线的连续性，保证了过去交易数据的可追溯，且留下的痕迹不可擦除，保证了信息的客观真实性。会计工作人员通过对企业发生的经济业务和事件进行确认、计量、记录、报告和披露等程序，对信息进行加工处理并传递给信息使用者，信息一经确认就不能修改，永久有效，确保了会计记录的准确性、可靠性和时效性，满足了会计核算要求，降低了道德风险。

当会计遇到区块链，这种分布式的会计账簿体系就免除了第三方授信，以数学算法背书，削减了现有的信用成本。区块链对会计记账模式的重塑和改善主要体现在以下几个方面。

1. 重塑会计纠错方式

在传统的会计行业中,纠错机制是在双向记账理念下完成的,且依托于人工审核纠错,但由于人工审核会导致会计记账过程中出现较多的操作失误,会计纠错也较为耗时、烦琐。区块链技术可以完成在时间轴上对历史交易的连续追溯和对未来交易的无限延展,所以在基于区块链架构的财会系统中,每个交易节点都保存着完整的数据,数据的可追溯性,保证了区块链有着强大的纠错机制。每笔交易完成的确认,都须得到系统中全部节点的认可,区块链技术实现了全网参与者共同纠错,这充分保证了会计要素确认的准确和一致。

2. 重塑会计计量属性

区块链技术保证交易的每个节点都独立保存着与交易有关的所有数据信息,每一笔交易都会经过各个节点的审核,且审核通过之后才会被记录在区块链的分布式账本中。当下企业的会计计量方法非公开,存在操纵指标的嫌疑。区块链技术引入后,影响会计计量属性的每一个因素在区块链上都变得公开透明,会计计量工作变得透明,而且同时为历史成本、公允价值、可变现净值和现值等计量属性提供更加全面、准确、客观的信息。区块链公开透明的特点为会计价值计量的公允、合理提供了强大技术支持。

3. 重塑会计记账方式

企业单位用复式记账法记录每一笔交易的借项和贷项,要求会计总账充分反映会计科目的变化,会计报表制作、复核等工作需要花费大量的时间。在区块链的网络账本中,通过哈希指针,每个区块都能和上一个区块链相连,可以实现每个分账簿与总账的关联。通过对会计对象设计智能合约就可以实现自动记账,只需要系统上的一个按键,就可以实时更新生成一个不可篡改、全网节点共享的财务报表,降低了会计信息更新周期,提高了会计信息的质量,降低会计舞弊和差错风险,极大地提高了工作效率。

4. 完善企业内部控制

企业的管理会计旨在通过分析财务公开报表数据,对企业经营情况进行总结、控制以及考核,进而提供完善内部控制管理的措施。区块链技术的应用,确保了企业可以利用包括财务报表公开数据在内的企业全部经营信息。智能合约的引入可以实现企业会计系统自助数据信息,有效利用相关信息,实时监督企业经营状况,为企业内部控制提供科学灵活的建议。

5. 转变会计人员职能

企业会计人员基本职能是核算和监督，通过会计确认、会计计量、会计记录、会计报告等环节对经济业务进行核算，并对经济业务的真实性、合法性、完整性进行审查。区块链与会计的结合，使会计人员日常不再需要做审核会计单据、记账、报告、归档等基础工作，基于区块链的新会计系统可以自主完成相关工作，会计人员需要把主要精力放在更有价值的工作上，例如通过对企业会计数据进行分析，提供经营与决策建议等会计管理工作，这就要求新时期会计人员具备使用信息、管理信息、分析信息的能力。

应用案例 8-1

区块链在会计中的应用

2014 年，Rubix 由德勤成立于多伦多，致力于将创业速度和企业的可靠性带入区块链市场，填补区块链技术在现有企业复杂系统环境中应用的空缺。Rubix 专门设计用来使开发者能够在一个全栈区块链环境下创建和部署的分布式应用（Dapps），该区块链环境可以根据行业和企业的需要进行定制。为了应对企业级区块链系统独特的需求，Rubix 团队从底层协议到 Web3 API、开发者工具全方面地完善了 Rubix 核心（Rubix Core），使开发者可以快速无缝的设计、开发并测试区块链应用。Rubix 基于开源平台 Ethereum（以太坊），在充分利用以太坊协议的同时不断改进，添加企业级的核心功能，使 Rubix 可以适应复杂多变的企业环境。Rubix 提供了任何运行企业区块链应用所需的工具，其中包括：①控制面板。通过直观的交互方式查看区块链的网络状态；②区块浏览器。一键式查寻特定的区块、交易以及地址；③节点监控器。任意时刻监控区块链中的所有节点；④合约编辑器。在浏览器中即可编写智能合约，快速部署至区块链。Rubix 可以说是一个真正意义上走出实验室、投入生产的区块链平台。

在 Rubix 的基础上，德勤创建了全球范围内的分布式账簿——Deloitte's Perma Rec，将其与企业内部财务系统（如 SAP、Oracle、用友等）对接，使公司的购销过程透明化。此外，实时审计也取得了突破性的进展，Rubix 能够对账簿实施全面审计，并自动进行纳税申报，因此，在提升用户方、监管方和会计师事务所的整体绩效方面起到了显著作用。就目前来说，Rubix 主要用于确认交易对手、进行土地登记、客户忠诚度的积分以及实施实时会计和审计工作。

二、区块链在现代审计业务中的应用

（一）传统审计中的问题

传统现场审计中，审计是以会计信息及其他信息所反映的经营活动为审计对象，以审计人员进驻被审计单位的方式，现场审查和查阅被审计单位的经营管理信息，核查现金实物、有价证券及资产情况，并通过函证方式证实或证伪经济活动的真实性和合法性，对所审计的财务活动是否存在重大错报风险提供合理意见。随着会计的不断发展，传统现场审计的实施过程暴露出以下问题。

1. 审计时间滞后性

传统现场审计是对过去一段时间内会计信息进行监督和检查。审核的内容是前几年度披露的财务数据，由于审计时间较数据公布时间滞后，使得财会人员存在非法修饰或篡改会计账簿的可能，进而存在经营活动信息失真的风险，导致审计失真。审计时间滞后也使得监管部门可能出现不能及时发现被监管单位的违规违法行为，导致出现监管职能缺失的风险。

2. 会计信息存储的复杂性

随着信息技术在会计工作中的应用，利用财务处理信息系统进行会计记账已经代替手工记账方式，每家企业都有自己独立的财务信息管理系统，会计资料的形式也要随着所需录入的财务处理信息系统的形式发生变化。因此，当前会计资料呈现存储介质多样化，其中包含纸质、磁介质及光记录介质，这样一来，对多种来源渠道数据的稽核、检查及校对工作繁复，极大阻碍了审计效率的提高。

3. 审计工作效率低

一方面，随着审计客户的经营业务逐渐发展，需要列入审计科目的信息变得日益庞大和复杂，如果现场审计中存在管理制度不完善、审计资源分配不足或者人员沟通不顺畅等问题，很可能导致审计工作质量低劣、效率低下甚至发生重大审计失误；另一方面，审计工作流程复杂，延续期间较长，各项文件的审核批复效率较低，审计工作长时间地进行，可能会影响企业的正常经营。

4. 审计覆盖范围具有局限性

依据统计学理论，抽样方法在审计中普遍运用，是为了更好控制审计成本，提高审计效率。但审计抽样方法只能依靠数理统计理论整体评估交易数据的真实性，而不能对每一项交易数据的真实性进行核查。在审计工作中，审计人员只有在认为内部控制或企业管理规章存在薄弱环节时，才会对相应的环节进行细节测试。这种传统的审计程序过于片面，往往会遗漏审计疑点和审计线索，这样也会导致审计的经济监督职能、经济评价职能、经济鉴证职能的缺失。

（二）实时审计面临的挑战

目前，实时审计逐渐成为审计活动的主流趋势。实时审计是运用信息技术构建网络系统，审计机构通过网络系统实时获取审计客户的经营活动信息，并利用相关系统对审计客户的财务活动进行实时远程监控和审查的经济监督活动。实时审计更有利于审查和评价审计客户经营活动的真实性、合法性和效益性，以达到查错防弊和明确责任的监控目的。实时审计打破了传统现场审计模式，利用信息技术实时对审计客户的财务收支和现金流量进行监控。当前在实时审计的实施过程中存在以下弊端。

1. 获取数据易缺失

当前，审计人员主要通过对被审计单位数据库中的数据进行拷贝和数据预处理的方式进行审计，但是在数据拷贝和数据预处理过程中，易造成数据缺失、丢失或损坏等问题。

2. 电子数据易篡改且不易发现

手工做账已被财务软件取代，使得会计资料的表现形式发生历史性变化，电子数据成为审计核查的主体。电子数据与纸质资料相比，易于篡改且篡改之后审计人员很难发现，审计项目存在会计信息失真的风险；一旦电子数据经过缜密的非法修改之后，审计人员无法将修改的电子数据进行恢复，从而不能得到真实有效的审计证据。

3. 数据安全性低

不管基于云技术还是财务共享模式构建实时审计平台，业务数据一直存在较大的安全风险。业务数据是被审计单位的核心机密，也是开展审计的基础，一旦中央数据库受到黑客的攻击，业务数据大量泄露，被审计单位会有不可估量的损失。

（三）区块链对审计的主要影响

区块链自身的技术优势，使得基于区块链数据处理过程中的去信任化得以实现，区块链技术与审计工作的结合可凭借技术改善，破解审计工作中现存的难题。如果将区块链的去中心化、透明性、匿名性、自治性、不可篡改性等特点，与审计流程相结合，尤其是在识别、评估、应对重大错报风险方面，可以设计出"区块链+审计"的具体流程。企业内部审计时，可以借用区块链系统，打通总、分公司所属区块链的数据传输渠道，为审计做好准备；在识别、评估、应对重大错报风险方面，可以利用区块链所载信息的透明性和不可篡改性，充分了解审计对象及其环境，评估其内部控制的有效性，并展开销售与收款、采购与付款、生产与存货、筹资与投资、货币资金等业务循环审计。区块链的不可篡改、分布式账本、时间戳、网络共识以及可编程等特征与会计和审计对信息质量的要求不谋而合，有望对审计业务改善产生深远的影响，主要体现在以下四点。

1. 提高源数据质量

区块链不可篡改的特性在保障会计数据来源唯一的同时，也为审计业务的开展提供了可靠的数据来源。区块链审计平台会实时更新被审计企业的数据资料，一项交易完成后，被审计单位关于本次交易的数据便被录入区块链网络中，且很难被篡改。实时更新数据信息可以提升被审计企业的数据信息质量，为审计工作的开展夯实了基础。

2. 提高审计数据的安全性

分布式账本显著降低了被审计单位数据被攻击的风险。传统的审计资料被存储在中心化的服务器上，极易受到黑客攻击，导致文件丢失或者数据被篡改。而区块链将数据进行分布式存储，全网参加节点均会对交易数据备份，即便单个节点遭到黑客攻击，也不会影响数据在全网的共识状态，提升了用于审计工作数据的安全性。

3. 数据不可篡改

时间戳特性能提高被审计单位数据被篡改的难度，为审计业务的开展提供可靠的审计线索。在企业审计活动中，虚假交易和账目欺诈是重大错报风险的主要来源。"区块链+审计"平台，使得被审计单位要修改交易数据，需与平台众多个参与者达成共识，财务数据造假难度大幅提升，被审计单位数据的真实性和可靠性大幅提升，从而虚假财务信息验证成本大幅降低。

4. 提升审计工作效率

一方面，通过区块链网络获取审计需求信息更加便捷，审计请求实现分钟级甚至秒级响应，能够节省信息收集和整理时间，从而提高审计工作效率。

另一方面，区块链的共识机制使所有数据在第一时间得到共同确认，能保障数据的及时性和准确性。"区块链 + 审计"平台也能够大幅提升数据真实性和完整度，简化大量询问和函证程序，从而提高审计工作效率、节约人力成本。

> **应用案例 8-2**
>
> ### 区块链在现代审计业务中的应用案例
>
> 四大会计师事务所之一的安永（Ernst & Young）发布了两项新的区块链开发项目，即区块链分析工具的新版本和零知识证明协议。第一代产品仅对安永审计团队可用，以便从多个区块链账本收集公司的整个交易数据。第二代分析工具 EY Blockchain Analyzer，可作为业务应用程序对安永团队和非审计客户进行访问。
>
> 并且，安永计划在未来建立一个可用于各种目的平台解决方案，包括审计、税务和交易监控。新版本的分析工具可根据美国税法自动计算交易的资本利得和损失，支持 Andy Crypto-asset Accounting and Tax（Andy CAAT）工具对加密资产的税收计算。
>
> 安永还推出了一项名为"安永加密资产会计与税务"（EY Crypto-Asset Accounting and Tax，CAAT）的工具，旨在对加密货币持有量进行会计和计税。该产品可以从"几乎所有"主要交易所获取加密货币交易的信息，整合各种来源的数据，并自动生成报告，包括与加密货币相关的美国国税局（U.S. Internal Revenue Service）的纳税申报单。

第二节　创新风控征信新模式

风控是金融业务的核心之一，而征信作为金融风控的基础工具，其重要性不必多言。信贷业务规模的不断增加需要征信体系作为支撑，而新型信贷业务的快速发展以及不良贷款等问题的日益显现，对征信体系的完善提出了更高的要求。

一、我国征信体系现状分析

（一）我国征信行业的发展概况

从全球范围内来看，征信行业的主要模式大致分为三类，包括政府主导型、市场主导型和会员制。中国与欧洲大部分国家的征信行业不同，其模式并不以盈利为目的。中国人民银行征信中心主导建设了中国征信系统，从各金融机构、企事业单位等采集企业和个人信用信息，建立了企业及个人信用信息集中档案库，并有条件对外提供查询服务。在发展水平上，中国征信业发展与发达国家还存在一定的差距。

中国人民银行于1997年开始建设银行信贷登记咨询系统，2002年系统建设完毕，并完成"总行—省市—地市"三级覆盖。2004—2006年，中国人民银行将银行信贷登记咨询系统改造为企业征信系统，同时建设完成了个人征信系统。虽然中国人民银行主导的征信系统已于2006年上线，但对中国整体的征信行业而言，2013年颁布了《征信业管理条例》和《征信机构管理办法》之后，征信行业才开始规范化地发展。由于企业征信采取备案制，门槛远低于个人征信业务，于是在2014年，众多机构积极地在中国人民银行各分支机构开展征信备案工作，但直到2018年首张个人征信牌照才落地。

中国信用体系运营采取政府主导型运营模式，即以公共征信为主、社会征信为辅。公共征信即中国人民银行的征信中心，其个人、企业征信系统基本覆盖全国传统信贷市场，是中国征信体系的基础；社会征信即社会第三方征信机构，重点服务于中下游，是完善和补充央行征信系统的重要组成部分。由于非盈利、非市场化的定位，政府主导的征信中心（中国人民银行）现有数据的覆盖率比较有限，仍存在许多信用白户。另外，中国人民银行征信中心对于接入机构的要求比较高，多数非银金融机构达不到其门槛，无法接入征信系统，造成中国人民银行征信系统对近年来兴起的互联网金融和消费金融行业缺乏覆盖的现实。但实际上这些新兴金融领域发展时间短、增速快，正处在需要严格的风控来支持其平稳发展的阶段。

同时，由于存在着对数据的巨大渴求，而又缺乏相应的渠道获取数据，所以部分金融机构被迫从非正规渠道购买数据，但往往此类非正规渠道数据存在质量差、掺水严重等问题，无法满足后续数据分析服务的要求。另外，由于信息不对称，金融机构无法获得翔实的中小企业信用信息，导致中小企业长期受到融资难、融资贵问题的困扰。

中国的征信行业未来市场规模将达千亿级，征信市场空间巨大，但目前整个征信行业数据孤岛现象严重，信息不共享，从而无法产生更大的价值。在目前的征信机构中，无论资本市场信用评估机构、商业市场评估机构还是个人消费市场评估机构都需要进行数据的安全共享，同时需要降低数据获取成本，促进整个行业健康安全发展。通过技术手段有效解决数据共享和存储所面临的问题、更加清楚地了解用户画像有助于正确判断和决策、减少风险、促进信息共享。以征信行业突出的黑名单共享业务场景为例,在跨领域、跨行业、跨机构的环境下,用传统的技术实现黑名单共享难度大且成本高,较难实现多方互信。同时,传统中心化的技术实现共享黑名单还存在信息容易被篡改、数据无法追溯、共享信息的真实性无法得到保证等问题。传统技术实现共享黑名单很难做到数据在各个机构间实时同步,存在数据一致性和实时性的问题。

(二)我国金融信用服务模式

信用是金融交易的基石。无论是在传统金融体系下还是在互联网金融体系下,投资者、融资用户和机构都基于相互信任实现交易。如果缺乏基本的信任和信誉,双方都将面临巨大的风险,交易很可能会失败。我国互联网金融的主要参与者是中小微企业,信息不对称和信用评价体系造成的融资困难是这些企业发展的重要障碍之一。

金融信用体系是金融市场的重要组成部分。其实质是行业机构共享、整合和处理客户的信用数据和信息,进而达到信息整合和资源共享的目的,实现对客户信用的全面评估。目前,中国金融信用服务应用主要有两种基本的模式。

1. 大数据信用模式

大数据信用是指通过技术操作,从征信机构中获取多样化信息,对多元化信贷提供者、电子商务和社交网络等非结构化数据,通过信息清理、有效匹配、数据集成和深度挖掘,来获得准确反映信用状况的数据信息和评估报告。这种模式的用户以电子商务平台和 P2P 网络贷款平台为主,例如使用阿里巴巴和芝麻信用系统的电子商务交易数据,运用 Ant Fin-tech 技术来评估用户信用。

2. 商业信用平台披露模式

另一种类型是以小额信贷信用信息共享平台(MSP)和网络金融信用系统(NFCS)等系统为依托,通过信息匹配来获取相应的征信信息。MSP 为 P2P 公司、小额贷款公司、担保公司和其他小额信贷机构提供诸多服务,包括信用信息查询和报告,借款人黑名单和不良信息共享等。NFCS 收集和组织自然人主体在互联网金融过程中产生的信用交易信息,包括基本个人信息、贷款申请信息、贷款还款信息、贷款公开信息、和特殊交易信息五种。再结合从其他领域获得的信用信息,这些信息被整合到信用报告中提供给企业。

(三)我国征信服务中面临的问题

目前金融征信服务中还存在以下一些问题。

1. 手工审核效率低,成本高

人工收集信息和验证的手工验证方式仍然是互联网金融信用审计的主要方

式。目前，互联网金融风险控制的核心技术类似于德国微贷技术（IPC）模式，应用场景包括反欺诈，贷款前风险评估，信用风险管理，贷后风险评估和收集等。由于没有第三方参与，不能完全保证信息的真实性，因此无法保证可信度。企业必须进一步确认离线信息的真实性，需由专业审计人员拨打电话或进行现场调查确认，大大增加了人力成本，降低了工作效率。

2. 严重的信息孤岛

许多金融机构需要与信用信息平台（如 MSP 或 NFCS）合作以获取信用信息，但是，这些平台获得的信息量是有限的，平台和平台之间的信息隔离严重。各方不愿将己方的数据与外界共享，宁愿将其握在手中，最终导致"数据孤岛"形成，使得"多头贷""骗贷"等欺诈事件和信用违约等失信事件时有发生，不良贷款率居高不下。如电信运营商、政府部门和法院等机构持有的各种信息，很少共享，导致部分重要征信信息没有得到有效利用。

分散在各个征信机构间的黑名单数据整合在一起实现数据共享极其困难，需要克服的最主要难题就是各机构间一直以来存在的信任问题。因此，如果能解决信任问题，打通"数据孤岛"，在保证数据所属方利益的情况下，让征信数据在金融机构间规范化地流动、共享，并在此基础上开展大数据分析，可以满足行业多元化、个性化的征信需求，会成为未来中国征信业的发展方向。如果金融机构想要获得更多信息，他们必须与多个信贷平台合作，因此风险控制成本将会增加。除了信用机构不愿意积极共享数据之外，基于传统架构的机构之间数据共享的安全性也是需要解决的问题。解决数据孤岛问题仍然任重道远。

3. 数据源难以整合

数据源是征信行业的基础生产材料。有效数据的采集场景不仅包括银行、保险、公安、公共服务部门等线下场景，还包括电商、社交等互联网线上平台。大部分征信机构通过自扒、合作、购买等方式，从这些有限的场景中获得数据，然后通过市场化的方式进行整合，数据竞争激烈。正式的信用数据采集方，渠道控制十分严格，加剧了市场数据的供需矛盾，造成数据源的整合存在瓶颈。

4. 数据准确性问题

网络化时代，金融服务通常对于客户提交的资料和大数据提供的客户征信资料等进行网上审核批准。但是客户可能通过编造虚假报送资料来获得贷款，增加了金融机构贷款风险。此外，信息主体的隐私权与信用征信的公开性存在一定的矛盾冲突。一些个体或者企业出于对自身信息安全的考虑，并不希望将所有信息都告知他人，因此征信机构所获得的数据有一定的局限性。

5. 监管体系不健全

针对第三方征信机构，我国并未有明确、完整的针对性监管体系。也就是说，国家对于第三方征信机构是否合规经营等方面存在监管空白，征信机构与信用主体之间可能存在利益输送，导致第三方征信机构提供的征信报告真实性较差，难以反映信用主体的真实信用情况。因此，大数据征信行业的监管体系还有待完善，只有规范征信机构经营环境，才能完善我国征信体系发展。

二、区块链推动征信转型

现有技术在数据采集、解决信息不对称和数据隐私保护等方面仍存在局限性。具备分布式存储、对等传输、共识机制和加密算法等特点的区块链技术逐渐进入了人们的视野，被视为推动征信体系转型的重要技术。

作为比特币和其他数字货币的基础技术，区块链技术具有不可改变和分散的特点，利用加密算法、共识机制、激励机制等实现分布式网络中的对等交易，基于智能合约技术，为更多在线交易、支付提供了可能性。它是继大型计算机、个人计算机、互联网、移动社交网络之后，再次为社会带来信用革命的第五种创新范式，并有可能成为下一代全球信用认证和价值互联网的基础设施协议。区块链作为信任问题的新解决方案，引起了征信领域的关注。

征信领域信息孤岛、数据源之争等坚冰亟待打破，利用区块链的加密安全性、去中心化、去信任、开放自治等特征能够有效完善大数据征信体系，维护信息安全，增加数据仓库的多样性，建立信息交流新秩序以及良好的互联网内生信用机制。为此，区块链基础共享系统的具体构建便成为改进征信行业的关键。区块链为金融征信共享系统构建提供了解决方案，具体可以体现在以下几个方面。

1. 区块链使信息主体隐私和权益得到有效保障

区块链通过哈希加密算法进行数据脱敏，可保证数据的私密性以及安全性。数据脱敏是指对某些敏感信息使用脱敏规则进行数据的变形，实现对敏感隐私数据的可靠保护。通过数据脱敏，个人或企业能够放心地将数据信息授权给征信机构进行信用评估，而在这一过程中，征信机构和其他用户是无法得到该信息主体的原数据的，从而保证信息的私密性。在数据交易的过程中，区块链的各节点中保留着信息主体的摘要，具体的交易信息加密存储，这样在保护信息不被泄露的基础上，可追溯交易数据的所属权，进一步加强了信息主体的数据安全性。同时，在通讯过程中，通过 SSL 协议、点对点传输，增加了多重安全保障。

2. 区块链降低了金融征信信息交易成本

区块链去中心化将金融服务从"一对多"转化成了"点对点"的模式，扩大信息基础数据库覆盖范围，也就是将金融服务供给分散化，从而降低金融服务成本。区块链技术去掉了中心节点，各节点之间可以点对点直接传输交易数据，数据交易流程大幅简化，减少了大量的人力物力投入，降低了征信信息交易成本。基于区块链的征信交易模式运行效率相比传统的征信体系有了大幅提升。

3. 区块链消除数据孤岛

区块链分布式账本技术的应用，可以及时、完整、真实地记录信用信息，实时进行数据共享与信息交换，并且将数据信息加盖时间戳后，记录在相应区块中，保证了不再存在数据造假的风险。去中心化的征信模型有助于数据共享，有效地解决了信息孤岛问题。同时，征信机构也能获取各类人群的数据并对其进行信用评估。这使数据库信息储备更加完整、准确，对大数据征信的发展有较大的推进作用。

4. 征信信息的数据维度和共享性得以提升

区块链技术消除了信息主体数据所有权和安全性等多方面的顾虑，促进了各行业的数据共享，多方提供数据交易信息，使得征信数据更加可信。并且数据需求方可以更加快捷高效地获取多维度的征信数据。基于区块链技术的征信信息共享查询，各客户每次调用查询都记录在区块链账本中，保证不可篡改并可追溯信息来源，各征信系统成员互相开放黑名单中的信息查询。

5. 区块链技术可以实现信息透明，提供监管保障

区块链网络是相对开放的，除了对部分涉及参与节点的隐私的数据进行加密保护外，所有人均能通过公开的接口找到相关账本数据。利用区块链技术对接各个联盟机构黑名单业务系统，建立联盟机构黑名单平台，将分散在各个征信机构间的黑名单数据整合在一起实现数据共享，建立良性循环、实现系统自治。与此同时，区块链采用的是基于协商一致的共识机制，任何人无法随意篡改信息。这些使得大数据征信系统达到高度透明，并且对数据信息安全有较好的保障。在区块链加密安全性、去中心化、去信任、开放自治等特性加持下，基于区块链的征信平台可以实现实时监管。

> 应用案例 8-3

区块链推动征信转型

苏宁金融于 2018 年 2 月上线金融行业区块链黑名单共享平台系统,将金融机构的黑名单数据加密存储在区块链上,金融机构可通过独立部署节点接入联盟链,开展区块链黑名单数据上传和查询等业务。通过区块链技术,该平台实现了无运营机构的去中心化黑名单共享模式,解决了黑名单数据不公开、数据未集中、获取难度大等行业痛点,且成本低廉,有效降低了金融机构的运营成本,更保护了客户的隐私和金融机构的利益。

六合数字科技基于区块链技术传递信用,将区块链应用于中小企业主体的信用形成和交易环节的四流合一验证,解决中小企业评估难题,并与银行等金融机构形成联盟共识,通过区块链的分布式验证,共建信用识别和认定机制,帮助中小企业解决采购与融资难题。

Kredit Chain 是欧盟第一个基于区块链技术的征信生态体系,同时也是德国首个世界级区块链应用项目,其目标在于通过区块链与分布式存储技术,构建一个欧盟范围内的去中心化征信体系。该项目解决了数据中心化导致的商业场景割据,并将尝试利用区块链技术准确地、透明地衡量生态体系内每一位参与者的信用。该项目获得了欧洲中央银行与货币基金组织(IMF)的官方支持,在欧盟经济中心内率先进行银行区块链技术改造。

第三节 推动资产管理的转型

区块链技术除了应用于金融行业的各个领域,如银行业、保险业、证券业和征信业等,对于一些跨领域的业务,区块链技术也可以带来改变。资产管理业务几乎在金融行业的各个领域都有涉及,单就这些业务而言,存在成本过高、监管不易、业务流程长等问题。区块链技术的出现,有望给这些问题带来转机。

一、资产管理业务

据中国人民银行颁布的最新指导意见,资产管理业务是指银行、信托、证券、基金、期货、保险资产管理机构等金融机构接受投资者委托,对受托的投资者财产进行投资和管理的金融服务。金融机构向委托人收取相应的管理费用并对委托人的利益负责,委托人自担投资风险并获得收益。资产管理产品包括但不限于银行非保本理财产品,资金信托计划,证券公司、证券公司子公司、基金管理公司、基金管理子公司、期货公司、期货公司子公司和保险资产管理机构发行的资产管理产品等[①]。

从以上表述中可以看出，资产管理业务几乎所有的金融机构都有涉及。由于不同的金融机构的主营业务各不相同，所以资产管理业务在不同行业扮演的角色也不尽相同。对于银行来说，资产管理业务是谋求转型的新兴财富管理业务，被视为新的利润增长点。信托机构自认为是最符合资产管理理念的金融机构，资产管理业务是其主要的业务类型。随着监管层放宽了对证券公司、期货公司和基金公司进行资产管理业务的限制，这些金融机构资产管理业务的投资空间也得到了进一步拓宽。

资产管理业务作为金融行业各个部门业务内容中重要的组成部分，与区块链的结合具有巨大的应用前景。根据 J. P. Mogan 公司发布的报告显示，资产管理业务成本可以分解成销售和市场、运营、信息技术、资产组合管理、财务、风险管理和行政费用等七个部分，其中各个部分占资产管理总成本的比例如表8-1所示。

表8-1 资产管理成本分解

内 容	销售和市场	运营	信息技术	资产组合管理	财务	风险管理	行政费用
占总成本比例	20%~30%	20%~25%	15%~20%	15%~20%	5%~10%	5%~7%	5%~10%

*注：具体比例由规模、业务范围、地区、多元化等的不同而有所差异。

通过转向自助服务方案，可以节省销售和市场的成本；通过实现更高效的数据管理，如通过智能合约技术实现自动监管报告、缩短处理周期以及采用区块链为底层技术的新系统、淘汰落后的基础设施，可以实现运营环节的成本节省。从节省成本的角度来看，区块链技术可以减少对数据汇总、修改和共享的人工干预，从而在降低成本方面发挥作用。同时区块链技术还有望在监管问题以及业务流程简化、降低风险等方面，对传统的资产管理业务进行优化改进。

二、不同金融机构资产管理业务的区块链应用

（一）银行资管业务的区块链应用探析

1. 银行资管业务及其产品特征

在当前信贷规模有限，社会投资需求旺盛的背景下，资产管理业务已成为优化资金配置，满足社会投资和实体经济需求的重要途径。这也是个人和企业

[①] 人民银行、银监会、证监会、保监会、外汇局等《关于规范金融机构资产管理业务的指导意见（征求意见稿）》，2017。

应对通胀风险，保值增值的重要投资方向。经过十多年的发展和银行长期信誉积累，银行资产管理业务已成为国内资产管理市场中规模最大，客户最多，最具影响力的业务。因此，资产管理业务是当前银行实现业务转型的主要业务。特别是近年来，理财收入的贡献不断增加，已成为推动业务转型的新的利润增长点。资产管理的业务形式，内容和类型是多种多样的，涵盖个人理财业务，高端客户财富管理业务，企业客户资产管理和咨询服务。银行的资产管理业务不断探索实体经济的服务类型，不仅要满足投资资金的自由、追求高收益和高风险，还要突破刚性兑付，回归资产管理的本质。银行资产管理产品开始从封闭式和预期收益性产品转变为开放型和净值产品，这些产品迫切需要提高新兴大数据分析等新技术的掌握和应用能力，更加关注整合区块链这一金融前沿和新业务模型的应用和研究。

2. 探索区块链在银行资管业务中的应用

银行如果要将区块链技术引入到资管业务，可以采用区块链中的私有链作为应用架构，建立银行和诸多投资者、资金需求者共同参与的资管业务平台，形成具有个体身份证明的资产组合账本记录和资产管理账本记录。通过这种建立在去中心化的区块链上的分布式记账机制，能够突出资管业务平台上各类产品的信息共享和资产使用情况，吸引更多投资者参与到资产管理业务中来。

银行资管业务的运作模式即银行以理财计划、信托计划、资管计划等方式，汇集单个或多个投资者的资金到一个资金池中，将募集的资金按照预定的投资策略和计划运用于确定的对象和用途，以实现募集资金的保值增值，并按照资管合同将收益分配给投资者的过程。资管业务相关部门可成立研发实验室或携手金融科技公司，首先推进一些小型的试验性应用项目，强化技术储备，有序推进资管业务各系统的应用技术演练，通过应用项目的实践，不断加强对区块链技术的深层次掌握，以期开发银行资管业务的区块链应用场景。

区块链的共享账本、智能合约、隐私保护、共识机制等特点可作为技术基础应用于资管业务运作每一个过程，并应突出资管业务系列化产品的信息共享和资产使用情况。另一方面，可进一步构建资管业务的区块链现实应用体系，需建立起相应的区块链债券登记和资产公证体系以及风险管理组织体系等，例如，可以选择风险较低且投资价值较高的银行信用类资管业务产品，以及基于区块链的资产配置体系作为起点，并强化跟踪研究。

（二）区块链运用于保险资产管理监管

就保险资产管理行业而言，近年来，监管机构对保险资产管理业务的监管有两个转变，一是从规模监管向全面风险监管的转变；二是由分业监管向全面统一监管的转变。相比原来的监管思路，针对保险公司自有资金运用，不再是简单的根据保费规模、赔款以及准备金的比例进行监管，而是通过保险资本与相关风险状况的匹配，对保险机构加以区分，从而形成保险机构分类监管机制。针对保险资产管理的多层嵌套、杠杆不清、监管套利严重、投机频繁等问题，监管机构提出"统一标准规制，同时对金融创新坚持趋利避害、一分为二，留出发展空间"。总体监管方案上采用的是"强调事前、加强事中、管住事后"的动态、实时、全面风险监管。

保险资产管理全面风险监管的技术挑战是：无法获取实时数据、数据造假、风险识别难、风险信息共享难、机构内部管理难。这些技术挑战给监管造成了极大的困扰，使得监管法规就很难有效执行。针对保险资产管理全面风险监管遇到的各项问题，区块链可以在以下四个方面运用于保险资产管理监管。

1. 助力分业监管向全面统一监管的转变

在分业监管时代，管理业务的多层次嵌套和通道业务导致严重的监管套利。通道业务是指券商向银行发行资管产品吸纳银行资金，再用于购买银行票据，帮助银行曲线完成信托贷款，并将相关资产转移到表外。在这个过程中，券商向银行提供通道，收取一定的过桥费用。例如，银行，证券公司的财务管理计划、信托计划、资产管理计划等通过保险资产管理计划进行间接投资，保险资产管理公司收取相应的渠道费用。鉴于这种情况，区块链技术可以在央行、银保监会、证监会等监管部门中部署节点，形成监管联盟。同时，它可以在多个保险资产管理公司、信托公司、证券公司和银行部署节点形成闭环业务数据。利用区块链的可追溯性，可以实时捕获跨市场和跨区域投资数据信息，在多个监管机构之间共享信息，达到统一监管的目的，发挥消除通道业务风险和抑制多层嵌套的作用。

2. 助力监管识别关联交易

区块链节点在管理者、投资者、项目方和监管机构的部署，可以借助区块链技术的不可篡改特性，实现反洗钱和身份识别，掌握关联方的身份信息和资金流去向。准确定位关联交易是否符合监管要求，解决关联交易合法性问题，例如非法交易、交易关系不清、交易统计不准确、交易报告不及时等。

3. 助力监管实时追踪

保险资产管理机构内部管理中的欺诈风险主要是保险资产管理业务经营过程中，内外部人员不当行为造成的风险，如销售虚假产品、伪造文件、签订虚假合同等。在与外部机构合作时,将在整个合作过程中产生的产品销售信息、投资者信息、产品份额信息和产品合同信息置于区块链上,这样监管机构可以实时跟踪相关的欺诈风险。基于上述四种保险资产管理业务监管场景,区块链技术满足了保险监管的渗透性、动态性、高效性、准确性、灵活性和及时性等目标,有利于实现真正的全面监管。通过区块链的监督审计功能,进一步提高保险资产管理业务的安全性和透明度,可以提高保险资产管理公司的信用,有效防范投机和不当投资行为;可以更好地履行保险机构的职责,保障保险业安全稳定发展。

(三)区块链运用于信托行业

年报数据显示,截至2018年年末,全国68家信托公司管理的信托资产规模为22.70万亿元,同比下降13.5%;固有资产总计7268.90亿,同比增长9.08%;2018年全年共实现营业收入1115.36亿元,实现净利润569.07亿[①]。信托行业近年实现了很好的发展,但是也存在一些行业既有的问题,这些问题往往都可以通过区块链技术加以改进。

1. 提高信托行业利润水平

信托行业资产体量庞大,公司层面实现的利润水平却偏低。采用信托报酬率指标衡量收益水平,2005—2017年十余年间,国内信托机构的平均信托报酬率水平不足1%,这一方面是因为国内大量开展低技术含量、低回报率的通道类业务,另一方面源于国内信托机构处于规模膨胀期,长期粗放式发展忽视对成本的控制。在信托行业盈利能力走低,同质化竞争加剧的背景下,优化成本管理是信托机构脱颖而出的必然路径。信托公司营业成本主要包括营业支出、管理费用、研发成本以及员工薪酬福利等项目。区块链由于具有去中心化的特性,可以利用智能合约技术,很大程度上解放信托公司的人力成本,降低营业支出和管理费用,使信托公司拥有更加充沛的资金用于开发市场、强化创新、提升公司职工福利水平,打开更大的发展空间。区块链技术有望带来巨大的成本节约,如美国两大证券交易所曾以其清算交收的数字为基础测算,使用区块链节约的交易成本一天便可达27亿美元。我国信托业设立及管理手续烦琐,可以降低成本的环节包括但不仅限于清结算环节,将节约大量社会资本,促进经济整体更为有效地运转。

2. 降低信托行业风险

信托行业多年来实行粗放式发展,野蛮扩张的后果就是资产质量难以得到

[①] 用益信托网. 2018年信托行业年报分析 [EB/OL]. (2019-05-22) [2019-09-02]. http://www.yanglee.com/Information/Details.aspx?i=64092

保证，风险事件频发，在打破刚性兑付的趋势下，没有了信托公司兜底，损失将由投资者个人承担，社会影响的波及面更广，造成的影响更为恶劣。爆发风险的项目主要有以下几种原因：编造融资项目、伪造项目材料、公司公章，骗取信托贷款；融资人负有高额债务、挪用信托贷款还账、无力兑付信托计划；泡沫化的市场行情、掩盖了信托风险；地方政府融资平台、债台高筑、涉嫌违规注资担保、财政吃紧；信托经理的道德风险。区块链保证存储于线上的数字材料在保持隐私性的同时可以被验证，技术上不存在被伪造的可能性；对交易对手的财务状况可以进行实时查询，第一时间发现财务风险，及时做出应对措施；信托产品引入智能合约，建立基于算法的绝对信任，降低信托经理的道德风险，即使在某些必须人为处理的环节发生了偏差，也会由于流程的透明性很容易被发现，能够尽快补救，最大程度上减少损失。区块链的引入可以极大程度完善信托行业的风险控制。

3. 优化信托业务流程

区块链的引入可以大大加强尽职调查和投后管理中的风险识别能力。在信托业务占比持续走高的环境下，引入区块链提高信托产品的风险防范能力，能有效保护投资者财产安全，提高社会稳定性。应用于固有投资，有利于保证信托公司资本金安全，加强风险防控能力。同时，还能够帮助业务人员识别低风险高收益的资金敞口，并实时跟踪风险变化，促使信托行业更好地服务于实体经济。运用区块链技术将信托业务流程中的原始文件、签名参数等信息加盖时间戳，不可篡改地记录于区块上，可以用来辅助信托存证场景。投资类信托业务以投资方为主导，首先由客户发出交易指令，信托公司据此进行投资行为，区块链可以记录这一系列流程，提供信托公司在资产管理过程中按照投资者要求行事，履行了勤勉尽职义务的证明。融资类信托业务以融资方为主导，信托公司按照合同约定向融资方发放贷款，区块链技术能够记录用于贷款的信托资金投放的金额和时间，便于相关人员随时进行查询，厘清各方责任，避免纠纷的发生。信托财产托管机制实现了信托财产所有权、管理权、监督权的分离，由信托公司委托符合要求的商业银行，负责信托财产的保管和核算以及资金的划付和清算，能够有效改善信托治理结构，提升行业公信力。在信托财产托管制度下，信托公司作为资金的支配者不可避免地需要经常与资金的保管者银行之间开展资金支付与清算业务。

金融机构间的对账、清结算需要大量劳动力投入进行人工核查，成本较高，用户端和金融机构业务端产生的支付业务费用高昂，跨境金融机构间尤甚。区块链网络这一价值互联网，基于数学原理，能够保证系统内价值交易活动的记

第八章 区块链技术在其他金融相关场景的应用

录都是正确的,将不再需要对账系统和清算人员即可保证交易的可靠性。区块链技术可以通过资产数据化等手段完成金融机构间线上点对点的价值转移,可以考虑让信托计划相关企业组建联盟链,其开放程度弱于公有链,但交易速度和对隐私的保护要强于公有链,未来如果有企业需要加入,需要链上企业共同投票决定。在联盟链上,信息传递的同时即可完成价值转移,提高了支付及清结算业务的处理效率,同时保证了资金流向的可靠性。

应用案例 8-4

资产管理业务的区块链应用案例一

当下颇受瞩目的 TrustVerse 公司就是将区块链技术与人工智能相结合,运用智能的深层学习模仿,为使用者提供数字资产管理所需的最佳财务信息,以及生成全新的分布式应用软件"Dapp",全面有效解决资产管理问题。

该平台能够提供稳定的低风险中间收入组合和遗产、继承计划及数字资产转移简单化的智能合约系统。哪怕用户在经验不足的情形下进行交易及投资,平台也可以及时提供帮助与支撑,进行资产保护,有效地降低风险,减少资产组合的变动性。尤其是能够有效防备意外的市场变动。

应用案例 8-5

资产管理业务的区块链应用案例二

中国邮政储蓄银行(以下简称"邮储银行")是中国领先的大型零售银行,目标客户为中国经济转型中的活跃群体,例如"三农"、城乡居民和中小企业。截至 2019 年 7 月,邮储银行在全国拥有营业网点近 4 万个,同时为 5.87 亿户个人客户提供服务,所持有的资产质量优异,并且拥有极大的成长潜力。

据新华网报道,邮储银行在 2017 年 1 月 10 日宣布推出基于区块链的资产托管系统。在正式推出该系统三个月之前,也就是 2016 年 10 月,该系统就已经上线运行。因此到正式推出之时,该系统已在真实业务环境中执行了上百笔交易,经受住了实际的考验。邮储银行行长吕家进表示,这是中国银行业将区块链技术应用于银行核心业务系统的首次成功实践。

邮储银行此次推出的资产托管系统,选取了资产委托方、资产管理方、资产托管方、投资顾问、审计方五种角色共同参与的资产托管业务场景,实现了托管业务的信息共享和资产使用情况的监督。

吕家进同时认为区块链技术能够"低成本地解决金融活动中的信任难题,将为多方交易带来信用的高效交换",肯定了区块链技术推动金融业变革的巨大潜力。邮储银行推出的区块链解决方案实现了信息的多方实时共享,免去了重复信用校验的过程,将原有业务环节缩短了 60%~80%,使信用交换更为高效。

应用案例 8-6

资产管理业务的区块链应用案例三

能链科技成立于 2016 年 8 月,是一家具备区块链底层技术研发以及分布式应用开发能力的科技公司。在近三年的发展历程中,公司已与政府主管部门、行业协会、经营企业、知名高校、NGO 组织、主流媒体等达成战略合作。

公司致力于区块链技术的商业化应用,具备高性能区块链底层主链体系 TFiN,打造了金融级分布式资产数字化平台,为广大分布式资产提供一站式科技金融服务。公司的商业实践结合区块链和物联网等数字技术,解决中小企业融资难问题,实现企业级普惠金融。

目前该平台已签约上链资产规模达 200 多亿,公司公布的四个重点案例如下:

(1)瓦瑞科技。智能拣机器人公司,通过能链科技金融级分布式资产数字化平台,链接机器人资产和金融机构,实现机器人资产透明化、可视化,和机器人现金流的可信监控和自动划拨,项目计划三年内布放 20 万台分拣机器人,预计上链资产规模 30 亿。

(2)云能智慧。云南地方充电桩网络运营公司,通过能链科技金融级分布式资产数字化平台,协助筹集车桩网络的建设资金及数字化运营,实现该项目的跨越式发展。项目计划三年内布放 3 万台充电桩和匹配 2 万辆电动汽车,预计上链资产规模超过 100 亿。

(3)华蜜智蜂。全国性智能蜂箱集团,通过能链科技金融级分布式资产数字化平台,引导金融资本高效率注入蜂业。该项目将在全国布放 200 万个蜂箱,预计上链资产规模 60 亿。

(4)海航机场集团。全球性航空资产管理/运营集团,通过能链科技金融级分布式资产数字化平台,实现 9 大机场共享按摩椅设备现金收入的可信监控和可靠分配,通过运营数据及现金流数据的透明化、可视化,引入社会资本,实现证券化。

【本章小结】

区块链应用在会计账簿体系免除了第三方授信,以数学算法作为背书,削减了现有的信用成本，防止对会计记录进行篡改，减少了会计舞弊空间。区块链的去中心化、透明性、匿名性、自治性、不可篡改性等特点，与审计流程相结合，尤其是在识别、评估、应对重大错报风险方面，可以设计出"区块链+审计"的具体流程，实现实时审计。利用加密算法、共识机制、激励机制等特点，实现分布式网络中的对等交易，提供了更多在线交易、支付和智能合约的可能性，区块链技术可以实现对征信体系的转型升级。区块链的共享账本、智能合约、隐私保护、共识机制等技术应用于资产管理行业，可以推动资产管理实现新的变革。

【关键词】

会计审计；风控征信；资产管理；转型

【思考题】

1. 区块链如何与会计结合？
2. 区块链如何与审计结合？
3. 区块链如何对征信系统进行完善？
4. 区块链推动了资产管理的哪些转型？

第九章

金融区块链发展需求及展望

【学习目标】

1. 了解区块链技术的前沿；
2. 了解区块链在金融应用中的发展机遇；
3. 了解区块链技术应用面临的挑战；
4. 了解代币的分类；
5. 熟悉金融区块链国际监管经验；
6. 了解我国现有区块链监管现状。

【导入案例】

区块链国际转账案例

数字货币是如何成为洗钱工具，把数字货币洗钱看作方便逃税和大额跨境转账的方式，甚至沦为某些币圈玩家口中的"洗钱神器"？

路某通过名下乐转通公司注册的账号，在"Clearnet"上托管一个比特币钱包，分34笔购买比特币600个，比特币从一个Clearnet钱包发送到一个隐藏的Tor钱包（黑网址上的比特币钱包），通过收取手续费的方式，实现比特币"交易型跳跃"（hop），这种跳跃可以在黑暗的网络比特币地址上完成多次滚动，滚动过程自动将比特币分成多个交易，以随机间隔发送到足够的Tor托管比特币地址，通过交易的方式最终保持比特币的清洁性，之后路某在中国澳门地下钱庄将比特币卖出，通过这种方式转移人民币近2500万元。

问题：在现行发展情况下，区块链技术未来面临着哪些需求与挑战？需要在哪些方面进一步完善监管？

第一节　区块链技术前沿、应用前景及挑战

区块链技术尚未成熟，基础设施不完善的状况致使区块链的应用存在局限，整体应用还处于早期探索的阶段。如共识算法等区块链的核心技术尚存在优化和完善的空间，区块链处理效率尚难以达到现实中一些高频度应用环境的要求，目前不能满足高频次和复杂的商用计算。总体而言，区块链技术成熟度暂时还无法支撑大规模商用。

一、技术前沿

回到第一章乌托村的故事，如果有些游手好闲的村民故意捣乱，经常性发生"狼来了"的乌龙事件，那么分布式记账的效率必将大打折扣。这样的共识低效率就引出一个问题，完全去中心化的共识机制，究竟是否应该成为维护人类社会诚信的最佳方式？从更大范围看，货币交易并非人类社会活动的全部内容，适用货币交易的方式，不一定适用于人类社会活动的其他方面。那么，诞生于货币交易的比特币系统，其展现出来的在区块链底层技术，那些真正不可剥离的特质，对于人类社会活动具有更强普适性的区块链核心内涵，究竟应该是什么？区块链系统如何调整才能适应社会发展的需要？区块链技术应朝何处发展。

区块链技术作为新兴技术，实体项目落地仍然存在诸多困难，主要体现在三个方面，首先，区块链是集成技术，用户并非需要所有功能，但功能实现总伴随着其他代价，这就不可避免地影响了应用落地；其次，区块链的分布式记账，随着链网的扩展，其共识机制难以保证其效率；最后也是最重要的一点，实物世界与数据世界之间的保真映射，或者说现实世界与数字世界的一一对应，上链后的数据能保证其不可悄然篡改，但上链之前如何保证实物的数据真实性，同样是阻碍区块链技术向多领域深度融合的绊脚石。

1. 区块链技术应用落地的精简提升

未来的产业模式是中心化业务和多中心化技术共存的一种业态，复杂的业务依旧在各自业务系统完成，需要共享和存证的数据才上链，两种形态共存、互相配合。在区块链的特性中，可扩展性和安全性是应用关注的核心，而去中心化可能并非是所有企业的需求，一定程度上保留中心化反而能更好地提高效率。现在大部分区块链系统遇到的挑战之一是他们试图用同一种技术理念解决两个问题："完整性"即不可篡改性和"共享的世界观"即共识一致，就造成区

块链一定程度上的"臃肿"。类似比特币的区块链架构是以分布式账本为核心地位，服务于具有交易性质的应用场景，但是也有很多不含交易性质的应用场景，例如溯源和出生证明等存证场景，该类应用场景仅仅只需验证数据的完整性和真实性，而综合性的区块链技术附带其他的功能就显得冗余，导致了系统效率的降低。另一方面，个人履历验证、合同验证、照片原始性验证等场景，该类场景不需要所有节点都具有记账权，只需要参与节点监督、防止账本被篡改，并且能够大规模高效的提供数据完整性证明，验证数据上链后是否被篡改。所以对这类应用场景，需要简化传统区块链技术，量身定制，剥离出冗余的功能，抛弃去中心化功能的区块链技术，提高验证效率。

2. 共识机制的效率

不同的共识算法适用于不同的应用场景，当共识算法无法解决新场景的应用问题时，新需求就会催生新的算法，如此循环往复、持续演进。区块链技术的分布式系统导致共识算法很难具有高的效率，PoW 算法处理效率低下一直被竞争币作为缺点攻击，PoS 减少了区块计算过程中的资源浪费，突破了 PoW 单一的工作量模式。DPoS 机制进一步弱化去中心化能力，提升效率，使得普通节点只能通过被选取才能挖矿。PBFT 的中心化程度较低，取而代之的是高效的交易处理效率，为区块链技术应用于商业领域铺平道路。系统效率与去中心化程度类似一个跷跷板的两端，很难兼得。针对特定场景的需求，设计共识机制达到算法优化目的，并寻找去中心化与共识效率的平衡点，将是区块链共识算法未来研究的热点。

3. 数字孪生技术的辅助

区块链技术只是确保数据上链后不被篡改，不能保证数据上链前的真实性。其技术应用是建立在丰富的数据源基础之上，这也是区块链技术本身无法提供的。因此，数据量和数据真实性的保证就涉及了一个新概念——实物世界的数字孪生（Digital Twin），顾名思义就是建立一个同实物世界一样的虚拟世界，是由大量反映真实世界的数据所构成，是与实物世界全生命周期的保真映射。但是仅仅建立一个数字化的虚拟世界是不够的，并不能保证虚拟世界中的数据不可篡改，需要应用区块链技术在虚拟世界中建立一个不可悄然篡改、可溯源的管理体系。数字孪生实现实物的数据化，而区块链技术让数据的真实价值得以体现。在这样一个数字孪生世界中，区块链技术才能发挥最大效用，扩大区块链技术的应用范围。

二、区块链技术应用前景

区块链在金融贸易领域的应用是目前发展最为迅速和最为成熟的,除了互联网金融贸易领域,区块链技术凭借其不可篡改、去中心化、可追溯等特性已逐渐拓展到需要传递和建立信任的各个领域,它有望像互联网一样彻底重塑人类社会活动形态,实现从目前的信息互联网到价值互联网的转变,区块链在以下领域具有广阔的前景。

1. 留存鉴权领域

区块链数据带有时间戳,由共识节点共同验证和记录。不可篡改和伪造,这些特点使区块链可广泛应用于各类数据公证场景。在涉及资产的领域,无论是房产、电子产品、汽车等实物资产,还是健康、信用、名誉等无形资产,都能利用该技术完成登记、存储、转移、追踪。可以这样说,任何缺乏信任的生产生活领域,区块链技术都将有用武之地。

2. 行业拓展领域

区块链和物联网结合,可以将数字资产和原子资产统一起来,抹平消费资产和现金资产的区别,拓展大众的信用,加速价值流通;区块链可以为一带一路沿线新兴经济体发行协议型密码学货币提供技术支撑;"区块链+云计算"可以发展成去中心化的自媒体和社区系统。

3. 选举投票领域

投票是区块链技术在政治事务中的代表性应用。区块链可以低成本高效地实现政治选举、企业股东投票等应用。同时,区块链也支持用户个体对特定议题的投票。例如,通过记录用户对特定事件是否发生的投票,可以将区块链应用于博彩和预测市场等场景。

4. 能源应用领域

通过区块链促进能源系统扁平化,推进能源生产与消费模式革命,提高能源利用效率,推动节能减排。加强分布式能源网络建设,提高可再生能源占比,促进能源利用结构优化。加快发电设施、用电设施和电网智能化改造,提高电力系统的安全性、稳定性和可靠性。

5. 跨境支付结算领域

跨境支付至少涉及两个以上的主权国家,除非基于主权国家间的协议,中央银行对于支付结算系统的规划,难以延展至境外。由于支付结算系统涉及主权国家的金融安全,全球范围内的公约始终无法订立。跨境支付结算企业只能基于各国碎片化的监管规则,在各国中央银行等金融监管机构容许的范围内开展业务。这导致当前跨国支付结算机制存在以下明显缺陷:一是操作成本和费用高昂。跨国支付结算依赖于各国银行的广泛参与,价值链条上涉及的节点多,导致多次收费。同时,在这一价值链条上,各国银行彼此之间不存在直接竞争,造成跨境支付结算费用高昂。二是安全性和便利性差。跨境支付清算依赖各国当地银行的参与,支付方必须准确无误的填写银行账户和汇款路径代码,并且只有在银行工作时间才能实际处理交易,严重影响了金融机构的客户体验。三是结算流程缓慢而效率低。支付结算流程涉及包括各国参与银行在内的多个主体,整个链条上任何一方的拖延,都可能降低支付结算效率,导致在途资金占用量大,影响金融机构客户的资金使用效率。

将区块链技术应用于跨境支付结算,通过智能合约直接连通付款方银行与接收方银行,就能够绕过中转银行,减少中转费用支出,不但可以实现全天候支付、实时到账,而且带来了提现简便,消灭了大量隐性成本,有助于降低跨境支付结算风险及满足跨境支付结算服务及时性、便捷性的需求。根据麦肯锡的测算,从全球范围看,区块链技术在 B2B 跨境支付与结算业务中的应用将可使每笔交易成本从约 26 美元下降到 15 美元。

6. 新型互联网领域

区块链技术实现了数据流和价值流的融合,构建了支撑高效和可信价值交换的价值互联网,从而使得传统行业的"互联网+"进程不用受制于现有的互联网巨头。区块链技术与行业的深度融合,将逐步形成"区块链+行业"的发展模式,助力"互联网+"实现价值传递,带动社会经济实体的创新力,为改革、创新、发展提供更广阔的网络信息平台。

三、区块链技术应用的挑战

区块链具有非常广阔的应用前景,当下,诸多领域都在针对区块链市场开拓的可能性进行研究,目前出现了诸多以区块链为基础的商业构想,但区块链想要真正融入大众生活成为一种常态,所需要的是社会对于这项技术的共识与认可,无论是非技术性挑战还是技术性挑战,区块链要实现其应用前景还需克服重重困难。

1. 拓展挑战

首先,区块链技术为了验证数据,必须存储所有的数据信息,但随着事务量的增大,加入区块链中的区块会越来越多,导致整个区块链系统越来越庞大,所需要的存储空间并非普通存储设备所能承受的。其次,随着区块数量的增加,验证区块信息同样需要更多的时间,每秒处理的数据量无法满足实时处理数百万的交易需求,从而产生更大的成本。最后,区块链高度去中心化的技术特征决定了交易用时可能过长,这无法满足金融体系高频交易的需求。以比特币为例,根据 Digiconomist 2018 年 3 月 31 日公布的数据,一次比特币交易的平均耗电量是 892kW·h,和一个标准美国家庭一个月的用电量相当。比特币巨大的耗电量还在不断增长,Digiconomist 估算比特币用电量每年增长大约 160%。仅从耗电量一点来看,比特币的发展将可能遇到能源瓶颈。

2. 安全挑战

区块链中一个重要的安全问题就是"51% 攻击"。例如,"51% 攻击"是比特币的致命弱点,即一名心存恶意的矿工为了利益,利用特殊手段,控制了全网超过了 51% 的算力,然后进行强制交易,随后对网络发动攻击,造成区块链网络逆转交易、停止支付或者防止新交易予以确认,破坏区块链去中心化的特性,同时让网络处在几种攻击风险之下。若 51% 攻击发生,整个比特币体系都会彻底崩塌,人们会因为比特币网络不再安全而对其失去信心,没人再相信比特币,其价格也会跌回原点。

3. 隐私挑战

区块链技术由于其不可篡改性被认为是一种安全的技术,但是以比特币为例,由于交易的进行不需要用户提供真实的身份,只需要使用用户生成的地址即可,用户生成的地址包含大量信息和历史交易记录,并且相关用户的地址信息是不可篡改的,所以如果一个地址相对应用户的身份信息被泄露,则使用该地址的用户所有交易信息都会被泄露,造成巨大的经济损失。虽然信息泄露可以通过生成其他多个地址进行身份转移,但是对于用户来说,是否符合用户操作简便的心理需求还有待考证。

4. 人才挑战

无论区块链技术有多么广的应用前景,其兴起和发展所需要的人才数量是很庞大的,而且对于人才的质量要求也比较高。没有相应的人才推动,区块链技术很难发展,至少发展过程中会受到很大的约束。因此,技术的复杂性使得与区块链技术相关的人才成为区块链技术未来发展的一大重要挑战。

5. 行业挑战

全球现有金融机构基本都是中心化的金融中介,包括商业银行、证券公司、保险公司以及信息咨询服务机构等。区块链技术剔除了传统的中心化中介，有可能对当前的中心化金融中介产生巨大冲击。例如，法定数字货币若基于区块链技术发行和使用，居民与法人单位将可以和央行的资产负债表直接发生业务联系，从而脱离商业银行提供的存贷款业务。区块链技术在证券、保险等行业的应用亦有可能替代金融中介的主要服务，对现有金融中介造成重大冲击。这些金融中介涉及当前几乎所有的金融活动，掌握大量资本与信息，并且为大量专业性人才提供了稳定的工作岗位。如果区块链的应用导致大量金融服务短期内转出已有金融机构，将造成巨大的风险——无法适应变革的机构破产，大量专业人才失业。这是不可接受的。

6. 运营挑战

对于开放链、联盟链，随着时间的推移，加入节点的参与方数量越来越多、数据量越来越大，程序代码也会越来越复杂；区块链技术平台的新版本开发、部署如何确保一致性、兼容性有可能成为一个新的问题。金融机构传统的互联互通是采用权威机构统一制定标准接口的方式解决的；而基于区块链技术搭建"金融+行业"的联盟链，也会涉及"技术接口规范化、数据字典一致性、安全算法标准化、程序代码兼容性"等诸多问题。

区块链基础平台目前阶段都是基于不同的开源组织进行维护管理，国内"自主"区块链基础平台大多综合了不同区块链开源平台技术，这些平台之间目前还不能互联互通，而且各个平台研发团队的水平也参差不齐，难以满足目前金融机构连续不间断的IT服务要求。如果金融机构自行研发区块链的基础平台，必定会增加研发成本。

7. 社会适应挑战

对于技术本身的社会适应性而言，一项技术若想推广并且在各个领域广泛应用，很大程度上需要社会个体对该技术的认知和肯定，大多数具有革命性意义的技术从起初的难被社会接受，到最后成为伟大革命，主要是由于社会对于技术逐步加深的认可程度所决定的，即技术的社会适应性强。就目前区块链技术的发展来看，它很有可能成为下一代革命性的互联网技术，但是要想发挥其本身的优势，还需要社会和时间来判断该技术与未来社会发展动态是否相适应。

8. 法律监管挑战

随着区块链技术越来越多地应用于各个领域，特别是金融领域，其作用得到了更大的发挥。然而，同许多其他技术一样，区块链技术本身是中性的，它是否真正为社会带来积极的作用,取决于使用该技术的人以及使用方式。金融科技方面的创新已经对我们的社会产生了很大的影响,其中不乏消极的影响,例如P2P领域的"e租宝"等事件。作为金融科技中的重要技术,区块链技术同样也可以在监管科技中得到重点使用。对于区块链的监管主要包括三个方面:

① 主体监管,也就是对区块链的运营主体的监管;

② 平台监管,就是对区块链平台系统的监管;

③ 业务监管,即对区块链平台上的业务参与者、业务本身、业务涉及对象的监管。

在法律方面,区块链是21世纪一种新的技术,在改变社会、经济、生活等方面的同时,也必然需要与现有的法律制度进行磨合。尤其是在发展的初始阶段,区块链技术的发展态势还没有明确的定论,而且技术进步与法律规范之间存在时间差,所以法律制度无法对其潜在的法律问题和风险进行制约。另一方面,当技术成为社会的主流时,很有可能会被各种不同的利益个体利用,在一定程度上会挑战现有的法律监管制度,引发一系列的法律问题。

第二节 金融区块链监管经验与思路

针对上一节中提到的,区块链技术在应用的过程中面临着监管挑战,本节从梳理国际上已有的监管经验出发,总结梳理国际先进经验,对我国金融领域区块链应用的监管进行展望。

国际上对加密数字货币和区块链技术在金融行业应用的态度并未形成共识,每个国家都有自己的处理方式,各国的具体监管经验如下。

一、国际监管经验

为了明确国际上数字货币(Cryptocurrency)和代币(Token)的监管目标,本节引用瑞士的法律体系,进一步区别和理解市场中现有的数字货币和代币,通俗理解它们在经济学中的意义。

(一)区块链内部价值代币:支付型代币

支付型代币(Payment Tokens)指代表区块链自身价值的代币,即比特币、以太币等目前广为人知的加密货币。该类代币仅代表"区块链自身价值",其被设计为充当商品与服务的支付手段,从而体现在区块链系统内认可的虚拟价值。

以瑞士为例,根据瑞士联邦委员会的认定,此类代币在民法上属于无形资产[一]（Intangible Assets），不适用于物权法与债权法相关的转让规则。目前《瑞士民法典》（Swiss Civil Code）仅对无形资产中的知识产权与数据权客体进行了规定，对支付型代币没有进行任何约束。

同时，目前无法断定支付型代币是否属于广义上的"货币"（Money）。一方面，支付型代币是否属于广义上的货币，取决于其履行货币职能的实际情况。虽然比特币履行了一定的货币职能，但由于其价格具有高波动性，其无法作为有效的货币支付工具。另一方面，支付型代币是否具有货币属性不影响其在法律上的效力，不同的国家有不同的规定。瑞士《债权法》认为，如果合同双方当事人就使用支付型代币进行交易达成合意，那么该合同就符合法律中当事人意思自治的规定，即相应的支付方式视为合法有效；而在全球246个国家中认为比特币等加密货币为非法的占4%，限制的国家占3%。

（二）区块链外部价值代币：资产型代币与实用型代币

代表区块链外部价值的代币，是指代表商品或服务请求权这类区块链外部实际价值的代币，主要指金融市场法律中的"有价证券"（Negotiable Securities）。其中，根据具体外部价值内容的不同，又可分为资产型代币（Asset-Tokens）和实用型代币（Utility Tokens）两种类型。以瑞士为例，《瑞士民法典》与《债权法》中的有价证券包括记名证券、不记名证券、汇票与本票、支票、类票据支付工具、债券，其已包含瑞士证券法律体系下的"证券"。

1. 资产型代币，其代表金融资产，如债权请求权、股票、债券或衍生金融工具。以瑞士为例，联邦委员会认为，该类代币具有证券的性质，应属于瑞士证券法律体系中的"证券"。资产型代币还可包括允许在区块链系统上转让代表物理实体的标准化请求权的代币，且此类请求权通常在资本市场上交易（例如大宗商品交易）。因此，资产型代币相关金融产品或服务、金融主体应接受《证券交易所与证券交易法》（SESTA）《金融市场基础设施和证券和衍生品交易市场行为法》（FMIA）以及《金融服务法》（FinSA）等法律的调整。

2. 实用型代币，其代表通过或基于区块链系统提供的商品或服务，例如音乐会门票或商店优惠券。以瑞士为例，由于实用型代币"与资本市场没有联系"，其无法被视为瑞士证券法律意义上的证券或其他金融资产，因此无须受到证券法律体系的约束。与此同时，如实用性代币具有支付工具的属性，即可用

[一] 《瑞士民法典》语境下的"资产"与我国民事法律中的"财产"基本同义，可包含物权、债权、知识产权以及网络虚拟财产。对于支付型代币而言，其在《瑞士民法典》中的定性类似于我国《民法总则》中的"网络虚拟财产"。

作商品或服务的交易媒介,则相关支付服务可能符合"存款"服务的定义,从而受到瑞士银行法律的约束。

(三) "混合型" 代币

需要注意的是,上述三种对代币的分类并不是绝对的,目前还存在混合型代币(HybridTokens),即一种代币可能还包含另一种代币的属性。以瑞士为例,瑞士联邦委员会认为,判断一种代币是否具有支付型、实用型或者资产型特征,需要考虑代币发行的具体条件以及其实现的具体功能。例如,如果发行人在发行实用型代币时募集资金、直到较晚日期后才提供服务,那么该代币则在发行时不是实用型代币,而是资产型代币。

以瑞士为例,针对三种类型的加密资产,联邦委员会认为目前没有必要修改民事与证券法律中的相关定义。在民事法律方面,联邦委员会认为,加密资产根据其代表的不同内容,完全可以适用《瑞士民法典》中债权请求权、企业成员资格、有价证券等方面的规定;而针对支付型代币,联邦委员会仅给出了"无形资产"的定性,对于是否建议在《瑞士民法典》中增加"无形资产"的规定并没有进一步说明。在证券法律方面,联邦委员会同样认为没有必要修改现行法律。一方面,符合证券定义的加密资产需要尊重现有的证券法律规定,否则可能会对不使用区块链技术的金融市场参与者带来不公平,同时可能给瑞士金融市场的声誉带来风险;另一方面,为资产型代币创设新的法律定义涉及复杂的技术性问题。在科技快速发展的背景下,针对实践中遇到的加密资产分类挑战,可以通过前瞻性规划、法律适用咨询以及不采取行动函等方式进行回应。

各国对区块链技术下的数字货币和代币在金融行业应用尚未出台明确的法律法规,大多数都将数字货币和代币在金融行业应用归结或规范于现有法律体系内,且对数字资产的监管并不统一。表9-1针对已经出台区块链、数字货币领域相关监管政策的国家或地区进行梳理。

表 9-1 各国监管依据及措施

国家	监管目标	监管政策/法律	监管机构	主 要 内 容
美国	证券类数字资产	《关于数字资产证券发行与交易的声明》	美国证监会(SEC)	(1)数字资产证券发行和销售 (2)投资于数字资产证券及数字资产证券的投资咨询; (3)数字资产证券的交易和流通的监管要求。同时,强调了 SEC 对数字资产、区块链技术的态度:支持有利于投资者和资本市场发展的技术创新,但必须遵守联邦法律框架,在监管合规的前提下有序进行,同时鼓励区块链新兴技术的创业者聘用法律顾问,在必要时可寻求 SEC 的协助

(续)

国家	监管目标	监管政策/法律	监管机构	主要内容
英国	区块链和加密货币行业	《对于公司发行加密代币衍生品要求经授权的声明》	英国金融市场行为监管局（FCA）	为通过ICO发行的加密代币或其他代币的衍生品提供买卖、安排交易、推荐或其他服务达到相关的监管活动标准，需要经由FCA授权。主要包括以下三个方面 （1）加密代币期货，双方同意在未来某个时期以双方商定的价格交易加密代币的衍生品合同 （2）加密代币差价合同（CFD），是一种现金结算的衍生品合同。合同双方通过同意在其开始时和终止时交换CFD价值的差价，以担保利润或避免损失 （3）加密代币期权，赋予受益人获取或处置加密代币的权利和合同
丹麦	区块链和加密货币行业	《关于ICO的声明》	丹麦金融监管局（FSA）	只有单纯作为支付手段的加密货币不受丹麦金融立法的监管。除此之外的相关ICO活动则属于金融监管的范围，企业在从事有关ICO和加密货币的业务时，应仔细考虑相关法律法规，例如招股说明书指令、另类投资基金管理公司指令、第四项反洗钱指令和其他可能相关的法律
瑞士	金融区块链和加密货币行业	《首次代币发行的监管处理》《ICO指导方针》	瑞士金融市场监督管理局（FINMA）	ICO涉及以下方面将受相关法律监管 （1）如果ICO发行的代币构成支付工具的发行，反洗钱法将适用 （2）银行法规定：吸收公众存款，并对公众有还款义务的ICO运营商，其ICO项目一般需要银行牌照 （3）证券交易规定：发行的代币符合证券定义的，要求有证券交易商身份运营牌照 （4）个案是否受监管，判断的关键因素是代币的基本目的，以及它是否以及可以交易或转让
奥地利	金融区块链和加密货币行业	《首次代币发行》	奥地利金融市场管理局（FMA）	ICO受监管的类型有以下三种 （1）如果将与代币有关的权利与众所周知的各种证券权利相比较，有迹象表明属于一类，特别是投票权、利润分配权、可交易或转让、利息支付的承诺及在某一特定时期结束时偿还所收到的资金的权利，将受《2007年证券监管法》监管 （2）如果资金不是通过使用虚拟货币筹集，而是使用法定货币，并且ICO规定筹集的资金将按照ICO组织者的自由裁量权投资，且投资者有要求偿还投资的相应请求权，将受《奥地利银行法》监管 （3）如果代币授予每个持有者对ICO组织者享有某种财产权利，如索赔权、会员权、附条件权利（如所有权、红利分配请求权或本金偿还请求权），可以分类为投资的，将受到奥地利的资本市场法监管
爱沙尼亚	加密货币和数字通证行业	—	爱沙尼亚金融监管部门（FSA）	要求加密货币交易平台必须遵守反洗钱（AML）的监管标准，并且实施"KYC"（了解你的客户）风险评估

第九章　金融区块链发展需求及展望

通过梳理国际监管措施，总结出以下特征。

（1）具有与法定货币之间进行兑换的业务属于支付服务，此类业务必须获得审慎监管机构的授权并取得许可证。一方面有利于降低代币交易中的欺诈风险；另一方面也有助于督促经营主体履行反洗钱和反恐怖融资方面的合规要求。

（2）加密数字货币交易所运营商需要在国家金融监管部门进行注册，要求将法定货币、数字货币基金监管和管理分开。同时严格实施反洗钱法，落实"了解你的客户"规则，努力争取更大的保证、更好地接受和更广泛地采用加密货币。

（3）发行的代币符合证券定义的，要求有证券交易商运营牌照。代币授予持有者对 ICO 组织者享有某种财产权利，如投票权、索赔权、附条件权利（如所有权、红利分配请求权或本金偿还请求权），可以分类为投资的，将受资本市场相关法律的监管。

（4）"试点"监管改革。"沙盒监管"是由英国提出的针对金融科技行业的新型监管模式，得到美国、新加坡、澳大利亚、日本和中国香港等国家和地区的认可，它提供一个缩小版的真实市场和宽松版的监管环境，由金融监管机构设立，让部分取得许可的金融机构或科技型企业，在一定时间和有限范围内测试新金融产品、新金融模式或业务流程，类似于中国的"试点"改革。

二、我国金融区块链监管与展望

（一）我国金融区块链监管

我国政府对区块链的发展和应用前景呈现积极态势，不断出台政策性文件引导区块链技术的开发和应用。例如，2016 年 12 月，国务院印发《"十三五"国家信息化规划》，区块链技术首次被列入该规划。2017 年 8 月，国务院印发《关于进一步扩大和升级信息消费持续释放内需潜力的指导意见》，再度强调要"提升信息技术服务能力，鼓励利用开源代码开发个性化软件，开展基于区块链、人工智能等新技术的试点应用"。2017 年 10 月，国务院办公厅发布《国务院办公厅关于积极推进供应链创新与应用的指导意见》，其中提到了研究利用区块链、人工智能等新兴技术，建立基于供应链的信用评价机制。

为防止区块链技术给金融市场造成风险，我国政府采取以下三项监管措施：一是严格监管区块链技术在电子加密货币方面的应用。2017 年，中国人民银行、中国互联网金融协会等多家机构先后发布《关于防范代币发行融资风险的公告》《关于防范比特币等所谓"虚拟货币"风险的提示》，明确代币发行实质是非法融资行为，禁止任何组织和个人从事代币发行活动，禁止金融业机构、非银支付机构开展与代币发行相关业务。监管机构果断叫停比特币、代币发行等融资行为，并清退比特币、ICO等各个交易场所，最大程度降低数字资产的市场风险。二是严厉打击利用区块链进行概念炒作的行为。2018年深交所对涉及区块链概念的17家上市公司采取了问询、停牌核查等措施，要求这些公司就涉及区块链的相关业务、投入产出和盈利模式，以及对公司业绩的影响进行核实、澄清，并做出风险提示，对于利用区块链概念炒作、误导投资者的违规行为，将采取严厉措施进行处分，同时，对广大投资者进行提示。三是监管机构在金融领域不断探索尝试监管"沙盒"制度。我国监管机构积极在杭州、贵阳和赣州等地开展区块链监管制度创新尝试。2018年在北京正式启动赣州区块链金融产业"沙盒"园项目，并在贵阳召开区块链生态体系建设研讨会，发布《区块链ICO贵阳共识》，提出将建立标准"沙盒"计划，在各领域试行"沙盒"子计划，以形成符合我国实情的监管体制。

因此，未来有必要系统研究制定针对非法定数字货币的基本监管制度，在扩大现有法律有关"证券"等概念范围，规范解决ICO问题的同时，明确界定非法定数字货币经纪业务、非法定数字货币平台业务、非法定数字货币信息中介业务和非法定数字货币自营业务，根据不同的业务类型设定准入门槛、业务规则并辅之以相应的监管和处罚制度，加强投资者保护，逐步建立非法定数字货币的基本监管制度体系。

（二）我国金融区块链监管展望

1. 加强监管机构在金融业应用区块链上的国际协调

除了数字货币之外，区块链技术在银行、证券、保险和支付领域仍然有非常广泛的发展空间。为此，主要国际金融机构通过组成投资团队与金融科技企业合作等方式（例如，囊括40多家大型国际银行与科技公司的R3 CEV开展区块链领域的深度合作），探索区块链技术在金融行业的商业应用，场景逐年递增，涉及跨境支付与结算、票据与供应链金融、证券发行与交易、客户征信与反欺诈等领域。

由于这些商业应用形式尚未大范围推广，在是否应出台针对性的监管措施以及如何监管区块链技术与金融业结合形成的新型商业模式方面，各国监管机构短时间内不会表态，该策略同样也适用于中国。

从根本上说，金融业应用区块链技术形成的新型交易结构是否能够取代以及在多大程度上替代当前中心化的商业模式仍然需要时间观察。英国伦敦、新加坡、中国香港地区等主要金融中心为吸引国际金融资本转移可能进一步放松管制，这为区块链技术与金融业结合创造了监管新型商业模式的境外场景。

考虑到区块链技术对金融机构业务模式可能产生的深远影响，中国金融业可能在个别领域具有了初步挑战传统国际金融机构霸主地位的可能，监管部门可以尝试推动国有金融机构与大型金融科技公司合作将区块链技术应用于跨境支付等领域，或者在一些新兴领域进行尝试，并借助于大型互联网公司在大数据、云计算和人工智能等方面的技术储备，不断提高监管能力，积极推广监管科技（RegTech），降低金融机构应用区块链等新技术的合规成本，提升中国金融服务业和金融科技在全球的竞争力。

2. 重点打击违法犯罪行为

区块链技术在金融业的应用，可能导致监管机构在某些业态下无从获取相关交易信息，在一定范围内形成了监管真空，成为某些犯罪行为的滋生地。

近年来，与加密数字货币密切相关的黑市交易（例如，美国臭名昭著的"丝绸之路"）、洗钱和恐怖主义融资行为不断增加，犯罪分子利用区块链技术隐蔽性高、难以察觉的特点，在监管的灰色地带，大规模从事违法犯罪行为，已经成为各国乃至国际刑事司法力量重点打击的对象。同时，区块链技术本身的神秘性和复杂性，以及比特币等非法定数字货币交易价格在短短数年内的暴涨，也成为不法分子打着高科技和颠覆性的旗号，借助社交媒体进行非法集资和网络诈骗的机会。

对此，金融监管部门应考虑与公检法系统通力配合，并提供必要的技术与信息支持，合力打击洗钱、恐怖融资、集资诈骗、非法或变相吸收公众存款等违法犯罪行为，坚决维护金融市场秩序。

3. 探索新型监管方式及配套措施

当前，新技术对各国货币体系带来深刻的影响，调控经济金融的传统政策框架和手段越发跟不上形势的变化。监管部门应与时俱进，"试点"监管改革，借鉴互联网监管发展路径，充分利用金融技术的便利改进监管方式、完善监管手段。新技术的应用及发展代表着创新和进步，但同时会伴随着一定的风险隐患。监管部门应当在坚持原则监管和底线监管的同时，采取包容性监管，为行业的创新发展预留空间，在防范系统性风险和区域性风险的同时，更好地促进普惠金融和新经济的发展。

金融区块链的发展需要许多方面的配套发展，如数字货币的标准、数据接口的标准、分布式账簿的记账标准、共识机制的标准、智能合约的标准等。同时，要建立数字货币和智能合约条款的审计标准，以识别不公平或容易受黑客攻击的条款代码。利用大数据通过分配识别代码方式，迅速判定和分析交易行为，杜绝洗钱、恐怖融资等违法行为。

加强消费者权益保护教育。从区块链技术现实应用中可以看到，其希望打破特权和人为操纵难以实现，且存在一定程度的投机和洗钱风险隐患。对此，监管部门应制定相关管理规范，特别是操作规范，保证金融创新产品得到合理运用；同时，还要提高消费者权益的保护水平，加强金融消费权益保护的教育工作，提高消费者的风险防范意识。

【本章小结】

金融作为经济体系的核心，对先进科技的追求决定着金融的发展程度，区块链技术的发展，正在不断推动着金融组织结构形式、金融机构的服务能力、消费者体验等不断向高效、优质发展。此外，区块链技术的发展，也使金融机构的服务在时间、空间和范围上不断拓展，并对金融市场产生重大影响。我国作为发展中国家，面临着发展和追赶双重历史使命，区块链技术既给我国金融业的发展带来了历史性机遇，也给非金融领域带来了广阔的应用前景。但区块链技术应用的同时，面临着较多挑战，尤其是监管挑战，我国监管部门应借鉴国际上成熟的监管经验，在促进金融科技发展的同时，保障金融科技的健康发展。

【关键词】

金融区块链；风险与机遇；监管保障

【思考题】

1. 简述金融区块链未来的发展趋势。
2. 区块链在金融应用中的风险与机遇有哪些？
3. 国际上，对于区块链在金融中的监管有哪些？
4. 我国金融区块链监管的着重点有哪些？

参考文献

[1] POWELL M. Bitcoin：economics，technology，and governance［J］. CFA Digest，2015，45（7）：55-80.

[2] NARAYANAN A，CLARK J. Bitcoin's academic pedigree［J］. Commun Acm，2017，60（12）：36-45.

[3] AMY M. AI researchers embrace Bitcoin technology to share medical data［J］. Nature，2018，555（7696）：293-294.

[4] 孙善勇，张玉清. 区块链技术［J］. 首都师范大学学报（自然科学版），2020，41（2）：81-84.

[5] JUDMAYER A，STIFTER N，KROMBHOLZ K，etal. 区块链：比特币、加密货币及其共识机制入门［M］. 魏珺洁，程国建，译. 北京：机械工业出版社，2019.

[6] 唐文剑，吕雯，等. 区块链将如何重新定义世界［M］. 北京：机械工业出版社，2016.

[7] 黄国辉，刘大为，李健聪. 虚拟货币风险识别及监管建议［J］. 银行家，2020（2）：33-34.

[8] PASHA A M，BEHNAM B. Quantitative analysis of cryptocurrencies transaction graph［J］. Applied Network Science，2019，4（8）：24-27.

[9] 袁瑜. 浅谈虚拟货币发展现状以及相关对策［J］. 现代商业，2018（36）：81-82.

[10] 麻世珺. 数字货币的金融风险及其防范［J］. 现代商业，2018（36）：92-93.

[11] 高航，俞学励，王毛路. 区块链与新经济［M］. 北京：电子工业出版社，2016.

[12] 袁勇，王飞跃. 区块链技术发展现状与展望［J］. 自动化学报，2016，42（4）：481-494.

[13] DECKER C，WATTENHOFERT R. Information propagation in the Bitcoin network［C］// IEEE. IEEE P2P 2013 Proceedings. Trento：University of Trento，2013：1-10.

[14] 杨保华，陈昌. 区块链原理、设计与应用［M］. 北京：机械工业出版社，2018.

[15] 范忠宝，王小燕，阮坚. 区块链技术的发展趋势和战略应用——基于文献视角与实践层面的研究［J］. 管理世界，2018，34（12）：21.

[16] CROSBY M，PATTANAYAK P，VERMA S，et al. Blockchain technology：Beyond bitcoin［J］. Applied Innovation，2016，2（6-10）：71.

[17] MENGELKAMP E，NOTHEISEN B，BEER C，et al. A blockchain-based smart grid：towards sustainable local energy markets［J］. Computer Science Research & Development，2018，33（1-2）：207-214.

[18] MARKUS W, GEORG H, THOMAS Z, et al. Chip-level and multi-node analysis of energy-optimized lattice Boltzmann CFD simulations [J]. Concurrency & Computation Practice & Experience, 2016, 28 (7): 2295-2315.

[19] KAKAVAND H, KOST DE SEVRES N, CHILTON B. The blockchain revolution: an analysis of regulation and technology related to distributed ledger technologies [J]. Social Science Electronic Publishing, 2017, 5 (7): 111-120.

[20] MORKUNAS V J, PASCHEN J, BOON E. How blockchain technologies impact your business model [J]. Business Horizons, 2019, 62 (3): 295-306.

[21] 张亮, 刘百祥, 张如意, 等. 区块链技术综述 [J]. 计算机工程, 2019, 45 (5): 1-12.

[22] 乔鹏程, 孙海荣. 分布式账本研发的创新驱动和实践路径 [J]. 中国科技论坛, 2019 (4): 58-67, 110.

[23] SWANSON T. BitCloud White Paper: Consensus-as-a-service: a brief report on the emergence of permissioned, distributed ledger systems [R/OL]. (2015-04-06) [2019-09-15]. http: //s. kwma. kr/pdf/BitCloud/bitcloudwp_ p112. pdf.

[24] 华为区块链技术开发团队. 区块链技术及应用 [M]. 北京: 清华大学出版社, 2019.

[25] 伊丽江, 白国强, 肖国镇. 代理多重签名: 一类新的代理签名方案 [J]. 电子学报, 2001 (4): 569-570.

[26] 张浪. 区块链 + 商业模式革新与全行业应用实例 [M]. 北京: 中国经济出版社, 2019.

[27] 韩璇, 刘亚敏. 区块链技术中的共识机制研究 [J]. 信息网络安全, 2017, 17 (9): 147-152.

[28] 陈东敏, 郭峰, 广红. 区块链技术原理及底层架构 [M]. 北京: 北京航空航天大学出版社, 2017.

[29] SZABO N. Formalizing and securing relationships on public networks [J]. First Monday, 1997, 2 (9): 44-47.

[30] LAMPORT L, SHOSTAK R, PEASE M, et al. The Byzantine generals problem [J]. ACM Transactions on Programming Languages, 1982, 4 (3): 382-401.

[31] RADZIWILL, NICOLE. Blockchain Revolution: How the technology behind bitcoin is changing money, business, and the world. [J]. Quality Management Journal, 2018, 25 (1): 64-65.

[32] 王鹏, 丁艺. 应用区块链技术促进政府治理模式创新 [J]. 电子政务, 2017, 4 (3): 59-66.

[33] HELO P, HAO Y. Blockchains in operations and supply chains: A model and reference implementation [J]. Computers Industrial Engineering, 2019, 136 (4): 242-251.

[34] CHRISTIDIS K, DEVETSIKIOTIS M. Blockchains and smart contracts for the internet of things [J]. IEEE Access, 2016, 4 (2): 2292-2303.

[35] KIM H M, LASKOWSKI M. A Perspective on blockchain smart contracts: reducing uncertainty and complexity in value exchange [J]. Social Science Electronic Publishing, 2018 (5): 1-6.

[36] YUAN Y, WANG F-Y. Blockchain: the state of the art and future trends [J]. Acta Automatica Sinica, 2016, 42 (4): 481-494.

[37] 鲜京宸. 我国金融业未来转型发展的重要方向:"区块链+" [J]. 南方金融, 2016, 12 (1): 87-91.

[38] KSHETRI N. Can blockchain strengthen the internet of things? [J]. IT professional, 2017, 19 (4): 68-72.

[39] FRANCISCO K, SWANSON D. The supply chain has no clothes: Technology adoption of blockchain for supply chain transparency [J]. Logistics, 2018, 2 (1): 2.

[40] GOEBEL J, KEELER H P, KRZESINSKI A E, et al. Bitcoin blockchain dynamics: The selfish-mine strategy in the presence of propagation delay [J]. Performance Evaluation, 2016, 104 (10): 23-41.

[41] RUI W, ZHANG X L, HANG L. Blockchain, bank credit and SME financing [J]. Quality & Quantity, 2018, (2): 30-42.

[42] TRAUTMAN L J. Is disruptive blockchain technology the future of financial services? [J]. Social Science Electronic Publishing, 2016, 2 (3): 48-54.

[43] GOMBER P, KAUFFMAN R J, PARKER C, et al. On the fintech revolution: interpreting the forces of innovation, disruption, and transformation in financial services [J]. Journal of Management Information Systems, 2018, 35 (1): 220-265.

[44] GUADAMUZ A, MARSDEN C. Blockchains and Bitcoin: Regulatory responses to cryptocurrencies [J]. First Monday, 2015, 20 (12): 27-41.

[45] 金檀顺子, 雷霆. 银行应用区块链的前景、挑战和对策建议 [J]. 新金融, 2017 (7): 36-40.

[46] VRANKEN, HARALD. Sustainability of bitcoin and blockchains [J]. Current Opinion in Environmental Sustainability, 2017, 28 (5): 1-9.

[47] TRELEAVEN P, BROWN R G, YANG D J C.. Blockchain Technology in Finance [J]. Computer, 2017, 50 (9): 14-17.

[48] KIVIAT T I. Beyond bitcoin: Issues in regulating blockchain tranactions [J]. Duke Law Journal, 2015 (65): 569.

[49] MENDLING J, WEBER I, AALST W V D, et al. Blockchains for business process management-challenges and opportunities [J]. CM Transactions on Management Information Systems, 2018, 9 (1): 1-16.

[50] EYAL I. Blockchain technology: Transforming libertarian cryptocurrency dreams to finance and banking realities [J]. Computer, 2017, 50 (9): 38-49.

[51] GATTESCHI V, LAMBERTI F, DEMARTINI C, et al. To blockchain or not to blockchain: that Is the question [J]. It Professional, 2018, 20 (2): 62-74.

[52] LAMBERTI F, GATTESCHI V, DEMARTINI C, et al. Blockchain or not blockchain, that is the question of the insurance and other sectors [J]. It Professional, 2017, 2 (5): 1.

[53] 保险区块链项目组. 保险区块链研究 [M]. 北京: 中国金融出版社, 2017.

[54] 斯金纳. FinTech, 金融科技时代的来临 [M]. 杨巍, 张之材, 黄亚丽, 译. 北京: 中信出版社, 2016.

[55] CANO J, HERNANDEZ R, ROS S. Distributed framework for electronic democracy in smart cities [J]. Computer, 2014, 47 (10): 65-71.

[56] SIRAJ R. Decentralized Applications: Harnessing Bitcoin's Blockchain Technology [M]. Sebastopol: O'Reilly Media, Inc, 2016.

[57] GLASER F. Glaser F. Pervasive Decentralisation of Digital Infrastructures: A Framework for Blockchain enabled System and Use Case Analysis [C] // Association for Information System. Hawaii International Conference on System Sciences. Hawaii: HICSS, 2017.

[58] 中国银行间市场交易协会教材编写组. 现代金融市场理论与实务 [M]. 北京: 北京大学出版社, 2019.

[59] 姚余栋, 杨涛. 共享金融: 金融新业态 [M]. 北京: 中信出版社, 2016.

[60] GATTESCHI V, LAMBERTI F, DEMARTINI C, et al. Blockchain and smart contracts for insurance: Is the technology mature enough? [J]. Future Internet, 2018, 10 (2): 20.

[61] LAMBERTI F, GATTESCHI V, DEMARTINI C, et al. Blockchains can work for car insurance: Using smart contracts and sensors to provide on-demand coverage [J]. IEEE Consumer Electronics Magazine, 2018, 7 (4): 72-81.

[62] 王行江. 区块链保险应用探索 [J]. 金融电子化, 2016 (10): 23-24.

[63] 许闲. 区块链与保险创新: 机制, 前景与挑战 [J]. 保险研究, 2017 (5): 43-52.

[64] PAECH P. Securities, intermediation and the blockchain: an inevitable choice between liquidity and legal certainty? [J]. Uniform Law Review, 2016, 21 (4): 612-639.

[65] 周思宇, 李杨, 杨莉. 审慎变革是我国金融基础设施发展区块链技术的必由之路 [J]. 现代管理科学, 2018, 298 (1): 77-79.

[66] 赵磊. 信任、共识与去中心化——区块链的运行机制及其监管逻辑 [J]. 银行家, 2018 (5): 134-136.

[67] PINNA A, RUTTENBERG W. Distributed ledger technologies in securities post-trading revolution or evolution? [J]. Occasional Paper Series, 2016 (172): 14-27.

[68] DE MEIJER C R. Blockchain and the securities industry: Towards a new ecosystem [J]. Journal of Securities Operations & Custody, 2016, 8 (4): 322-329.

[69] NOWIŃSKI W, KOZMA M, REVIEW E. How can blockchain technology disrupt the existing business models? [J]. Entrepreneurial Business & Economics Review, 2017, 5 (3):

173-188.

[70] CHIU J, KOEPPL T V. Blockchain-based settlement for asset trading [J]. Social Science Electronic Publishing, 2019, 32 (5): 1716-1753.

[71] HURLBURT, GEORGE. Might the blockchain outlive bitcoin? [J]. It Professional, 2016, 18 (2): 12-16.

[72] MAINELLI M, MILNE A. The impact and potential of blockchain on the securities transaction lifecycle [J]. Social Science Electronic Publishing, 2016, 2 (3): 61-67.

[73] KARAME G, ANDROULKI E. Bitcoin and Blockchain Security [M]. Washington: Artech House, Inc, 2016.

[74] PARINO F, BEIRO, MARANO G. Analysis of the bitcoin blockchain: socio-economic factors behind the adoption [J]. EPJ Data Science, 2018, 7 (1): 74-80.

[75] CULP C L, NEVES A M. Risk Management by securities settlement agents [J]. Journal of Applied Corporate Finance, 1997, 10 (3): 96-103.

[76] 陈晓华, 吴家富. 供应链金融 [M]. 北京: 人民邮电出版社, 2018.

[77] 段伟常. 区块链供应链金融 [M]. 北京: 电子工业出版社, 2018.

[78] MARIO D, DAVID H, FÜRST E, et al. Blockchain for and in logistics: what to adopt and where to start [J]. Logistics, 2018, 2 (3): 18.

[79] LENG K, BI Y, JING L, et al. Research on agricultural supply chain system with double chain architecture based on blockchain technology [J]. Future Generation Computer Systems, 2018, 86 (6) 41-49.

[80] PERBOLI G, MUSSO S, ROSANO M J I A. Blockchain in logistics and supply chain: A lean approach for designing real-world use cases [J]. IEEE Access, 2018, 6 (6): 18-28.

[81] THURNER T. Supply chain finance and blockchain technology-the case of reverse securitisation [J]. Foresight, 2018, 20 (4): 447-448.

[82] KIM H M, LASKOWSKI M, MANAGEMENT. Toward an ontology-driven blockchain design for supply-chain provenance [J]. Intelligent Systems in Accounting, Finance, 2018, 25 (1): 18-27.

[83] DUJAK D, SAJTER D. Blockchain applications in supply chain [M]. Berlin: Springer, 2019.

[84] CLARK B, BURSTALL R. Blockchain, IP and the pharma industry—how distributed ledger technologies can help secure the pharma supply chain [J]. Journal of Intellectual Property Law & Practice, 2018, 13 (7): 531-553.

[85] 黄锹, 陈亚盛. 从信任与效率视角看区块链对会计、审计的影响 [J]. 财会月刊, 2019 (10): 56-60.

[86] 李一硕. 科技创新驱动会计变革"三字经" [N]. 中国会计报, 2016-12-16 (6).

[87] 林凡祥. 区块链技术在会计领域的应用 [J]. 财会学习, 2020 (2): 125-126.

[88] 张俊贤.区块链推动审计工作更加实时、全覆盖[N].中国会计报,2019-02-22(7).

[89] 魏明,丁瑞.基于区块链技术构建我国金融审计应用平台[J].商业会计,2019(2):15-18.

[90] 樊斌,李银.区块链与会计、审计[J].财会月刊,2018(1):39-43.

[91] 陈旭,冀程浩.基于区块链技术的实时审计研究[J].中国注册会计师,2017(4):67-71.

[92] 黄冠华.区块链改进联网审计途径研究[J].中国注册会计师,2016(12):85-89.

[93] GUANHUA H. Research on the improvement approach of blockchain to the online audit [J]. Fiscal Science,2016(10):84-91.

[94] 高廷帆,陈甬军.区块链技术如何影响审计的未来——一个技术创新与产业生命周期视角[J].审计研究,2019(2):3-10.

[95] 巴曙松.区块链是化解征信市场难题一剂良方[N].中国证券报,2019-06-22(A07).

[96] 梁伟亮.金融征信数据共享:现实困境与未来图景[J].征信,2019,37(6):14-19.

[97] 苏汉.工信部发布《2018年中国区块链产业发展白皮书》[J].中国汽配市场,2018(2):15.

[98] ZHU M, LIU X. Study on internet finance credit information sharing based on block chain technology [J]. Asian Social Sci,2018,14(2):81.

[99] PECK, MORGEN. A blockchain currency that beat s bitcoin on privacy [J]. IEEE Spectrum,2016,53(12):11-13.

[100] 蔡鹏华.区块链技术在征信领域的应用探析[J].时代金融,2019(10):74-75.

[101] 刘杰,汪川琳,韩洪灵,等."区块链+审计"作业模式的理想与现实[J].财会月刊,2019(8):3-10.